"双一流"背景下地方本科院校高质量发展研究

Research on the High Quality Development of Local Undergraduate Universities

under the Background of "Double First-Class"

沈慧　安锦　著

中国商务出版社
CHINA COMMERCE AND TRADE PRESS

图书在版编目（CIP）数据

"双一流"背景下地方本科院校高质量发展研究 /
沈慧，安锦著 . -- 北京：中国商务出版社，2021.7（2023.1 重印）
ISBN 978-7-5103-3864-9

Ⅰ . ①双… Ⅱ . ①沈… ②安… Ⅲ . ①高等学校—发
展—研究—中国 Ⅳ . ① G649.21

中国版本图书馆 CIP 数据核字 (2021) 第 125223 号

"双一流"背景下地方本科院校高质量发展研究
"SHUANGYILIU" BEIJING XIA DIFANG BENKE YUANXIAO GAOZHILIANG FAZHAN YANJIU

沈慧　安锦　著

出　　版：	中国商务出版社	
地　　址：	北京市东城区安外东后巷 28 号　　邮　编：	100710
责任部门：	教育事业部（010-64255862　cctpswb@163.com ）	
责任编辑：	刘文捷	
直销客服：	010-64255862	
传　　真：	010-64255862	
总 发 行：	中国商务出版社发行部（010-64208388　64515150 ）	
网购零售：	中国商务出版社淘宝店（010-64286917）	
网　　址：	http://www.cctpress.com	
网　　店：	https://shop162373850.taobao.com	
邮　　箱：	cctp@cctpress.com	
排　　版：	德州华朔广告有限公司	
印　　刷：	三河市明华印务有限公司	
开　　本：	787 毫米 × 1092 毫米　1/16	
印　　张：	14.75　　　　　　　　　　　字　数：	255 千字
版　　次：	2021 年 8 月第 1 版　　　　　印　次：	2023 年 1 月第 2 次印刷
书　　号：	ISBN 978-7-5103-3864-9	
定　　价：	58.00 元	

前　言

本科教育是高等教育的立身之本、发展之本。经过改革开放40多年的探索实践，本科教育多样化发展的中国道路已初步形成。当前，我国已经建成了世界上最大规模的高等教育体系，为现代化建设做出了巨大贡献。但由于规模扩张是在极短的时间内完成的，与西方国家经过几百年发展，相对成熟的高等教育系统相比，中国高等教育在整体上仍处在不太成熟的"第一代"，这是中国高等教育发展的客观存在，也是不可逾越的发展历史阶段。为此，通过国家的制度优势和财力保障以及理念的更新、制度的重新设计以及教学体系的重新构建，向2.0版本跨越显得十分重要。

地方本科院校作为我国高等教育体系的重要组成部分，是以推进产教融合、校企合作为主要路径，以立德树人和优化人才培养模式为核心追求，以打造"双师双能型"师资队伍为发展基础，以构建全面对接产业链、科技链的学科专业体系为互动平台，以引领区域产业转型升级、促进区域科技创新与应用、提升区域文化创新与传播能力为重要使命的本科院校。肩负着为地方经济社会发展培养本科层次职业人才的重要任务，应该坚定应用转型方向，实现内涵发展。2018年9月，习近平总书记在全国教育大会上强调："要提升教育服务经济社会发展能力，推进产学研协同创新，积极投身实施创新驱动发展战略，着重培养创新型、复合型、应用型人才。"近三年来，各地方院校为了深入贯彻实施新时代国家教育方针、转变人才培养机制做出了诸多探索和实践，但总是拘泥于传统人才的培养模式，没有实现较大的突破。为此，有必要对现有教育发展进行总结、分析与展望。

但随着经济发展进入新常态，人才供给与需求关系深刻变化，面对经济结构深刻调整、产业升级加快步伐、社会文化建设不断推进特别是创新驱动发展战略的实施，高等教育结构性矛盾更加突出，同质化倾向严重，毕业生就业难和就业质量低的问题仍未有效缓解，生产服务一线紧缺的应用型、复合型、创新型人才培养机制尚未完全建立，人才培养结构和质量尚不适应经济结构调整和产业升级的要求。近年来，各地方院校为了深入贯彻实施新时代国家教育方针、转变人才培养机制做出了诸多探索和实践。本书以电子科技大学中山学院和内蒙古财经大学这两所地方本科院校为例进行了深入研究。

第一，对1949年以来中国高等教育改革发展历程及取向进行了梳理，并鉴于之前的发展经验对目前实施的重点——把全面振兴本科教育作为新时代高等教育改革发展的战略核心任务的启示，提出我国新时期地方本科院校转型发展的努力方向。

第二，对"双一流"提出背景及评价标准进行了分析。坚持以中国特色、世界一流为核心，以立德树人为根本，以支撑创新驱动发展战略、服务经济社会发展为导向，致力于提升我国高等教育综合实力和国际竞争力，凝结着我国实现从高等教育大国向高等教育强国飞跃的深切渴望。

第三，通过对美国、日本及英国等国家的高等教育在包括学科专业、教师发展、学生创业、院校治理模式、经费筹措、教育质量评估在内的六大不同的视角下发展经验的总结，对我国地方本科院校在这些方面应完善的地方进行了梳理，并给出具体的实施意见。

第四，以电子科技大学中山学院与内蒙古财经大学这两所地方性本科院校为例，对两所院校的学校建设、学科建设、师资队伍建设以及平台团队建设的发展现状进行了总结概括，并且对两所院校在新时代下所面对的机遇和挑战进行了详述。

第五，以电子科技大学中山学院为例，对我国地方本科院校转型发展的路径进行了总结，并对包括电子科技大学中山学院在内的地方本科院校转型发展过程中的路径选择、建设成效以及沿着这条道路发展的必要性及关键点进行了详尽的分析。

第六，详细列出新时代地方本科院校为实现高质量发展战略应选择的路径：落实以德树人，聚焦内涵建设；深化"放管服"改革，打造高质量发展运行机制；建设现代大学制度，提升内部治理效能与能力；落实"五育并举"，构建高水平人才培养体系；用好课堂教学主渠道，构建课程思政育人大格局；深入推进"四新"建设，强化特色与优势（新文科、新工科、新商科、新农科）；融合信息技术，打造一流本科"金课"；重构教师队伍，提升教师教学能力；强化创新驱动发展，大力推进创新创业教育；综合施策精准服务，促进毕业生高质量就业。

作　者
2021 年 3 月

目 录

第一章　中国高等教育改革发展历程及取向

第一节　新中国时期的高等教育

1949 年中华人民共和国正式成立，我国的高等教育由一个缺乏独立民主的高等教育阶段开始转向了新民主主义教育和社会主义教育，开始逐渐形成新中国特色社会主义高等教育的基本理论框架和格局。

新中国成立初期，全国仅有高等学校 205 所。国家根据《中国人民政治协商会议共同纲领》立即正式接管了当时全国所有的公立和私立院校，在接管各种大学的同时，对学校进行民主管理，对一切愿意为人民服务的教师一律充分给予信任，发挥自己的能量。在中国共产党和政府的真诚号召、努力争取下，众多在海外具有一定名望的知识分子响应祖国母亲的召唤，放弃了国外优厚的待遇，回国积极参与到新中国的高等教育建设工作当中，为祖国高等教育事业的发展添砖加瓦。党和政府委任一批知识分子党员干部到院校担任领导，在院校内部建立了一套全新的教育领导管理制度，开展思想改造，使得院校的面貌也发生了根本性的改变，初步实现了由过去的半殖民地或者半封建式的教育模式向社会主义高等教育的转变。新中国成立初期，国内教育行业一穷二白，许多学科都只停留于听闻的阶段，培养高层次人才的研究生课程表现得更为薄弱且无法自主培养。新中国急需大规模工业建设，面临着巨大的技术和人才短缺，再加上西方帝国主义国家的严格封锁，各个院校都开始积累和学习苏联的经验。在教育部的支持和领导下，1951 年全国上下各院校都开始进行院系调整，当时全国上下各院校的工作重点为培训和引进工业建设相关的一系列人才，包含教师队伍，发展针对工业建设的学院。经过两年的艰苦奋斗，我国建立了工农师医财法等专门院校，对于重点建设的工业院校则细分至了机械、轻工、建筑、航空、交通等专业院校，这些院校的建立在一定程度上满足了当时国家经济发展的需要，初步形成了我国的高等教育体系结构。

全国第一次高等教育会议于 1950 年 6 月召开，会上集中讨论了我国高等教育未来发展的方针，会上达成一致并提出，新中国建设高等教育必须要走理论结合实践的路子和教学方法，培养一批具有较高的专业文化素质和技术水平、掌握现代科学理论知识和专业技术、全心全意地为广大全国人民群众发展服务的、高级的国家建设人才。我国高等教育自新中国成立后，陆续进行了教育改革，先是针对学习苏联教育经验中出现的机械照搬的缺点，强调要根据我国实际情况进行改革；此后在1958年提出教育与生产劳动相结合。1961年9月，在邓小平同志主持下，党中央总结新中国成立后的高等教育改革和发展的经验，制定了《教育部直属高等学校暂行工作条例（草案）》，条例中对于高校从教学任务、教师学生的思想与物质生活、高校的领导制度和党的工作都做了较为详细的规定。《院校六十条》于1962年在全国各地院校正式实施，这无疑是我们探索当代我国高等教育现代化发展之路的重要一步，一方面促使已有的成功经历得到了巩固和深化，另一方面又逐步建立起教学、科研、生产相结合的教育理念，对我国的高等教育改革和发展具有重要意义。

新中国成立后，我国仅在当时的北京、上海等主要发达城市设立科学研究所，并且仅有六百多名研究生，这批研究生毕业即分配工作，一般未再招生。中华人民共和国成立初期，中国科学院和中国教育部在北京深入地研究调查当时的全国研究生招生培养情况后，于1951年6月制定了招收研究生的办法，当年录取不到三百人。研究生招生的方法和培养现状非常不乐观，1952年全国各类院校都在调整和借鉴苏联的教育实践经验，由于增加了非常多的新技术专业，迫切需要补充大量的师资，在学习苏联期间，苏联的专家已经为当时的中国招收培养了近万名的研究生，这些学生成为新中国院校教学和科学研究工作的骨干力量。随着社会的进步与发展，1955年国务院颁布了《中国科学院研究生条例》（以下简称《条例》），这是一部强调培养具有较强的理论基础和科研能力的研究生文件，之后教育部组织一些院校参照《条例》培养研究生，《条例》规定：研究生培养年限一般为4年，主要由中国科学院研究员担任学术导师。强调作为国家培养科学干部的基本形式，应该建立正规的研究生制度，这是我国尝试建立研究生指导的首次尝试。从1961年到1965年，中央批准试行了与研究生教育相关的政策，在《院校六十条》中，把研究生培养工作单列一章（共三条），表现了对这项工作的关注。后来教育部组织制定了《高等学校培养研究生暂行条例（草案）》，并于1963年1月，召开了全国第一次关于高等学校培养研究生的会议，会议上对国内外过去有关培养研究生工作的经验教训进行总结，最终提出了发展提高研究生质量应紧抓四个环节：一是严格研究生的选拔制度，选拔较优秀的学生；二是严格遴选导师；三是通过对以往教学经验的总结并不断摸索探寻比较适合的培养方案；四是建立科学的管理工作。这一时期我国的研究生教育取得了较大的进展，有 5000 名研究生走向社会，在社会中不断发光发热。经过这一时期的发展，我国也初步形成了较系统的研究生培养管理制度。

第二节 "文革"时期的高等教育

"文化大革命"的 10 年，我国高等教育在这一时期的损失极其惨重，刚刚建立的制度被完全冲垮。1966 年至 1969 年，这三年我国高等学校没有一名新生入学，直到 1974 年才恢复到 1965 年的招生人数。在这 10 年中，各院校原来运转良好的教学秩序遭到了毁灭性打击，彻底失去秩序，广大教师特别是一些德高望重的学术大家备受摧残，教学质量更是无从谈起，科学研究处于停滞不前的状态，使得我国与发达国家之间的距离越来越远。1965 年建立的研究生教育制度在这十年期间遭到了严重破坏。从此，在长达十年的时间里，研究生教育不仅是止步不前，从国际整体形势来看可以说处于倒退时期。据我国教育部门的保守预测，十年间国家至少损失了五万名高水平的专业人才，刚建立不久的全国研究生教育和管理体系受到了严重的摧残，这些都为后来重塑和发扬研究生教育带来了很大的困难。

"文革"结束后，各项社会生活文化事业都面临着重新恢复和整顿。邓小平同志深刻而敏锐地看到了教育的关键地位，他尖锐地指出，教育落后，将一定会成为耽搁整个中国国民经济社会发展的一大阻碍。邓小平同志亲自领导教育战线的拨乱反正工作，首先从高等教育的恢复和整顿抓起。在邓小平同志亲自主持下，冲破重重阻力，于 1977 年冬天恢复了中断十年之久的高考制度，这是高等教育也是整个教育界"文革"后拨乱反正的重要标志。高考的恢复在很大程度上鼓舞了全国上下青少年的学习热情，对于饱受压迫的人民教师和知识分子是最好的"安慰"。"尊重知识，尊重人才"和"百年大计，教育为本"的教育思想理念得到了各阶级人士的认可，达成了共识。教育的地位日益提升，教育的发展在一定程度上也让人们看到了祖国未来繁荣昌盛的希望，全国上下都重新表现出生机与活力。广大教师欢呼教育的春天来到了！在很短时间内，全国教育界，首先是高教界，许许多多的关于知识分子的冤假错案得到平反，众多的教育工作者得到了前所未有的尊重，全社会逐渐形成了尊师重教的风气。随着教师职称的恢复，教师奖励制度的建立，教师节的确定，教师工资待遇的改善，我国高等教育事业走上了蓬勃发展的道路。

第三节　改革开放 40 年间的高等教育

伴随着改革开放 40 年的进程，我国高等教育秩序得到迅速恢复，实现了从过去的精英教育进入到大众化的教育，再发展为普及性教育，实现了由外延性教育发展为内涵性教育的适应性变迁，成功地开辟了一条具有中国特色的社会主义高等教育体制改革与发展的道路。

一、高等教育事业的恢复与整顿

"文化大革命"结束后，党的十一届三中全会总结了我国建设过程中存在的不足，及时拨乱反正，邓小平同志深深地意识到教育的关键地位，明确指出教育落后，国民经济将会因此受到拖累。同时党的十一届三中全会也打破了传统的束缚，解放了思想，为我们重振高等教育奠定了思想理论基础，高等教育的事业也进入了恢复与发展的新阶段。

（一）恢复高考和派遣留学生

"文化大革命"对于我国高等教育制度的影响是不可估量的，从招生考试制度被废除来看的话，相当于断了高等教育发展的源动力，高校中的教师和学生被下放劳动，这使得我国整个高等教育机制进入瘫痪状态。1977 年，我国的科研人员仅有 20 万，美国是 120 多万，不足美国的 1/5，并且我国的 20 万科研人员中还包含着老弱病残。差距是如此的悬殊，我们的科学技术和教育与发达国家相比将近落后 20 年。此后，邓小平主动向中央提出分管科技、教育工作。此时邓小平对于高等学校招生制度等问题已经有了较成熟的思考和方案。在正式决定恢复高考之前，邓小平与各相关专家交流并进行过多次探讨，提出了两点整改建议：第一，必须要尽快恢复文化考试制度，并且经过严格的考试，选拔出优秀的学生进入中学和大学进一步的深造，并且坚决抵制"走后门"，防止生源被破坏。第二，提倡高等学校招生要"两条腿"走路，因为"文化大革命"的影响，使得很多人没有机会再走入高中进而走入大学，因此高考的生源不能仅局限于应届高中毕业生，还应该从社会中选拔一半，逐步地走向恢复高考发展的良性道路。邓小平从始至终主持参与恢复高考的决策过程，1977年7月，邓小平提出召开科学和教育工作座谈会。按照要求，中国科学院和教育部分别在科学院系统和院校系统邀请了33位相关专家学者，1977年8月4日至8日在北京饭店举行了科学和教育工作座谈会，会议的主要话题之一是大力提高教学质量并改革招生制度。当时院校招生方案已经形成，该方案的招生方式依然沿袭之前的"自愿报考，群众推荐，领导批准，学校复查"的原则。邓小平最初同意招生基本上还按原来的办法，但在座谈会上，武汉大学副教授查全性发言，强烈要求对大学招生办法进行修改，引发了激烈的讨论。与会者纷纷发言，最终确认一定要当机立断，只争朝夕，今年能办的就不要拖到明年去办，共同建议党中央、国务院下大决心改革现行的招生制度。教育问题是关注度较高的问题，必须理出一个头绪，现在群众充满干劲，教育部不能拖后腿。总而言之，招生工作主要抓两条：首先是本人表现好，其次是择优录取，要有效率，不能拖延。1977年共有570万名考生参加高考，1978年有610万名考生参加高考，恢复高考招生制度，重新确立了选拔人才的公平竞争原则，调动了亿万青年学习知识的积极性，振奋了广大教师的精神，在教育界乃至全国调动了学科学、学文化的积极性。在恢复派遣留学生工作方面，"文革"期间海外派遣留学生的工作基本中断，派遣留学生的数量极其有限，这一遗留问题引起了邓小平同志的高度关注，1978年邓小平做出了有关派遣留学生的重要指示，要扩大留学生的数量，主要学习方向是自然科学，数量不怕多，这样才能在五年内更快更好地提高我国科教水平。并且邓小平打消了大家关于留学生可能会出现的种种问题的疑虑，从目前来看我国派遣出的留学生绝大部分都是好的，存在极个别的有一些问题这没有什么好担心的，夸张点说一千个人中有一百个人出问题，也仅仅是十分之一，我们还有九百个。随后教育部提交了《关于加大选派留学生的报告》，选拔3000人出国留学，报告中还对留学生的管理及回国后的工作安排都作出了较详细的建议。在之后的十年间，我国以每年3000人的数量持续向世界先进国家派遣留学生。1985年，国家撤销了自费外籍留学工作人员的资格考试，标志着出国留学的大门彻底打开。源源不断的外国留学生回国，在一定程度上有效缓解了"文化大革命"后的中国人才断层危机，不断增加外国留学生的规模不仅是在教育领域的一次思想解放，也在一定程度上从侧面反映了中国对外开放不断打开中国人的视野和眼界，最大限度地激发中国奋发向上的青春活力。

（二）恢复教学工作，增强制度保障，提高教师待遇

1978 年的全国教育工作会议之后，教育部正式印发了《关于做好高等学校专业设置与改造工作的意见》，开始对高等学校相关专业设置与改革相关工作内容进行系统恢复和更新完善，并明确提出了高等学校相关专业设置与改革的基本工作原则。教育部举办了关于文科、理学、工科等多个学科的专业调整会议，为了充分适应国家经济建设和社会发展需要，提高财经、政法两个学科在院校中所占的比重。针对普通高等学校普通专业中存在的专业类型设置不规范，且专业过细或者过窄的特殊情况，1978 年 3 月邓小平在全国科学大会上发表了《在全国科学大会上的讲话》，他充分明确阐明了我们必须全面正确地学习贯彻党的教育思想路线，端正教学方向，真正地努力搞好教学改革，使教育教学事业水平能够真正有一个进步和大幅度的提高，同时在讲话中也充分强调了我们必须要更加重视、尊重广大教师的辛勤劳动，提高广大教师的政治素养和思想品德，提升广大教师在社会上的地位。在邓小平同志的一贯坚持和大力支持下，一批知识分子的冤假错案终于彻底得到了纠正。1978 年 11 月，中共中央组织部又正式下发《中共中央组织部关于落实党的知识分子政策的几点意见》，根据党中央的精神，各所院校陆续组织开展了复查、平反冤假错案的相关工作，同时针对"文革"期间有关教师岗位职称的评定工作的停顿，教师缺乏严格的教学和科研培训等特殊情况，将在"文革"前通过评定和提拔的有关教授、副教授、讲师等岗位一律重新担任，同时根据"坚持标准，保证质量，全面考核，择优提升"的基本原则分期开展教师职称评定工作。1979 年教育部正式批准发布《关于高等学校教师职责及考核的暂行规定》，该规定是高等学校为教师中的助教、讲师、副教授和教授提供教师职责与资格考核的主要依据，将其中的政治思想表现、业务水平和工作实践成绩等多个因素综合作为教师考核的主要依据内容。另一方面，采取了教师脱产进修、重点补课、教学理论实践相结合等多种手段，提高了新教师的工作能力，对部分不能继续任教的教师分别安排了转岗。

二、高等教育事业的快速发展时期

1983 年 5 月，教育部召开了第二次全国高等教育工作会议，明确了继续坚持"调整、改革、整顿、提高"的思想和方针，着重研究讨论了如何加快高等教育事业发展的问题，提出了要依托老校去挖潜，适当地扩大规模。1985 年颁布的《中共

中央关于教育体制改革的决定》拉开了新时期我国高等教育改革创新探索的帷幕，决定提出必须建成一套科类齐全、层次、比例合理的体系。国家教委于 1988 年在北京主持召开了第三次全国高等教育工作会议，会议充分肯定了近年我国高等教育已经取得的一系列历史性成果。该次工作会议还特别明确提出：第一，要把培养一批符合当代社会主义建设事业实际发展需要的相关专业人才作为首要任务；第二，将竞争激励机制引入院校的办学管理中；第三，院校根据当前经济社会的实际发展情况，办学必须具有自身特点；第四，进一步充分挖掘各类院校的办学潜能，以不断提升办学效益作为主要前进目标。高等教育高速稳步发展的关键时期主要体现在以下几个方面，第一，院校逐步发展，获得了一定的办学自主权，国务院颁布的《高等教育管理职责暂行规定》将中央和地方对于院校办学管理的行政权限进行明确化，国家教委颁布的《普通院校学校设置暂行条例》明确规定了各类院校自主办学的基本管理标准和具体条件。第二，国家教委开始组织进行高等教育教学质量的综合评估，并积极组织进行课程、专业以及高等学校水平综合评价的试点工作。第三，1989 年 9 月国家教委组织进行关于调整本科专业目录的修订，进一步调整扩大了本科专业覆盖口径和各个学科专业覆盖领域，调整、归并了一批新的学科专业。第四，教育部门根据当时我国经济体制改革和高等教育体制制度改革的实际需求，缩小了高校应届毕业生按照计划分配的专业范围，扩大了办学部门、地方及所属学校对应届毕业生的就业自主权，实行多渠道分配的方式，即将所有地方院校的应届毕业生完全按当地政府制订的就业计划来直接进行分配；对于中央业务部门及其机构所属院校的毕业生，国家部门可以根据其实际需要自由选择一部分在方中央各单位进行专业分配，其余的由主管部门进行专业分配。1985 年，毕业生分配政策发生了较大的调整，实行了在国家计划的指导下，本人选报志愿、学校推荐、用人单位择优录取等考核制度。1989 年，国家教委所属高等专科院校，除少数试点院校实行采用学校推荐、用人单位择优录取的"双向选择"外，大多数院校都是实行从国家相关分配政策的指导下"供需见面"的分配模式，自下而上地编制了分配方案，由此开始，院校应届毕业生的分配体系也开始覆盖全国。

三、高等教育事业顺应市场经济时期

1992 年 11 月，全国普通高等教育事务工作小组会议在北京举行，计划经济体制下已逐步形成了国家集中计划、各级政府及其他地方政府分别负责办学和管理的高等教育体系，但还存在许多突出的问题：一些地方高等学校被地方政府层层控制，过于束缚缺少自由，造成发展的活力不足；行业性、单科型的学校数量太多，结构布局不合理，办学效益不够高；各类院校之间在教学上都存在着教学内容和手段太过陈旧等突出问题，针对这些突出的问题，工作会议明确提出：高等教育的发展必须要始终坚持从规模、结构、质量、效益等多个方位整体协调发展的战略方针，坚持沿着以内涵式发展型教育为主的道路；教育思想及理念先进与否在很大程度上影响着高等教育改革效果，体制的改革是不可忽视的，教学改革是重中之重，促使高等教育的发展来适应当下经济社会发展的变化需要。

过去政府包揽办学的制度必然要进行修改，以顺应时代的发展，同时解决好政府和社会之间的关系。对于办学制度改革的宗旨就是要努力构建一个由中央、省、自治区作为办学的主体，社会各界一起参与办学的新制度、新格局。在计划经济体制下，政府将整个教育事业包揽。随着高等教育体制制度改革的深入推进和不断深化，各地都陆续开展了不同程度的高校办学制度管理改革，逐步打破了由单一的地方政府直接承办的管理制度，参与办学的主体也逐渐呈现出更加多样化的发展趋势。在这段时期，各地纷纷研究总结探索借鉴民办教育的办学管理体制方式和实践经验，并充分结合自身教育实际，改变了我国传统的公办高等学校的教学管理体制，公办高校在其新的办学体制上表现了一些新的尝试。

高等教育改革其中一个重点与难题就在于管理制度改革，需要从条块关系问题、中央与地方的关系问题、政府与学校的关系问题进行解决。通过"共建、划转、合并、合作办学和参与办学"来进行解决。1985年4月印发的《中共中央关于教育体制改革的决定》，就明确提出了高等教育的教学管理体制还需要更大力度的改革。1995年国务院办公厅转发《关于深化高等教育体制改革的若干意见》中提出，要注重抓好高等教育管理体制改革，以努力争取在2000年或略微更长一点的教学时间里，基本可以建立举办者、管理人员和办学者的关系职责分明，以各级财政部门划拨经费为主，多渠道增加资金投入，中央和省、自治区、直辖市人民政府两级职权管理、分工明确各自负责，以省、自治区、直辖市各级人民政府统筹为主，条块有机结合且相互协调的管理框架作为教育改革的主要目标。

针对投资体制方面的改革最主要的就是要改变高等教育经费仅来源于国家财政拨款的这一现状，要建立一个新型的筹集高等教育经费的新体制，通过税收和收取各类费用的方式来充盈高等教育经费。同时将"按人头拨款"改为"教育基金制"，

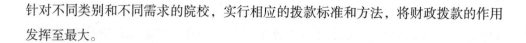

针对不同类别和不同需求的院校,实行相应的拨款标准和方法,将财政拨款的作用发挥至最大。

四、高等教育事业大众化发展时期

1999 年 6 月,党中央、国务院召开了第三次全国高等教育工作会议,明确了我国高等教育未来发展的总体基本思路,即为提升国力和国际竞争力,迎接 21 世纪可遇不可求的机遇和严峻挑战,要把我国的教育建设摆到优先发展的重要战略地位;扩大对现有普通院校和成人学校的招生规模,尽可能地满足广大人民群众对于接受高等教育的迫切需求,保证教育适度优先发展。中共中央、国务院发布《中共中央国务院关于深化教育改革全面推进素质教育的决定》,重申将进一步不断扩大普通高中阶段性教育及各类院校人才培养的规模,拓宽新阶段人才培养和成长的有效途径,减缓新阶段升学的压力。通过各种教育形式积极地开展教育,从而带动高等教育发展。上述相关工作政策的正式出台以及本次会议的顺利举行,为大力推动我国高等教育快速发展奠定了政策和指导思想方面的基础。1999 年,全国各类普通本科职业院校实际计划招收普通高校本科和专科院校毕业生人数规模最初预计每年为159.68 万人,到 2003 年已经基本达到了 190 多万人,高等教育院校毛入学率已经基本达到 17%,进入了一个走向大众化快速科学发展的崭新阶段。同时,高等教育扩招优化了高等学校的布局结构。扩招期间,新建了许多地市级院校,促使高等学校布局重心下移,给许多地市带来了发展机遇,有利于城市化建设的进程。1999 年至2000 年,教育部批准备案的全省各地市级高职专科院校规模增加了 110 多所,占到了全国各地新增院校规模总数的 50%。高校的扩招促进了高等教育的办学制度改革多元化、社会化;新颖的办学方式也得到了试验并且蓬勃发展。采用"新机制"快速形成并发展起来的"二级学院",其特点是性质从"国有民办"在教育实践的探索中逐渐演变成为"独立学院",办学的主体涉及地方各级政府、公司和民间机构等,其投入、运作以及管理都实现了多样化,挖掘了高等学校的巨大发展潜力,吸引了更多的社会资本对高等教育的支持和投入,扩大了民办高等教育的覆盖面。随着我国高等教育迅速步入到一个大众化发展的时期,一些原本就存在的问题还未完全解决,又有新的问题出现:(1)大学毕业生的就业问题随着待业人数的增多逐渐演变为社会问题;(2)院校师资存在缺口,教师负担过重;(3)高等学校面临债务风险,几乎所有院校都存在贷款。

五、高等教育事业普及化发展时期

我国高等教育在朝着多元化、多功能、多形式等方向立体式发展。40 多年来，中国高等教育改革发展以体制改革和适应市场经济体制为着力点，带动了政府简政放权和职能转变。从经济体制改革的成效来看，中国保持了多年的经济高速增长。中国在经济发展上走着自己的"中国道路"，之所以称为"中国道路"，根本原因在于中国用独特的发展方式在较短时间内实现了西方国家经历上百年才实现的目标。中国通过 40 年来的改革开放走出了令世界瞩目的"中国道路"。中国把市场和社会主义有机地结合了起来，不实行全盘私有化，而实行以公有制为主体的混合所有制；采取市场经济，但通过政府对经济和社会生活的干预，实现社会公平。

随着 2019 年我国高职扩招 100 万人目标的如期完成，我国高等教育毛入学率超过 50%，标志着我国高等教育已经由大众化阶段进入普及化阶段。中国的高等教育进入普及化阶段，并不代表着高等教育真的达到了普及的程度。从严格意义上来看，普及化教育并非要求我们培养一批超过 50% 的适龄中国青年走到院校中去学习，而是我们几乎每个人都能够在家里或者是工作单位继续接受良好的教育。如果我们已经可以做到几乎每一个人都能够在家里或者是工作单位接受高等教育，那么我们的高等教育会在很大程度上实现不仅仅依托传统的高校校园和课堂，而将会充分运用其他更多的远程教育手段和技术来完成课外的教学和科研等一系列任务。到那时学生自主学习的最终目标也不仅仅是获得学位，而是提高自我的学习和选择一种生活方式。普及化的这个时代内涵就是要让任何一个人在任意时间都能接受到终身教育，与传统的教育相比，普及高等教育在其类型、架构、组织和管理等各个方面将会有所改变，信息技术和现代人工智能也将为未来的高等教育的发展提供更大的机遇和可能。

第四节　中国高等教育改革高质量发展取向

"中国道路"不是一朝一夕形成的，而是要经过时代检验的。真正的高等教育强国必定是高等教育理念独树一帜，并能够对其他国家的高等教育发展产生影响的。仔细考察世界高等教育强国，美国、英国、德国、日本等无不如此。近 40 年来我国高等教育不但实现了大众化，而且走出了一条独特的发展道路。不论是在院校数量、在校生规模、毛入学率，还是在世界大学排行榜的排名方面，我国高度教育都有良好表现。市场经济体制的建立为高等教育的规模增长提供了契机，不断深化的体制改革保障了高等教育发展的质量，而对外开放则为我国高等教育与世界接轨提供了窗口，当然，我国高等教育改革发展之所以能够走出一条独特的"中国道路"，根本原因还在于高等教育改革发展深深根植于中国土壤，立足于中国大地办大学，有效地处理好了改革与发展的关系、中央与地方的关系、院校之间的关系，使改革和发展能够实现同步进行，用改革破除发展的障碍和困境，以巩固改革成果。

一、高等教育改革的主线

40 年来我国高等教育改革发展先后经历了拨乱反正与恢复建设、管理体制改革、"211 工程"与"985 工程"建设、大学合并与扩招、本科教学工作水平评估、"2011 计划""双一流"建设等重大事件，体制改革和政策创新一直伴随始终。正是有了政府的顶层设计，院校的办学才更接近实际，更能为当地经济与社会发展服务。体制改革和政策创新从制度上保障并激发了地方政府办学的积极性，使院校获得了更大的自主权，最大限度地降低了制度成本，使各级政府和大学的活动空间更大。我国的高等教育改革发展以体制改革为主线，从中央到地方，各级地方政府根据实际情况进行政策创新，与其他国家习惯于通过立法来改革高等教育不同，我国政府更多地选择以政策驱动改革，用出台重大政策文件来规范高等教育发展，以政策的持续来保障高等教育改革发展的平稳推进。

概括起来，40 年来我国高等教育改革发展始终坚持"中国模式"和"中国道路"，以改革和发展作为主旋律，由党和政府站在民族复兴的高度对高等教育改革和发展进行顶层设计，在发展市场经济的同时，建立起高等教育的"有效市场"；通过"体制改革"和"政策创新"保证我国大学在国际上的竞争力；在资源有限的情况下，通过"重点建设"打造一批能够产生世界影响的大学与学科，以"省际竞争"为政策抓手激励各级政府，特别是省级政府和中心城市政府大力发展地方高等教育。总之，高等教育改革发展"中国道路"的生产，既离不开改革开放推动的体制变革，也离不开高等教育结合中国国情进行的政策创新。"扎根中国大地办大学"是"中国道路"带给我们最大的启示，这体现了制度和文化自信。

二、高等教育发展方式的转变

第二次世界大战以来，高等教育体系已逐渐成为一个多元化体系，在与政府、社会和市场的互动中发挥着影响力。作为后发的高等教育大众化国家，我国的优势在于能够集中资源广泛动员，学习发达国家高等教育大众化的体系结构。当高等教育大众化进入以提升质量为主的内涵式发展阶段时，由于质量因素的内隐特征，政府不可能穷尽高等教育和市场需求，需要解决高等教育长期发展的问题，根本在于转变高等教育发展方式，核心在于政府职能转变。

高等教育发展方式的转变应正确处理好政府和市场的关系，中央与地方关于高等教育的权责关系，政策和规划的关系，政府职能转变与院校内部治理结构转变的关系。

首先是处理好政府与市场的关系。与高等教育从精英化向大众化过渡的阶段不同的是，大众化进入普及化将会是较为平缓的自然过渡，需要公平、公开竞争的制度和环境。从理论上来说，市场能激发高等教育发展的活力，实现结构和决策的优化。以往的高等教育发展存在院校结构同质化或停滞不前等问题。2015 年，国家提出供给侧结构性改革的目标，体现出国家发展思路的重要转变，在高等教育领域体现为政府主要负责创造良好的条件和环境，维护市场秩序，发挥市场对高等教育资源的有效配置作用，以此来实现高等教育转型。

其次是正确处理中央与地方关于高等教育的权责关系问题。高等教育大众化的主要承载力量是地方院校，这一基本事实决定了其与地方政府是相互依赖的关系。中央政府应坚持对高等教育的宏观引导，减少和下放具体管理事项；地方政府要坚决贯彻中央政府政令，做好地区发展与高等教育发展的统筹协调。

再次要正确处理好政策与规划的关系。高等教育发展方式不仅受国家总体政策的影响，还受到各种项目、工程、中长期规划的影响，实际上处于两个治理体系下。在发展中难免由于功能重复或脱节而影响政策与规划的作用，因此，应当厘清各类政策与规划之间的关系，以有效发挥其应有的作用。

最后要处理好政府职能转变与院校内部治理结构转变的关系。政府职能的转变为院校内部治理结构的转变提供了思路与方向，院校内部治理结构的转变一方面应体现院校自身学术权力与行政权力的平衡，另一方面应体现出与政府职能转变方向一致的注重质量的内涵式发展模式。

三、高等教育的改革高质量发展取向

党的十九届五中全会明确提出了"以推动高质量发展为主题",强调"建设高质量教育体系"。贯彻落实新发展理念、构建新发展格局、推进高质量发展,是未来各界发展工作的战略重心。加强教学管理体系的健全建设,统筹协调开展各项教育事务,深刻地认识到高等教育在表现的内涵和意义上的变化。独特的历史、文化、国情直接决定了我国的高等教育必然要走符合中国国情的道路。着力于构建符合新时代发展要求的高等教育课程体系。目前我国的高等教育正进入普及化的阶段,院校仍然需要积极面对当今世界百年未有之大的变局与中华民族伟大复兴的战略全局,要顺应新的时代经济社会主要矛盾的变化,在国内社会需求中寻找正确的定位,实现其内涵式的发展。当今世界的高等教育已经走过八九百年的演进史,许多国家都在结合自身的传统、文化、制度等来形成自己的整体结构。各国的高等教育制度既有共性又具个性。应用类院校应该要大力引进科研专业技能人员,增强对社会的适应能力,建设良好的普职融通、产教相互融合等"立交桥"。

办学与育人始终是我们所有院校的一个永恒话语,而这个时代也正给它赋予新的文化内涵。这种模式必须要围绕其内涵来展开。新时期的办学方式即是扎根于中国大地办的大学,高等学校必须要面向中国的现状,解决中国存在的问题,服务于中国经济社会的发展,其办学方式也亟待我们跟进。展望未来,高等教育地位正在不断得到巩固、作用也正在不断扩大增强,扎根当代中国大地办大学,落实成为立身育德修身树才育人的根本任务,我国的高等教育将通过继续努力,在不断创新和持续发展中始终奉献整个世界,践行现代中国教育模式。

(一)关于高等教育高质量发展的正确解读

一是"高度",即要继续坚持和加强中国共产党对于教育事业的全面领导,提升我国教育事业进步和发展的思想政治高度,形成以贯彻执行党的领导为主线,纵到底、横向至边、全覆盖的教育工作新格局。

二是"角度",即认真贯彻落实立德树人的根本任务,把握好我国高等学校教育事业未来发展的方向。要着力解决好疏不从德、弱于体美、缺于劳等方面存在的问题。要充分发挥思政工作中的铸魂育人的重要意义和引领作用,发挥教材及课堂上进行培根、启智增慧的主导性基本职责。

三是"宽度",即我们要着力于加强社会主义现代化教育制度体系的建设,拓展

我国教育事业持续健康发展的空间。我们要进一步提高教育的供给水平，加强对职业技术人才的培养体系和服务机制的建设，进一步增加高等教育的规模，健全社会终身学习制度。

四是"力度"，即积极地推动我国高等教育的综合性改革，特别是质量和水平的评估改革，强化对高等教育事业持续健康发展的支持力度。我们要继续深化对新时期高等教育的评价和改革，加快高校办学制度改革，推进高等教育监管体制和机构改革，做好高等教育新形势下的教学信息技术交流和协调工作。

五是"限度"，即通过优化高等教育的资源配置，突破高等教育事业发展的限度。要通过协调布局来促进院校教育布局的优化和提升；优结构，推动各个学科之间实现相互匹配和协同发展；提高水平，推进办学各个层面的提质和升级。

（二）高等教育改革高质量发展的必然性

新的战略抉择和战略部署，将对我国高等教育的走向产生重大影响。高等教育的发展环境面临新变化，需求、资源和空间是促使高等教育实现高质量发展的重要外部因素。随着新发展格局的构建，这三个方面都将发生新的变化。

1. 需求变化

当前，我国促进经济社会发展所面临的重大挑战主要还是重点集中于提高发展经济质量上，无论是如何有效解决当前经济社会结构发展不均衡不充分的突出问题，还是如何有效应对日趋复杂的社会外部环境及如何正确防范和有效化解各种社会风险安全隐患，都十分需要依赖于保持高质量的经济发展。而且虽然实现了许多高质量的产业发展，但是也仍然存在着许多的产业短板和技术弱项。提升供给体系对国内需求的适配性，打通经济循环堵点，提升产业链、供应链的完整性，使国内市场成为最终需求的主要来源；坚定不移建设制造强国、质量强国、网络强国、数字中国，推进产业基础高级化、产业链现代化，提高经济质量效益和核心竞争力；实施区域重大战略、区域协调发展战略、主体功能区战略，迫切需要高等教育源源不断地输送高质量的人才，持续地提供高质量的科技创新支持，高效率地引领和创造社会新需求。

2. 资源变化

无论是建立和完善新兴产业链、提高国民经济发展质量、以创新技术革命创造和引领需求、实现以国内循环为主体，还是积极地应对全球百年所未有之大变化、维护国家整体安全、在一个更高的水平上积极参加国际大循环，对高等教育的需求都不是现有体系和功能的局部调整与改善所能适应的。全面重塑高等教育体系、全面提升高等教育功能，已经成为亟待破解的具有战略性、全局性意义的重大课题。构建新发展格局，从投资与外贸拉动、资源与市场两头在外，转向创新驱动、内生发展，必将意味着公共资源要优先保障事关国家战略全局的关键性领域和事关保障民生的基础性领域，要向中西部地区及有利于促进区域协调发展的领域倾斜。意味着社会资源将更加体现市场配置理念，流向投入产出比高的产业、技术及人力资源开发领域。意味着家长和学生的选择将更为理性，更加注重教育投入对实现高质量就业和终身发展的价值。新发展格局下高等教育资源潜力、流向等可能发生的变化，将对高等教育格局产生重大影响，一些学校将获得新的发展机遇，一些学校则可能面对更加严峻的生存和发展压力。

3.空间变化

截至 2019 年，正规的普通高等教育保持基本稳定，社区学院、老年教育、在线教育等新的高等教育类型将成为具有活力的领域；传统学科领域将有稳有降，新兴学科、交叉学科领域发展空间巨大。发展空间的变化，意味着在规模相对稳定的态势下，结构优化、功能提升与业态重塑将成为主流，高等教育体系将进入新的分化、重构和变革期。

上述三个方面交织在一起、相互制约，对新阶段的高等教育策略选择具有重大影响。其中，外部需求是基础，决定着高等教育资源配置方向，影响着高等教育发展空间格局，关乎院校战略选择的价值理性。资源是变量，直接影响需求的可实现程度，关乎院校发展的模式与路径。空间是关键，深受需求与资源的影响，关乎院校的目标定位和发展重点。

（三）高等教育改革高质量发展的重点

对照构建新发展格局的需求和高等教育高质量发展的预期目标，实现高等教育高质量发展还面临一些短板，突出体现在：省际高等教育发展水平差距较大、区域高等教育资源配置不均衡、经济发展水平与高等教育发展水平自东向西同步降位分布。这种状态对于经济或高等教育振兴都是巨大的挑战，无论是相对于高等教育的经济供给侧，还是相对于经济的高等教育供给侧，都不能满足对方的需求。而传统的产业基础与先进的知识传承之间的不和谐，又加剧了经济与教育协调发展的难度。如何将高等教育有效地融入区域经济战略之中，是高等教育高质量发展必须解决的问题，我国已经建成了世界最大规模的高等教育，但建成现代化高等教育体系还面临艰巨的任务。高等教育供给结构与经济社会发展不够协调，布局结构优化、学科专业结构调整仍面临艰巨任务。高等教育供给质量与经济高质量发展需求不匹配，同人民群众对接受高质量高等教育的期盼还有较大差距，提高创新人才培养质量、增强科技创新服务能力的压力仍然很大。高等教育供给效率还不能适应产业调整升级和社会多元需求，既不能充分满足需求侧的变化，更不能有效发挥创造和引领需求的作用。高等教育国际化亟待开拓新局面。高等教育国际影响力、话语权与中国作为世界大国的地位不匹配，与国家整体的改革、开放、发展、安全等战略布局不相适应。高等教育国际化的领域、层次、深度不适应高等教育强国建设的需要，在许多学校尚未对教学、科研、办学水平的提升产生实质性效果。沿海地区院校与内地院校以及中央部委院校与地方院校之间，在国际化发展的政策环境、基础条件乃至理念、模式等方面有较大差距。波及学术领域的逆全球化甚至反全球化潮流，对高等教育国际交流渠道、模式等构成新的挑战。高等教育改革发展的动力系统亟待优化。外部驱动力强大、内生动力不足的局面尚未有根本改变，校院两级的积极性未能充分激活。政治、市场和学术三种调节力量的协同性不高、作用发挥不均衡，政府主导力强势、市场调节力有限、学校被动适应发展的局面有待进一步改善。评价机制与资源配置方式有待改进，分类发展机制还比较薄弱，趋同发展的惯性仍然强大。

针对上述短板，对于高等教育高质量改革的重点规划如下：

1. 重塑衔接区域协调发展战略的高等教育布局体系

高等教育空间布局是高等教育体系与经济社会发展适应状态的综合反映。面对我国区域发展与资源配置格局的重大变化，在更高层次上优化高等教育空间布局，对于提高高等教育服务国家战略和区域经济社会发展的能力、实现高等教育高质量发展具有重大意义。

构筑与区位协调科学发展总体战略相互适应的我国当代高等教育的整体空间布局。紧密结合贯彻落实区域性重大发展战略、区域协调主体发展战略、主体服务功能区和地区发展战略，构建一个以建设高质量城市为发展核心的结合国土资源空间布局与经济支撑功能系统的城市总体发展思路，以及"增强中心城市和城市群等具有经济发展优势区域的社会和人口承载能力，推动城市组团式发展，形成一个多中心、多层次、多节点的互联网城市群架构"等主题作为总体战略布局设计，着力优化由纵向东中西三个主体功能区域，以及横向长江、黄河两条经济带构成的高等教育网络格局。在继续提升东部地区高等教育国际竞争力的同时，加快形成点线面结合、东中西呼应的高等教育发展空间格局。健全区域战略统筹、市场一体化发展、区域合作互助、区际利益补偿等机制，以高等教育功能优化为主要目标，以学科集群建设为抓手，以产教融合为纽带，着力凝聚中央与地方的合力，协调发挥政府与市场两个作用，促进城市群、产业群与大学群联动发展，着力提升高等教育服务区域发展的能力与水平。

2. 打造服务"双循环"的高等教育开放体系

高等教育的国际化既是各个国家之间经贸相互交流与人文相互交流的重要纽带，又是增强我国在高等教育领域的国际竞争能力与影响能力的必然途径。推动高等教育向更高水准方面发展，要进一步"扩大教育对外开放，优化教育对外开放的全球布局，加强与国内外的科技交流合作，提升其层次和水平"，积极构建"3+3"的开放战略格局。即以京津冀、长三角、粤港澳大湾区三大区域为龙头，打造具有世界性竞争力和影响力的高等教育开放高地；结合东北振兴战略、"成渝双城经济圈"建设和西部大开发，开创东北亚、东南亚和中亚三个区域高等教育开放交流新局面。通过优化高等教育开放布局，增强高等教育服务共建"一带一路"和"人类命运共同体"的能力。着力开创大变局下高等教育国际化新局面。密切高等教育与经济社会领域开放的联动关系，为共建"一带一路"提供平台和纽带，在共建人类命运共同体中发挥好"智囊团"和"思想库"的作用。积极应对百年未有之大变局，在攻克影响人类健康的重大课题等重大领域，加强与发达国家院校的科技合作。积极参与全球教育治理变革，有效提升高等教育话语权。积极利用"互联网+"等手段，开创国际交流合作新模式，扩大发展留学生教育，建设留学教育目的国。坚守教育主权，维护国家整体安全。

第二章 『双一流』提出背景及评价标准

第一节 "双一流"提出背景

一、概念界定

"双一流"就是指世界一流的大学、一流的学科。建设全球一流大学与一流学科是立足于"两个一百年"的奋斗目标与中华民族伟大复兴的另一个中国特色高等教育领域前行迈进的一项重大决策与伟大探索。表2-1、表2-2是现有的世界一流大学的建设院校，A、B类共42所院校的名单，表2-3是世界一流学科建设院校，共6所院校的名单。

表2-1　世界一流大学建设院校（A类）36所

北京理工大学	中国人民大学	清华大学	吉林大学	北京大学
中国农业大学	北京师范大学	南开大学	中央民族大学	天津大学
大连理工大学	北京航空航天大学	复旦大学	哈尔滨工业大学	同济大学
上海交通大学	华东师范大学	南京大学	东南大学	浙江大学
中国科学技术大学	西安交通大学	山东大学	中国海洋大学	武汉大学
华中科技大学	中南大学	中山大学	华南理工大学	四川大学
重庆大学	电子科技大学	厦门大学	西北工业大学	兰州大学
国防科技大学				

资料来源：百度百科。

表2-2　世界一流大学建设院校（B类）6所

东北大学	郑州大学	湖南大学	云南大学	新疆大学
西北农林科技大学				

资料来源：百度百科。

表2-3 世界一流学科建设院校95所

北京交通大学	北京工业大学	北京科技大学	北京化工大学	北京邮电大学
北京林业大学	北京协和医学院	北京中医药大学	首都师范大学	北京外国语大学
中国传媒大学	中央财经大学	对外经济贸易大学	外交学院	中国人民公安大学
北京体育大学	中央音乐学院	中国音乐学院	中央美术学院	中央戏剧学院
中国政法大学	天津工业大学	天津医科大学	天津中医药大学	华北电力大学
河北工业大学	太原理工大学	内蒙古大学	辽宁大学	大连海事大学
延边大学	东北师范大学	哈尔滨工程大学	东北农业大学	东北林业大学
华东理工大学	东华大学	上海海洋大学	上海中医药大学	上海外国语大学
上海财经大学	上海体育学院	上海音乐学院	上海大学	苏州大学
南京航空航天大学	南京理工大学	中国矿业大学	南京邮电大学	河海大学
江南大学	南京林业大学	南京信息工程大学	南京农业大学	南京中医药大学
中国药科大学	南京师范大学	中国美术学院	安徽大学	合肥工业大学
福州大学	南昌大学	河南大学	中国地质大学	武汉理工大学
华中农业大学	华中师范大学	中南财经政法大学	湖南师范大学	暨南大学
广州中医药大学	华南师范大学	海南大学	成都中医药大学	西南交通大学
西南石油大学	成都理工大学	四川农业大学	四川大学	西南大学
西南财经大学	贵州大学	西藏大学	西北大学	西安电子科技大学
长安大学	陕西师范大学	青海大学	宁夏大学	石河子大学
中国石油大学	宁波大学	中国科学院大学	海军军医大学	空军军医大学
中国石油大学（北京）	中国地质大学（北京）	中国矿业大学（北京）		

资料来源：百度百科。

党的十九大报告高度强调了党和国家对教育的重视，对中国高等教育发展的战略性眼光有利于推进我国实现从高等教育大国向强国的迈进。为此，我们要建设以高等教育内涵式发展为轴，立足中国特色、坚持立德育人、争创世界一流，全面推进一流大学和一流学科建设。建设一批世界一流大学和一流学科，首先就是我们要坚决地贯彻落实党的立党育德办学树身育人这个根本任务，培养我们学生成为社会主义教育事业的优秀建设者与优秀接班人。这就必然需要中央政府与各省属院校始终坚持以体现中国伟大民族特色的现代社会主义人本教育观为办学基本思想和专业发展指导方向，构筑具有当代特色一流的综合大学及一流学科专业。全力引导学生健康成长，在此基础上进而成才，因材施教，培养创新型高质量人才以逐步形成中国特色的高水平人才培养体系。

其次，政府和各类院校应该要全面深化改革，探索世界级一流高校的建立发展路径。具体内容包括着力推进对高层次人才的结构性改革，加强对国家战略、马克思主义哲学、传统文化等学科专门技术人才的培养，即全面提高服务重大战略需求的能力；优化了我国高等教育各个学科的课程布局，提升了教师团队思想道德水平和自主教育科研实践能力，搭建了高端智库等知识技术智囊平台，促进了高端人才思想交流和各个学科领域边界的不断突破；以"一带一路"为思路引领加强了国际间的文化交流与合作；完善具有中国特色的院校体制，加强大学文化建设，教授知识、传承情怀，积极发挥院校的引导作用。

再次，要进一步加大内涵性建设，建设世界一流的模范学科。学科建设的内涵搞清楚，把学科的优势、特点显现出来，构建一个具有中国特色的学科体系；拓展自己的学科教育人才的功能，加强自己的科研实践，打造一支高水平的学科研究团队和技术梯队；增强各个学科的创新能力，创新各个学科的组织模式，使我国引领前沿科学发展路径。

最后，中央、地方和院校要联动协同，形成世界一流大学和学科建设合力。第一，要完善院校"双一流"建设规章制度；第二，要调动"双一流"建设主体院校的积极性和进行改革创新的自觉性，促进知识资源共享，全面提升社会文化水平、带动文化氛围；加大地方区域统筹，促进"双一流"院校与区域高水平大学可持续协调发展；加强引导指导督导，完善评价和建设机制，创新省部共建合建机制，实现政策、分工、落实、效果四大"协同"。"双一流"建设任务与改革任务如图 2-1 所示。

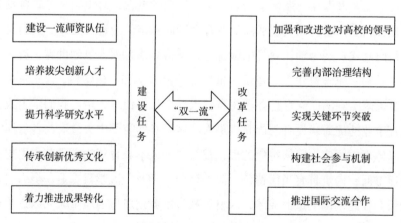

图 2-1 "双一流"建设任务与改革任务

二、提出背景

（一）中国高等教育发展进程导向

教育工作是中华民族伟大复兴和经济社会发展与进步的重要基石，我们深刻地领会到了教育在我们国家的建设、人民素质的提升、国际竞争力的提高等方面的重要意义，高等素质教育更是社会教育体系的关键环节。我党始终立足于"教育乃国之大计、党之大计"的重要定位，对当代中国高等教育制度与体系的建设做出了不断的探索和实践，逐渐地形成了一套独特的、具有中国特色的高等教育发展道路。

1977年对中国、对教育工作者和广大学生群体具有重要意义，普通高等学校招生全国统一考试正式恢复，在邓小平同志的带领下这场教育领域的拨乱反正已成为1978年中国改革开放的先锋号角。改革开放对于推动我国国民经济社会的快速发展以及教育改革发展都起到了极大的促进作用，这40多年来的不懈努力和探索也给新经济时代下中国的高等教育建设提供了道路，为实现中华民族的伟大复兴提供了大量的理论基础。1985年颁布的《中共中央关于教育体制改革的决定》意味着具有中国特色的高等教育体制改革的探索进程又向前了一步。1999年，中国高等教育院校扩大招生规模，两年后，年龄已不再成为限制公民参加高考、追寻知识、实现自我价值的阻碍，教育部允许25周岁以上公民参加高考。2010年制定的规划，在2020年已完全实现。其中我国的一项数据可以生动地体现出近年来我国高等教育水平不断提高，在2012年我国的财政性教育资金投入的比重第一次大于我国国内生产总值的4%，也是我国高等教育资金投入第一次超过2万亿元，此后该指标大体呈缓增态势。这一指标的提升意味着我国对教育这一重要民生领域的投入不断增加，教育这一影响国家前途与未来的重要基础领域正在中国大踏步发展。

现在中国已经沿着具有鲜明中国特色、适合中国国情的高等教育发展之路向更高质量、更高水平的教育目标大踏步前进。这一道路正是在中国共产党的英明领导下，连接中国政府和院校不断探索、实践的康庄大道。

（二）高等教育领域结构优化需求

在1995年5月6日，我国出台了《中共中央国务院关于加速科学技术进步的决定》，同年11月"211"工程正式启动，中国高等教育体系正在不断完善构建。1999年，我们国家为了建设代表先进水平的一流大学，中央人民政府启动了"985工程"。表 2-4 是 "985 工程"包含的 39 所院校名单，在世界一流大学建设院校名单中全部涵盖了 "985 工程"院校。

表 2-4 "985 工程"院校 39 所

北京大学	中国人民大学	清华大学	北京航空航天大学	北京理工大学
中国农业大学	北京师范大学	中央民族大学	南开大学	天津大学
大连理工大学	吉林大学	哈尔滨工业大学	复旦大学	同济大学
上海交通大学	华东师范大学	南京大学	东南大学	浙江大学
中国科学技术大学	厦门大学	山东大学	中国海洋大学	武汉大学
华中科技大学	中南大学	中山大学	华南理工大学	四川大学
重庆大学	电子科技大学	西安交通大学	西北工业大学	兰州大学
国防科技大学	湖南大学	西北农林科技大学	东北大学	

资料来源：百度百科。

表 2-5 "211 工程"院校 112 所

北京大学	清华大学	北京师范大学	中央财经大学	河北工业大学
北京航空航天大学	中国农业大学	北京理工大学	中央民族大学	太原理工大学
北京交通大学	北京工业大学	北京科技大学	北京化工大学	内蒙古大学
北京邮电大学	北京林业大学	北京中医药大学	北京外国语大学	上海交通大学
中国传媒大学	对外经济贸易大学	中央音乐学院	北京体育大学	上海财经大学
中国政法大学	中国人民大学	华北电力大学	中国地质大学（北京）	上海外国语大学
中国石油大学（北京）	中国矿业大学（北京）	天津大学	天津医科大学	南京大学
哈尔滨工程大学	哈尔滨工业大学	东北林业大学	东北农业大学	河海大学
吉林大学	东北师范大学	延边大学	南开大学	江南大学
东北大学	大连理工大学	辽宁大学	大连海事大学	浙江大学
东南大学	复旦大学	同济大学	上海大学	中国科学技术大学
南京农业大学	华东理工大学	华东师范大学	东华大学	福州大学
中国矿业大学	苏州大学	南京航空航天大学	南京理工大学	南昌大学
合肥工业大学	厦门大学	中国药科大学	南京师范大学	安徽大学
中国海洋大学	中国石油大学（华东）	郑州大学	华中农业大学	山东大学
武汉大学	华中科技大学	武汉理工大学	中国地质大学（武汉）	中南财经政法大学

华南理工大学	华中师范大学	中南大学	湖南师范大学	湖南大学
重庆大学	中山大学	暨南大学	华南师范大学	广西大学
四川大学	西南大学	电子科技大学	西南交通大学	海南大学
云南大学	西北工业大学	四川农业大学	西南财经大学	贵州大学
西藏大学	西安交通大学	陕西师范大学	西北大学	兰州大学
西安电子科技大学	长安大学	西北农林科技大学	宁夏大学	青海大学
石河子大学	中国人民解放军空军军医大学			

资料来源：百度百科。

在时代不断进步，社会不断发展的现在，"985工程"和"211工程"原来基本可以满足我国高等教育体系建设，现在已逐渐显露出更多的缺陷，这就需要更加完善、更加高效的教育战略工程，因此"双一流"院校建设应运而生。"211工程"和"985工程"等项目工程纳入"双一流"建设。这意味着"985工程"和"211工程"已经成为中国高等教育的过去式。

而"985工程"和"211工程"逐渐凸显的弊端最严重的是社会人才名校偏见，院校头衔高于实力。在高等教育体系日益完善的同时，教育模式与资源分配也稍有固化。招聘人员素质低，表明社会企业已将"985""211"的名头看得比实际能力更重，更何况广大民众，"985""211"是多少父母的期盼、多少学子的梦想。这便向社会甚至是学生本身传达了错误的信号，他们以"985""211"为目标，而非学术科研和浩瀚书海，当所有的目标从事情本身浮于表面时，更枉论"为中华崛起而读书"的志向与气节了。企业注重的是名校下的能力，民众注重的是名校下的光环，当能力、学识不再成为生存发展的绝对性因素时，将会在一定程度上造成社会资源偏移、阶层财富固化以及非名校或比较非名校人才的流失与闲置。

除了对个人的影响，其对院校的束缚也逐渐加重。随着社会的发展，一批像深圳大学这样在学术科研、实操实践等各方面、各领域取得飞速发展的院校也在逐渐崛起。而2011年国家表明不再增加"985工程"和"211工程"的院校名额。这也就意味着无论新晋院校如何努力都无法进入"名校"行列，大大打击了普通院校的发展积极性；与此同时，"985工程"和"211工程"建设院校也会在一定的主观与客观条件下卸解自身发展压力，严重的话可能会导致学术腐败。这两点导致我国高等教育体系逐渐固化，且教育能力与科研水平都将陷入发展缓慢的境地。在如此困境中，创新高等教育体系，优化高等教育体系结构是化解难题的金玉良方。

（三）中国高等教育体系目标建设

1. 建立一流的教学团队

深化实施人才强国战略，对高层次的人才提供政策上的支持，引导其改革与发展，培养一批高水平的科学家、技术创新者和企业技术创新团队的培养并且引进国际学者、收集世界一流的人才以满足国家的主要战略需求。关注中青年教师和创新团队，以教师成长和发展的规律为行为示范，优化教师学习、教学的制度环境，培养一批涉及多学科、多领域的优秀团队，实现人才队伍的永恒发展。为人师表，行为示范，在加强专业知识技能的同时也要加强教师团队的师德师风建设，培养一支具有理想信念、师德情操、扎实基础和善良仁爱的优秀教师队伍。

2. 培养一流的创新人才

坚持以人为本，将人才培养放在核心地位，注重培养富有历史使命感和社会责任感，且在创新与实践方面十分突出的各种创新型、应用型和复合型人才。注重创新创业层面教育，开展个性化培训，鼓励大学生自主创业、创新，以大学生健康成长、飞跃成才为前提和归宿，完善了相关考核的内容与制度体系，致力于将在校大学生塑造为具有较高层次综合素质，拥有国际眼光、科研精神及创业实践能力的新型现代化人才。

3. 提高科研能力与创新水平

在国家层面需求的指导下，我们将提高科研能力，促进经济社会发展和国家战略的实施。总体而言，提高科研创新能力与技术创新者的水平就是我们需要进一步提升我们解决重大科技问题的科研能力和原始科学技术创新者的能力，锻炼自身的宏观分析能力，成为引领世界学术发展的并行者，甚至是领导者。要进一步创新科研协调工作模式，以国家重点科学研究基地为主要依托，完善科研工作机制，在此基础上开展重大科研项目。以达到资源优化配置、统筹协调发展的目标。创建一组新型院校智库，并进一步提高了为国家政策服务的能力。构筑并完善了一套具有中国特色、中国风格和中国担当的思想政治与哲学以及社会科学等领域的学术评估体系，统一评价、发展标准。保护创新，激发创新活力。

4. 传承创新我国优秀文化

注重大学校园的文化建设，增强四个自信，营造出能够促进社会进步，引导文明进步以及具有中国特色的大学文化氛围。通过价值观来引领知识的学习，引导院校师资敢于创新，积极钻研；引导广大学生勤奋好斗，修身树德。构建一个以中国特色社会主义为核心的价值观作为公民行动准则的良好和谐社会环境，做到扬弃继承、实干创新，进一步弘扬中华民族传统文化与美德，促进全社会形成优良学风，推动社会主义先进文化建设。

5. 努力推进科研成果转化

深化产学相结合，紧密地结合国内外一流院校和一流专门学科的建设，促进我国经济社会的发展，努力增强院校对产业的转型升级做出贡献的能力，努力使其成为促进工业技术变革、加速创新的动力来源。促进了大学之间的学科、人才、科研和行业的交互，开放了基础性研究、应用创新研究、成果转化、产业化等四个环节，促进了市场导向的健全，社会资本参与和深度整合多种因素。促进了科学技术与经济之间、创新的成果与行业之间以及创新的项目与实际的生产力之间的相互融合。促进了重大的科技创新和关键科学技术的突破向先进生产力的转化，提升了院校的创新资源对于经济社会发展的促进作用。

（四）国际社会科技人才竞争激烈

当今世界国与国之间的激烈竞争其实是经济实力和科学技术的竞争。邓小平同志曾经明确提出，我国为了不断追求一个世界先进的教育水平，就首先应该从加快发展社会科学与加强教育两个方面入手。将科学技术与教育发展放在中国社会发展的核心位置上，可以总结为邓小平同志的思想："实现四个现代化，科学技术是关键，基础是教育。"当"科学技术是第一生产力"逐渐发展成为"科教兴国"战略，这标志着我国对科学技术与教育在国民经济发展、国际地位提升中的重要意义有了更清晰的认知与重视。

而在当今国际社会中，国家间的竞争主要是以经济、科技实力为基础，对科技和人才的竞争。谁在科学和技术的进步发展上取得了绝对的进步或者相对的进步，谁就能够在国际社会中立于不败之地。在现代化建设中，科技是关键，创新是精神。中国要想在国际社会中掌握命运，就必须进行创新，提高创新能力和创新效率。

科技创新、高端人才最终的实现基础之一便是教育，而高等教育更是它们从量变为质变，转型到形成性变为飞跃的关键。而在上述背景下，中国高等教育体系的不足便要进行体制结构优化创新，不断完善中国高等教育体系。"双一流"的出现就是我国面对纷繁复杂又暗藏风险的世界博弈场上构建人类命运共同体的根本举措。

第二节 "双一流"选拔要求与标准

为了贯彻顺应党中央和国务院在 2017 年稳中求进的总体基调要求，以"双一流"的实际状况为基础，并组织专家进行广泛的协商，确定了建设世界一流大学和一流学科的最终工作细则，即稳中求进、继承创新、改革发展。

稳中求进就意味着从一切的基础配套设施做起，稳步启动、平稳过渡、稳步前进，而不是一次性地动员大家并反复地做无用功；继承与创新，就是在国家和地区充分考虑现代高等教育的各个方面和重点进行建设的基础，继承其现有的基础和成就，创新其管理模式，统筹社会各界的力量，促进其与高等教育的相互协调和发展；我国的改革和发展不仅必须要始终坚持公开竞争、动态调节、破除自己的身份和资本固化、加大对绩效的激励，还必须突出这一改革，切实地促进各类院校内涵式的发展、深化和创新、提升素质。

一、"双一流"选拔评价要求

"双一流"建设院校的选拔重点是"中国特色与世界一流"，这就要求其不仅要与中国国情和发展道路相匹配，又要求其具体院校达到世界一流的国际水平。选拔"双一流"院校的基础为学科，通过拟定一流学科的名单筛选一流大学的名单，并且一流学科和一流大学的选拔通过客观数据和综合评价两个维度。

以"稳中求进、继承创新和促进区域协调发展"为前提来建设"双一流"，在原有"985 工程"建设基础上促进院校创新、科研活力。同时将一流大学区分为 A、B 两类，B 类院校的整体建设任务与示范效应更加突出，应该对其进行鼓励，使 B 类院校正视差距、奋起直追。

"双一流"有利于打破目前中国高等教育选拔制度的全固化和半封闭发展状况。在中国进行大学选拔录用评估时应更注重的是继续考虑坚持体现中国独具特色、世界一流，鼓励和引导支持推进中国高层次水平的大学建设，服务于党和国家重大战略发展的国家战略体系布局及对政策扶持的各种特殊要求这四个基本方面。其中平衡地区间的教育资源差异也是我国历来高等教育政策的一大关键性目标，以下是我国各地区"双一流"院校建设和各院校重点建设学科名单。

表2-6 我国各地区"双一流"院校建设和各院校重点建设学科名单

华北、东北、华东、华中地区		
北京大学	41个	哲学、应用经济学、理论经济学、法学、政治学、社会学、马克思主义理论、心理学、中国语言文学、外国语言文学、考古学、中国史、世界史、数学、物理学、化学、地球物理学、地理学、地质学、生物学、生态学、统计学、材料科学与工程、力学、电子科学与技术、控制科学与工程、计算机科学与技术、环境科学与工程、软件工程、基础医学、临床医学、公共卫生与预防医学、口腔医学、药学、护理学、艺术学理论、现代语言学、语言学、机械及航空航天和制造工程、商业与管理、社会政策与管理
中国人民大学	14个	哲学、理论经济学、应用经济学、政治学、法学、社会学、马克思主义理论、中国史、新闻传播学、统计学、工商管理、图书情报与档案管理农林经济管理、公共管理、
清华大学	34个	法学、政治学、马克思主义理论、数学、物理学、化学、生物学、力学、机械工程、仪器科学与技术、材料科学与工程、动力工程及工程热物理、电气工程、控制科学与工程、信息与通信工程、计算机科学与技术、建筑学、水利工程、土木工程、化学工程与技术、核科学与技术、环境科学与工程、生物医学工程、城乡规划学软件工程、风景园林学、管理科学与工程、公共管理、工商管理、会计与金融、设计学、经济学和计量经济学、统计学与运筹学、现代语言学
北京交通大学	1个	系统科学
北京工业大学	1个	土木工程（自定）
北京航空航天大学	7个	力学、仪器科学与技术、材料科学与工程、控制科学与工程、计算机科学与技术、航空宇航科学与技术、软件工程
北京理工大学	3个	材料科学与工程、控制科学与工程、兵器科学与技术
北京科技大学	4个	科学技术史、材料科学与工程、冶金工程、矿业工程
北京化工大学	1个	化学工程与技术（自定）
北京邮电大学	2个	信息与通信工程、计算机科学与技术
中国农业大学	9个	生物学、农业工程、食品科学与工程、作物学、农业资源与环境、植物保护、畜牧学、兽医学、草学
北京林业大学	2个	风景园林学、林学
北京协和医学院	4个	生物学、生物医学工程、临床医学、药学
北京中医药大学	3个	中医学、中西医结合、中药学

北京师范大学	11个	教育学、心理学、中国语言文学、中国史、数学、地理学、系统科学、生态学、环境科学与工程、戏剧与影视学、语言学
首都师范大学	1个	数学
北京外国语大学	1个	外国语言文学
中国传媒大学	2个	新闻传播学、戏剧与影视学
中央财经大学	1个	应用经济学
对外经济贸易大学	1个	应用经济学（自定）
外交学院	1个	政治学（自定）
中国人民公安大学	1个	公安学（自定）
北京体育大学	1个	体育学
中央音乐学院	1个	音乐与舞蹈学
中国音乐学院	1个	音乐与舞蹈学（自定）
中央美术学院	2个	美术学、设计学
中央戏剧学院	1个	戏剧与影视学
中央民族大学	1个	民族学
中国政法大学	1个	法学
南开大学	5个	世界史、数学、化学、统计学、材料科学与工程
天津大学	4个	化学、材料科学与工程、化学工程与技术、管理科学与工程
天津工业大学	1个	纺织科学与工程
天津医科大学	1个	临床医学（自定）
天津中医药大学	1个	中药学
华北电力大学	1个	电气工程（自定）
河北工业大学	1个	电气工程（自定）
太原理工大学	1个	化学工程与技术（自定）
内蒙古大学	1个	生物学（自定）
辽宁大学	1个	应用经济学（自定）
大连理工大学	2个	化学、工程
东北大学	1个	控制科学与工程
大连海事大学	1个	交通运输工程（自定）
吉林大学	5个	考古学、数学、物理学、化学、材料科学与工程
延边大学	1个	外国语言文学（自定）
东北师范大学	6个	马克思主义理论、世界史、数学、化学、统计学、材料科学与工程

续　表

哈尔滨工业大学	7个	力学、机械工程、材料科学与工程、控制科学与工程、计算机科学与技术、土木工程、环境科学与工程
哈尔滨工程大学	1个	船舶与海洋工程
东北农业大学	1个	畜牧学（自定）
东北林业大学	2个	林业工程、林学
复旦大学	17个	哲学、政治学、中国语言文学、中国史、数学、物理学、化学、生物学、生态学、材料科学与工程、环境科学与工程、基础医学、临床医学、中西医结合、药学、机械及航空航天和制造工程、现代语言学
同济大学	7个	建筑学、土木工程、测绘科学与技术、环境科学与工程、城乡规划学、风景园林学、艺术与设计
上海交通大学	17个	数学、化学、生物学、机械工程、材料科学与工程、信息与通信工程、控制科学与工程、计算机科学与技术、土木工程、化学工程与技术、船舶与海洋工程、基础医学、临床医学、口腔医学、药学、电子电气工程、商业与管理
华东理工大学	3个	化学、材料科学与工程、化学工程与技术
东华大学	1个	纺织科学与工程
上海海洋大学	1个	水产
上海中医药大学	2个	中医学、中药学
华东师范大学	3个	教育学、生态学、统计学
上海外国语大学	1个	外国语言文学
上海财经大学	1个	统计学
上海体育学院	1个	体育学
上海音乐学院	1个	音乐与舞蹈学
上海大学	1个	机械工程（自定）
南京大学	15个	哲学、中国语言文学、外国语言文学、物理学、化学、天文学、大气科学、地质学、生物学、材料科学与工程、计算机科学与技术、化学工程与技术、矿业工程、环境科学与工程、图书情报与档案管理
苏州大学	1个	材料科学与工程（自定）
东南大学	11个	材料科学与工程、电子科学与技术、信息与通信工程、控制科学与工程、计算机科学与技术、建筑学、土木工程、交通运输工程、生物医学工程、风景园林学、艺术学理论
南京航空航天大学	1个	力学
南京理工大学	1个	兵器科学与技术
中国矿业大学	2个	安全科学与工程、矿业工程
南京邮电大学	1个	电子科学与技术

河海大学	2个	水利工程、环境科学与工程
江南大学	2个	轻工技术与工程、食品科学与工程
南京林业大学	1个	林业工程
南京信息工程大学	1个	大气科学
南京农业大学	2个	作物学、农业资源与环境
南京中医药大学	1个	中药学
中国药科大学	1个	中药学
南京师范大学	1个	地理学
浙江大学	18个	化学、生物学、生态学、机械工程、光学工程、材料科学与工程、电气工程、控制科学与工程、计算机科学与技术、农业工程、环境科学与工程、软件工程、园艺学、植物保护、基础医学、药学、管理科学与工程、农林经济管理
中国美术学院	1个	美术学
安徽大学	1个	材料科学与工程（自定）
中国科学技术大学	11个	数学、物理学、化学、天文学、地球物理学、生物学、科学技术史、材料科学与工程、计算机科学与技术、核科学与技术、安全科学与工程
合肥工业大学	1个	管理科学与工程（自定）
厦门大学	5个	化学、海洋科学、生物学、生态学、统计学
福州大学	1个	化学（自定）
南昌大学	1个	材料科学与工程
山东大学	2个	数学、化学
中国海洋大学	2个	海洋科学、水产
中国石油大学（华东）	2个	石油与天然气工程、地质资源与地质工程
郑州大学	3个	临床医学（自定）、材料科学与工程（自定）、化学（自定）
河南大学	1个	生物学
武汉大学	10个	理论经济学、法学、马克思主义理论、化学、地球物理学、生物学、测绘科学与技术、矿业工程、口腔医学、图书情报与档案管理
华中科技大学	8个	机械工程、光学工程、材料科学与工程、动力工程及工程热物理、电气工程、计算机科学与技术、基础医学、公共卫生与预防医学
中国地质大学（武汉）	2个	地质学、地质资源与地质工程
武汉理工大学	1个	材料科学与工程
华中农业大学	5个	生物学、园艺学、畜牧学、兽医学、农林经济管理
华中师范大学	2个	政治学、中国语言文学

续　表

中南财经政法大学	1个	法学（自定）
湖南大学	2个	化学、机械工程
中南大学	4个	数学、材料科学与工程、冶金工程、矿业工程
湖南师范大学	1个	外国语言文学（自定）
中国矿业大学（北京）	2个	安全科学与工程、矿业工程
中国石油大学（北京）	2个	石油与天然气工程、地质资源与地质工程
中国地质大学（北京）	2个	地质学、地质资源与地质工程
宁波大学	1个	力学
中国科学院大学	2个	化学、材料科学与工程
国防科技大学	5个	信息与通信工程、计算机科学与技术、航空宇航科学与技术、软件工程、管理科学与工程
海军军医大学（第二军医大学）	1个	基础医学
空军军医大学（第四军医大学）	1个	临床医学（自定）
华南、西南、西北地区		
中山大学	11个	哲学、数学、化学、生物学、生态学、材料科学与工程、电子科学与技术、基础医学、临床医学、药学、工商管理
暨南大学	1个	药学（自定）
华南理工大学	4个	化学、材料科学与工程、轻工技术与工程、农学
广州中医药大学	1个	中医学
华南师范大学	1个	物理学
海南大学	1个	作物学（自定）
广西大学	1个	土木工程（自定）
四川大学	6个	数学、化学、材料科学与工程、基础医学、口腔医学、护理学
重庆大学	3个	机械工程（自定）、电气工程（自定）、土木工程（自定）
西南交通大学	1个	交通运输工程
电子科技大学	2个	电子科学与技术、信息与通信工程
西南石油大学	1个	石油与天然气工程
成都理工大学	1个	地质学
四川农业大学	1个	作物学（自定）
成都中医药大学	1个	中药学
西南大学	1个	生物学
西南财经大学	1个	应用经济学（自定）

贵州大学	1个	植物保护（自定）
云南大学	2个	民族学、生态学
西藏大学	1个	生态学（自定）
西北大学	1个	地质学
西安交通大学	8个	力学、机械工程、材料科学与工程、动力工程及工程热物理、电气工程、信息与通信工程、管理科学与工程、工商管理
西北工业大学	2个	机械工程、材料科学与工程
西安电子科技大学	2个	信息与通信工程、计算机科学与技术
长安大学	1个	交通运输工程（自定）
西北农林科技大学	1个	农学
陕西师范大学	1个	中国语言文学（自定）
兰州大学	4个	化学、大气科学、生态学、草学
青海大学	1个	生态学（自定）
宁夏大学	1个	化学工程与技术（自定）
新疆大学	3个	马克思主义理论（自定）、化学（自定）、计算机科学与技术（自定）
石河子大学	1个	化学工程与技术（自定）

资料来源：百度百科。

在坚持自身发展的基础上，我们国家正在努力探索一条建设具有中国特色的和世界一流高校的道路；鼓励和支持高水平建设。积极地发展出一批世界一流的大学和建设一流学科，这是一个突破性的项目。重点在于支持优秀人才和鼓励以政府引导为主。服务于国家重大发展战略布局，将国家重大发展战略布局规划作为高校人才选拔的重要考量因素之一，并以"211 工程"和"985 工程"的规划建设目标为政策导向，促进区域、行业的均衡发展，扶持特殊需求要求我们对经过长期建设发展、有独特性并且不可替代的迫切需要进行支持。

值得注意的是，在选择一流大学建设院校方面，不仅要与我国的基本国情相适应，还要反映出冲击一流的水平；不仅要服从党和国家的方针政策和战略布局，也要与国家的一些重点工程和重点项目相适应，并且做到平稳运行。专家委员会经过反复讨论后最终确定：以一流学科重点研究工作结果分析为评价依据，一流高校筛选拟规划建设的重点院校从一流重点学科和高校拟规划建设的一流院校中进行筛选，主要目标是根据实际情况、客观的科学统计资料和相关综合数据分析结果进行综合评价。

此外，我们还需关注两个问题：第一个问题是我们要在稳定中求进步、以继承创新为前提，以原来的"985 工程"为根本，通过改革来促进发展，提供建设的动力，并且还要给予那些需要加强和完善的专科院校一些必要的支持和动力，进行存量式的改革，增强动力。第二个问题是要促进地区之间合作、相互协调发展，着眼于国家和地区的重大战略，并且有利于中西部地区的高等教育。同时，考虑到我国一流高校建设专业院校整体建设的任务较重，示范效果更加清晰，更迫切地需要我们提升其主动性与积极度，为了打破自己的身份而固化、启迪其建设的活力，将我国一流高校区分为 A、B 两种。这种方案最主要的目的就是推动全部的一流高校和建设院校能够快速地行动起来，推动改革，促进发展，B 类院校能够抓住机会，缩小差距。

二、"双一流"选拔流程与标准

根据我国出台的《总体方案》和《实施办法》，选拔"双一流"建设院校主要通过竞争优选、专家评选、政府比选、动态筛选这些方法。以多方面听取各个群体的意见为基础，以增加数量的方式全面推动建设，通过存量改革的方式来激发出建设的活力。

（一）选拔世界一流大学

建设世界一流大学主要是进行政策延续，参考第三方评估结果，再对特殊地区和行业进行补充照顾。其中参考价值较大的第三方评估包括 Times、USNews、QS 和 ARWU 等世界院校排行榜的中国院校排名。

其中我们可以注意到教育部在"双一流"建设院校名单中设立了 B 类院校，B 类院校大多是整体示范效应较强、承担地区间平衡发展责任的少数民族地区院校或欠发达地区院校。B 类院校就是一个动态调整的缓冲区，它的设立既提醒了这些院校要努力提升自身科研教育水平，防止被剔除在"双一流"建设院校名单之外；又给予了尚未在名单之内的其他普通院校通过自身努力、开拓进取跃升至世界一流学科和一流院校的行列。这既是"985 工程"和"211 工程"的政策延续，又在其基础上进行了创新，解决了上文提到的高等教育体系固化的弊端。建设世界一流学科与院校，QS 等主流排行榜的平均排名对这些院校进入 A 类或 B 类有很好的区分度。

（二）选拔非自定一流学科

总体上参考了有关第三方评估的权威性、影响力与受众认可程度，再结合中国特色学科这一独特选拔评价视角对世界一流学科名单进行确认。

首先，在 ESI 学科排名中，根据中国院校在全球的排名来确定非自定一流学科的数目。再结合 2012 年学科评估中该学科的参评数量与国家希望重点部署学科名单。其次，按照 2012 年教育部最新公布的学科评估排名，以 QS 学科排名前 50 和以 2017 年 3 月更新的 ESI 排名前 1‰ 或接近前 1‰ 为辅确定非自定一流学科名单。最后，在五年内获得国家自然科学奖二等奖及以上、技术发明一等奖或科技进步奖一等奖及以上的第一获奖单位所依托的学科拥有一票上位特权，例如河南大学和宁波大学这两个非"985""211"院校。

（三）确定自定一流学科

政策规定对于所有学科都不满足以上条件的原 211 院校可以选择一个学科（群）作为自定学科，其中 A 类的重庆大学和 B 类的云南大学、新疆大学、郑州大学均是依靠"自定"加入"双一流"建设的。

第三节 "双一流"建设优势与管理

一、"双一流"建设的创新之处

"双一流"建设的主要创新点有四点，即"双一流"建设充分发挥了专家的作用、创新改革了认定工作流程、参考第三方评价和打破院校终身制。

第一，建设专家委员会，广泛吸取各界意见，充当中国高等教育体制和"双一流"建设的智库。它具有很高的权威性，在"双一流"建设的计划、施工、评估和指导等方面发挥了重要作用。第二，原有由院校自主申报的工作流程改革为先。根据国家战略等一系列相关标准进行初步选拔，再根据具体细化分类标准进行名单确认，不以专家委员会等机构的主观意愿为评选标准。这在极大程度上保证了选拔的公平公正。第三，依托第三方评价是我国建设世界一流学科与院校的有效尝试和探索，"双一流"既要融入国际化，打造世界一流的学科与院校，就要以国际上公认的评价标准进行选拔。这是我国高等教育领域的一次全新、有效尝试。第四，"双一流"建设名单并不是永恒不变的。"双一流"建设以学科为核心基础，对建设发展过程实行动态监控、动态管理。结合院校自身评价、教育部等部委评价、第三方评价和社会舆论评价，对院校是否具有世界一流学科或院校建设前景进行全面分析。如果通过评估的结果确定该院校并不能够完全符合"双一流"的建设目标，或者是现在还有普通高等学校发展势头良好，符合"双一流"的建设目标要求，三部委将灵活调整"双一流"建设院校范围。A、B类院校的设立便是最明显的体现。同时通过动态监测机制，可以对发展缓慢、实干不足的院校进行警示，减少支持力度和财政拨款；对那些进展良好、积极发展的院校给予大力支持。这一创新特点打破了"985工程"和"211工程"建设院校身份的固化，剔除终身制。这极大地激发了院校的科研、教学积极性，在相互竞争、相互合作的教育环境中，中国高等教育体制也在逐渐完善。

二、政府管理

（一）支持措施

1.总体规划，分级支持

面向经济社会发展的需要，立足我国高等教育发展的现状，对于世界一流的大学和一流的学科建设有待重视和加强，并积极鼓励和扶持不同层次的高水平大学和其他专业的差异性发展，加快我国迈上世界一流的行列。每五年一个周期，2016年就开始了新一轮的建设。

各所院校应当根据自己的实际，合理地选择一流的大学与一流学科构建的路径，科学地规划、积极向前推进。中央财政会把开展世界一流大学和一流学科建设所需要的预算纳入财政拨款中，进行宏观全面的考虑，并且会成立专项资金给予支持；同时发动各级政府对各类院校提供人财物等方面的支持。地方院校积极参与国内外最高水平的世界级一流大学和国家级一流技术研究院的建设，由各地院校结合自身实际共同推进，所需的资金由当地地方财政统筹安排，中央和地方财政通过对地方院校建设与发展有重要意义的相关经费和资金给予了引导性扶持。中央基本建设投资给予了相应的基础设施，这是与世界级一流大学、一流院系建设有关的基础设施。

2. 强化绩效，动态支持

创新财政支持方式，以绩效结果来引导改革，构建激励约束体制。在办学资金的合理分配上更多地深入考虑涉及其自身教育质量水平，尤其是本科专业、办学条件特点等具有影响力的因素，着重向其自身办学条件质量发展水平相对较高、特点鲜明的本科院系专业倾斜，在公平竞争的背景下，更加强调扶优扶强。构建更合适的办学管理模式，逐步地提高各个学校对于财务的自主决定权以及学校统筹安排经费的能力，充分调动各院校对于争创一流、突出学校特色的工作积极性。

3. 多元投入，合力支持

世界一流大学和一流学科的建设需要多方面共同协调，一起发力，加强政府、社会以及学校的默契度，形成多方共建机制，多方投入、形成合力支持的框架。出台相关扶持政策来促进相关部门和行业企业自主地参与到一流大学和学科的建设过程中。加快建设世界一流大学、学科，紧紧围绕教育发展中所需的人才、重点解决教育领域的突出问题，紧密联系国内外高校，加强合作，由国家成立专项资金，项目共建，共同培训等。

按照平稳、有序、逐渐推进的原则，合理地调整各类院校的学费标准，进一步建立健全了成本划定的机制。院校应该要不断地拓宽社会筹资的渠道，积极地吸引更多的社会捐款，扩大各种社会工具和技术投入，健全各种社会扶助的长效机制，多渠道地汇聚社会资源，增强自我创新发展的能力。

（二）组织实施

1. 组织管理

国家教育体制改革领导小组负责顶层设计、全面布局、多方协调、资金投入等重大环节的决策，把重大问题快速准确地报告国务院。教育部、财政部、发展改革委三个部门负责规划部署、推进实施、监督管理等方面的工作，而一些日常的工作由教育部承担。

2. 推进实施

（1）要完善配套政策，根据本方案组织制定绩效评价和资金管理等具体办法。

（2）要编制建设方案，深入研究学校的建设基础、优势特色、发展潜力等，科学编制发展规划和建设方案，提出具体的建设目标、任务和周期，明确改革举措、资源配置和资金筹集等安排。

（三）管理举措

1.分类建设引导特色发展

充分考虑各类院校和学科的自身特点以及其建设的条件，按"一流大学"与"一流学科"两类筛选后确定建设项目。一流高校建设专业院校注重在一流专业和一流学科基础上的院校总体建设、专业集群建设，全面提高人才培养的水平与创新能力；国家级一流专业技术院校要着眼于优势专业，推动其特色化发展。

2.开放竞争激发建设活力

根据院校承担的主要职能确定遴选条件。面向全体院校，根据筛选的条件挑选出最合适的建设院校。重点院校和其他的地方院校，一定要采取同样的标准、同样的待遇，鼓励开放自由地竞争。以国内外第三方评估结果为基础，对各类院校进行全方面多角度的客观评估，有效地避免了突击整合、相互挖角的无序竞争和恶意竞争。形成了激励约束机制，可以较大程度地进行精准扶持，突出了绩效引领，有了专项资金的扶持，实行了动态调节，对于成效明显的建设院校给予了加大扶持的力度，对于缺乏实效性的建设院校给予了减小扶持的力度。推动院校围绕任务、内涵、发展、争创一流。

3.打通动态管理打破身份固化

建立建设院校有进有出的动态调整机制，对于在规划建设的进行过程中可能会同时发生重大技术问题、不再完全基本具备国家相关规划建设条件要求或者经过多次警告、整改但最终未能如期得到整体实质性有效提升的建设院校，及时对其进行调整以达到规划建设时的规模。根据期末和期中评价的评估结果等实际情况，重新确定规划下次第一轮建设范围，打破了高校身份的层层固化，不像过去实行终身制。

4.全盘统筹建设深化综合改革

各大高校要优化院校内部管理结构，扫除制度内部的障碍，突破各个关键环节，加快建立中国特色的现代高等大学制度。以"双一流"建设为重点，深化院校综合性改革，用综合性改革促进"双一流"的建设。加速构建一个充满生命力、丰富有效、更为开放的、有助于我们学校自身科学发展的制度机制。

第四节 "双一流"建设成效评价

"双一流"建设必须通过改革来完善和健全评价制度，进而要加强"双一流"建设的合理性和规范化引导。

一、世界一流大学评价

陈洪捷教授基于管理和学术视角对当前的世界一流大学的内涵及其评价的差异性做出了比较，经过比较发现"一流"从管理角度来看具有可比性，在该视角下第一人称的自我陈述得到了强调；从学术角度来看，则具有单一性而缺乏可比性，对从专业角度来对"一流"评价做出强调。需要注意的是，这两种视角的"一流"不能相互替代，且在某种意义上有一定的冲突。

二、世界一流学科评价

教育部学位与研究生教育发展中心副主任林梦泉解读了第四轮学科评估的创新做法。认为一流的学科评估机制要通过构建"中国标准"，推动该学科在评估领域内涵上的发展，并充分起到引导性的作用，即通过引导各类院校把加强对人才培训质量的管理作为评估学科体系建设的核心任务；引导各级院校密切关注团队结构的质量及青年教师的发展；引导各级院校提高论文质量、重视中国各类期刊的学术出版物；引导性专业建设是为服务于国家的重大需要及所在地区的经济社会建设；引领院校专业学科的特色化。

常州大学高等教育发展研究院院长周继良从一流学科学术定位与评估制度的创新突破两个重要角度明确地分析指出，学科学术评估和一流顶尖学科的制度建设都需要进行动态细化管理，二者之间仍然是一个相辅相成的作用，相互补充、共同统治作用进步的必然关系，在学科制度建设层面上我们仍然应该努力做到同时兼顾国内一流学科学术评估和一流学科间的国际学术评估。

三、"双一流"建设成效评价

"双一流"重点建设项目的发展规划战略向具体实施的发展时期转变，亟待我们研究制定一套科学、有效的评价方法。北京理工大学研究生教育研究中心主任王战军教授提出了"双一流"全新的建设成效评价体系，方案指导思想为"服务战略、创新驱动、科学客观、世界一流"，采取"融通中外、简约可行"的评价策略。"双一流"建设的成果评价主要以国家经济社会发展战略和高等教育五大使命（人才培养、科学研究、社会服务、文化传承创新、国际交流合作）为核心，认真完成五大建设任务（建设一流师资队伍、培养拔尖创新人才、提升科学研究水平、传承创新优秀文化、着力推进成果转化）和五大改革任务（加强和改进党对院校的领导、完善内部治理结构、实现关键环节突破、构建社会参与机制、推进国际交流合作）。"双一流"建设成效评价总体上涵盖一流大学和一流学科两个层次、国内与国际两个方面、有机结合定性与定量两种方法，分别从达成度、贡献度、支撑度、影响度和引领度五个维度展开评价。"双一流"建设构建动态调整机制，实行年度定期评价和中期成效评价。

第三章 国外高等教育发展的经验与启示

第一节　学科专业视角下国外高等教育的发展

一、国外院校学科建设情况

二战期间，美国联邦政府与大学签订了战争研究合同。大量由国家实验室开展、由美国联邦政府主导的跨学科研究中心，如麻省理工学院的辐射实验室开始了属于自己时代的跨学科研究。以劳伦斯辐射实验室为代表开展的跨学科研究活动是美国联邦政府资助和合约式研究中心的典范，打破了 20 世纪以项目、中心和计划形式存在的学科主导的现状。在 20 世纪 50 年代到 60 年代，通过将工程原理应用到医学和人体的研究实现了跨学科在现实社会中的应用，随后跨学科研究的倡议成为大学战略计划的重点，一个个跨学科研究中心、研究所、实验室如雨后春笋般出现。

1970 年到 20 世纪末，前期大学跨学科组织建设主要依靠的是政治和外部资源，但是在发展的后期跨学科项目成为大学财政机构的"孤儿"，几乎很少能得到大学财政资金的支持，对跨学科项目的继续推进非常不利；这一现象在 20 世纪特别是 21 世纪至今得到了极大改善。20 世纪 90 年代后期，国外大学积极顺应学科学术研究机构的发展，在跨学科学术方面已经走出了多学科合作的发展阶段，开始向"新方向"鼓励技术转移，并将实现向跨学科工程和应用科学范式的转变。

21 世纪以来，一方面，一大批建制的跨学科研究中心在大学被建立起来，这类研究中心可分为两类：一是部分大学为响应国家号召而建立的跨学科中心，如：宾夕法尼亚大学创建的跨学科中心、约翰霍普富兰克林文学院以及社会科学研究所等；二是部分大学依靠筹资创建的研究所，如克拉克中心——跨学科研究大楼。另一方面，一些大学通过采取激烈的变革方式，对大学系统和部门进行了激进的重组，如亚利桑那州立大学自 2002 年以来就创建了一系列跨学科机构，校长几乎解散了所有的学术部门，并用 23 所新的学院和计划将其取代。根据 2013 年的雅各布斯报告，美国排名前 25 位的研究型大学平均有 100 多个研究中心，其中又有许多院校是以学科交叉的方式组织的。因此，许多研究型大学是基于学科的部门和跨越各种界限的结构的混合体。这些正式的跨学科研究中心，近年来通过变革招聘方式，协调参与跨学科活动的教师，将学科性的制度文化转化为协作性的思维模式，如佐治亚理工学院生物工程和生物科学研究所和亚利桑那州立大学通过改变任期和晋升的方式支持教师成员的跨学科合作。同时，更为积极地进行本科生跨学科教育和培训，近年来越来越多的大学成立了相关的跨学科教育中心，如多伦多大学在工程学院成立了跨学科领导与教育研究所、多学科顶点设计中心专门负责工程学院本科生的教育，对跨学科组织的管理、专业化社会网络建设以及生态系统的建设不断进行完善。

除以上跨学科组织策略的变革外，跨学科组织呈现出理念延伸、学科领域及利益相关者更加多元化和组织目标面向国际化的发展特征。

跨学科融合是创新型人才培养、新知识创新的重要方式，国外院校在跨学科建设方面的工作较为完善，现行条件下国外院校的跨学科模式可分为三种，分别是：内设于学院的跨学科研究中心，以波士顿大学附属于医学院的生物医学跨学科研究中心为例；独立于学院的跨学科机构，比如哈佛大学 Wyss 研究所是具有跨学科战略导向的学院；具有强跨学科战略导向的学院，以加拿大和美国合办的多伦多大学应用与工程学院为例。

（一）附属于学院内部的跨学科研究机构——波士顿大学医学院 ECIBR

跨学科研究组织平台的建设是院校展开跨学科研究的重要保障，可缓解大学与学院跨学科发展所面临的传统学科模式的挑战，亦可在一定程度上规避传统学科组织结构面临的文化、组织、协作障碍。国外院校在这方面的发展较为健全，早期大多采用"自上而下"的路径，即在明确前沿及优先发展领域的基础上，通过顶层战略规划设立独立于传统院系的校级层面的跨学科组织机构。

波士顿大学医学部在实现跨学科合作方面就做出了积极的探索，其施行的由学院到学校的跨学科研究组织衍生机制是"自下而上"路径的成功典范。故现将波士顿大学跨学科生物医学研究组织作为"自下而上"的研究范例来为我国教育提供相关的借鉴经验。

1. 创建缘起

以往的研究策略通常是由学院层面根据战略规划流程来优先癌症、神经科学、新发传染病等学科进行研究，但复杂的生物医学问题的解决需要更加优化的、创新的跨学科的研究方法和措施。故协同生物学、化学、医学和科学、环境科学、信息科学和工本科学等学科的发展以实现生物医学的快速发展是医学领域要重点解决的问题。2009 年，波士顿大学医学部门为了应对目前人类健康所面临的挑战，通过与其他学术机构及相关企业联系来将医学部门的治学效率最大化，设立了更加灵活的跨学科研究机构——埃文斯跨学科医学研究中心（ECIBR）。

（1）组织构架

ECIBR 归属于波士顿大学医学院，详细组织设置如图 3-1 所示。

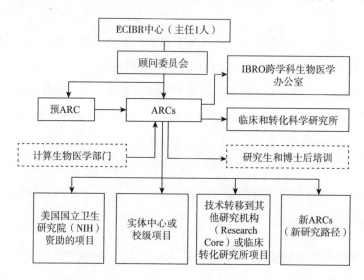

图 3-1 波士顿大学埃文斯跨学科生物医学中心（ECIBR）组织构架

注：根据相关网站及资料整理。

（2）ECIBR"自下而上"的衍生路径

埃文斯跨学科生物医学研究中心作为一个基础跨学科组织，扮演着跨学科研究协作小组孵化器角色的同时也驱动着跨学科组织自下而上的衍生，朝着为 ARC 和 ARCs 提供经费和行政管理方面的支持努力。ECIBR 的衍生路径蕴含筹备、进阶、衍化三个阶段：

筹备即依靠跨学科研究主题的自由探索与协同研究小组的自发组建。"共同研究旨趣协作小组"（ARC）是埃文斯跨学科生物医学研究中心的工作重心，通常由 8 ~ 15 名核心教师秉持"自下而上"的原则，根据成员共同的兴趣点自行组建，研究的跨学科领域已超越中心现有的研究范畴。具体衍生路径如图 3-2 所示。

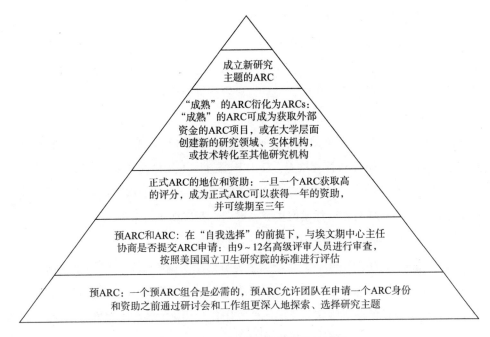

图 3-2　ARC "自下而上"的衍生路径

　　进阶即跨学科协同研究小组的正式形成与运行。预 ARC 需经过评审专家严格的审核才能从非正式的身份转为正式的 ARC，就其资格审查的一些关键内容而言，包括：①团队的构成是否能够跨越一个学科；② ECIBR 的领导；③所涉及的研究方案必须满足下列要求：a.这是一个令人惊叹、吸引世界瞩目的新兴生物医学课程；b.能够直接反映新技术领域的各种跨学科研究方法，包括内外部课题的研究相互作用和沟通计划；c.项目有可能延长至超过三年的补贴时间；d.是一个高质量的生物科学研究课题；e.能够为研究生或者博士后提供相关的培训；f.可以在此使波士顿大学内外之间进行更广泛的国际交流和学术合作；g.不与其他现有中心、研发单元或项目相重复。只有通过此次的审查，才能够获得最长的周期是三年左右的资金。

　　衍化即成熟的 ARC 向更高阶衍化。"共同研究旨趣协作小组"凭借其较强的可塑性及强创造力，经过 ECIBR 的孵化，即可变成更加高阶的跨学科研究项目，朝具有更大潜力的方向衍化。

　　2.跨学科组织"自下而上"衍生的保障机制

　　（1）跨学科研究人才吸引及激励机制

　　埃文斯跨学科生物医学研究中心已经通过设置了长达三年的研究资金、种子基金补贴、设置奖项以及鼓励有效的个体合作者等一系列方式来吸引和鼓励在校教职工。首先，创建了教育与技能培训方案，广纳了研究生和博士后的积极参与；其次，对于教师的兴趣以及其对于专业知识的要求做出及时的反馈，以期促进其在跨学科领域的研究取得更高的成效；最后，设置促进合作及表彰团队成就的奖项。

（2）跨学科培训与教育相融合的机制

埃文斯跨学科生物医学研究中心通过整合各类基础设施、共享的活动及学科，实现了对多学科的研究和教育培养。ECIBR通过以下几种途径来对研究生与博士后人才进行培养：首先，开设了跨学科必须要求的研究生专业课程；其次，通过建立与企业相关的培养项目来增加实习机会；最后，开展博士后培训。

（3）跨学科基础研究和应用转化相结合的机制

埃文斯跨学科生物医学研究中心通过充分运用美国临床与医学转化生物科学技术研究所临床相关的基础技术和临床转化科学研究的各种基础技术设施，实现了从以前临床为主要目的基础临床研究向次要临床技术转化的各种综合性技术应用。

（4）校级专门机构的整合与推进机制

波士顿大学国际跨学科研究生物医学合作办公室（IBRO）于2015年正式成立，这不仅是一个单一的校级独立学术研究合作机构，它更加充分鼓励该校学术界在各个学科层面积极开展各类跨领域学科联合研究，着眼于全新的大学研究领域。该重点研究所学术办公室的重新设置为推动加快整合学科多元化和发展跨学年的现代生物化学医疗产业提供了许多新的资源，提升了跨学科的水准的同时也为博士生团队的建立、发展、互动、创新提供了支持性的环境，如召开研讨会所需的资金、场地。

（二）独立于学院设置的跨学科机构——哈佛大学 Wyss 生物启发工程研究所

1. 创建缘起

由哈佛大学教务处长办公室发起的"跨学院倡议"促进了学科协作。这些大学倡议大多是为了满足迫切的社会需要或知识需求而设立的，通常会直接越过学院，直接向教务长报告（或与院长联合报告），相应的大学会通过教务长的办公室人员的回应来加强对这些倡议的财务管理。

伴随着工程学、医学、生物学与物理学科开始以意想不到的方式结合，生命系统与非生命系统也开始融合，"生物启发工程"作为一个新兴领域开始出现。2018

年，工程师、企业家和慈善家 Hansjörg Wyss 给哈佛大学捐赠了 1.25 亿美元用于创建 Hansjörg Wyss 生物启发工程研究所（The Wyss Institute for Biologically Inspired Engineering），后文将简称为 Wyss 研究所（the Wyss Institute）。Wyss 研究所的成立还获得了哈佛大学科学与工程委员会（Harvard University Science and Engineering Committee，HUSC）的种子资金的支持，HUSC 2007 年由哈佛公司建立，主要负责新的跨学科部门和倡议的监督和资助。最初该捐赠资金给七个教职员工提供研究经费以及该研究所的主要运营资金。

Wyss 研究所成立的理念为：如果突发性发现无法离开实验室就无法改变世界。Wyss 研究所汇集了实验家、临床医生以及理论家，是一所综合性的合作机构，拥有与哈佛大学、附属医院、邻近地区相关的工程、化学、生物、数学、计算机科学、医学以及机器人等诸多领域的相关专业知识。行政总监 Ayis Antoniou 认为："这是一个独特的，跨学科的环境，鼓励风险想法，快速利用和培养创新想法，并接受每一个成功和失败，成为帮助研究所继续发展和成功的学习机会。"

2. 内部组织框架

在艺术和文化、国际、社会科学、健康及其他研究领域设置了一系列的跨学科研究中心，如哈佛大学亚洲中心、国际层面的哈佛—中国基金、哈佛人口与发展中心，社会科学层面有伯克曼克莱因互联网与社会中心，科学领域包括脑科学中心、哈佛数据科学中心、纳米系统中心、哈佛大学 Wyss 生物启发工程研究所等。具体情况如图 3-3 和图 3-4 所示。

"臭鼬工厂"的理念即是 Wyss 研究所的核心理念，臭鼬工厂成立即以公司实行现代企业化的产品生产方式经营与实行个体化和实行人性化的经营管理运作方式默契来开展合作，与国内外的知名专业技术工程师共同开发和设计创造了目前美国海军国防科技中最机密、最先进的军用臭鼬武器系列产品，同时用迅速、有效的方式生产和进行成本风险管理控制使其因优势而著称于世，从而已经发展成为美国乃至世界各类高科技武器行业的大型进军企业所迫切需要和值得学习的一个行业技术标杆。

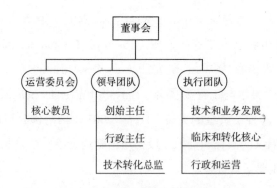

图3-3　Wyss研究所治理结构

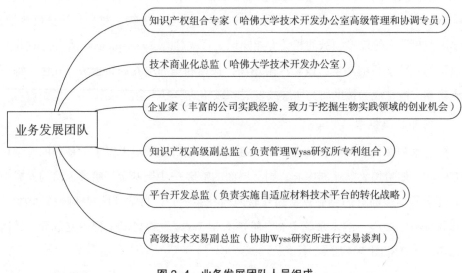

图3-4　业务发展团队人员组成

3. Wyss研究所定位与发展

（1）组织的目标定位

研究所具有十分明确的定位及使命，根据将大自然用于建造生物学的原理，将其运用到创造生物学启发性工程，为改善人类健康开启了更加持续的大门。Wyss研究所研究人员为克服学术创新发现及工业创新商业化领域面临的重重障碍，在为医疗保健、建筑、能源、机器人制造创造新的工程解决方案，通过与临床研究人员、企业联盟以及与新创业公司合作将其转化为可应用的疗法及商业产品。

（2）组织的研究领域

Wyss研究所的目标是研究跨学科、高风险的项目，目前的研究包括6个支持技术平台，2 个跨平台计划组织，所研究的领域属前瞻性学科，截止到现在已扩展为 8 个重点研究领域：自适应材料技术（可持续的仿生建筑材料和可适应生物体等）、仿生软机器人（软机器人系统和技术，可以移动、适应并与人体无缝融合）、仿生微系统（这项工作主要集中在微系统技术实现的治疗发现和药物输送上）、免疫材料（开发基于材料、可在离体和人体内调节免疫细胞，以治疗或诊断疾病的系统）、活细胞设备（重新设计活细胞和生物电路，作为医疗、制造和可持续发展的可编程设备）、分子机器人（自组装分子，可像机器人一样编程，无需电源即可执行特定任务）、合成生物学（用于读取、编写和编辑核酸和蛋白质的突破性方法，适用于从医疗保健到数据存储的多种应用）、3D 器官工程（高度功能化、多次度、血管化器官置换，可以无缝集成到身体）。

此外，Wyss 研究所还拥有广大的合作联盟机构：包括哈佛大学几乎所有学院在内的斯波尔丁康复医院、波士顿儿童医学院、麻省总医院、达纳法伯癌症研究所、波士顿大学、布里格姆妇女医院、苏黎世大学、塔夫茨大学、麻省理工学院、查理特 Universitätsmedizin 柏林和马萨诸塞大学医学院。

4. Wyss 研究所的保障机制

（1）以项目制的方式进行自组织

打破各个学科教师单独办公的研究实验室模式，以"合作实验室"的工作空间形式来鼓励研究所成员无边界地聚集在一起。这样不同教职工群体的研究与高级技术团队成员、学生以及相关工作人员就可随时将自己的想法与其他人尽享探讨，为创建出新的成果提供了新的可能。

（2）多样化的资金保障

主要包括：早期的种子资金的支持、大学层面的资金支持、争取国家项目的支持。2010 年 5 月，Wyss 项目"设计细菌反向燃料电池"，专注于开发先进微生物生物燃料的新方法获得了美国能源局先进能源研究计划 420 万美元的拨款。这个项目由 Pamela Silver 和哈佛医学院的合成生物学联合先驱 George Church 和波士顿大学的 Jim Collins 以及 Howard Wyhes 医学研究所领导，他们都是 Wyss 研究所的核心教员，并由哈佛大学有机与进化生物学系的 Peter Girguis 主导。

（3）漏斗式的技术成果转化机制

Wyss 研究所将所取得的技术成果设想为漏斗式的形式并不断进行筛选，学术界关于此的新想法及潜在的突破性技术最后可能只有一个可以商业化。组建由教师、研究院、学生、高级技术团队工作人员和驻场企业家组成的多学科团队。具体来看，一是转化技术推出初创公司；二是将知识产权和技术许可给外界的公司，将其作为投资组合的一部分来保障技术能在良好的环境中应用和开发。

（4）在大学层面建立保障行业协作的管理机构

负责研究的副教务长办公室（the Office of the Vice Provost for Research，VPR）与教务长、院长、执行副总裁以及其他人合作，以确定和减轻跨学科研究的实际障碍。因为哈佛的跨学科研究涉及多个学校，部门和附属机构的学术风险，其政策和实践可能会有所不同，这会限制协作工作的机会。大学下设的科学和工程委员会为跨学科研究提供了资金支持。大学层面的辅助机制就是给以跨学科研究及合作良好的环境建设以及文化引导。

（5）独特的跨学科培训环境

Wyss 研究所兼具跨学科教育和培训功能。为了扩大下一代研究者有兴趣参与融合的群体，研究所为本科生、研究生和博士后研究人员提供和 Wyss 研究所核心教师、助理教师和高级技术团队成员的工作机会。通过"合作实验室"的方式基于项目而非教职员工分配研究空间，学生可以在该领域接受培训成为生物启发工程学士。此外，每年 Wyss 研究所核心教员成员和哈佛大学教授 David Edwards 博士都为哈佛学生提供了创造、发展和实现社会和文化变革突破性创意的机会。他的课程"如何创造事物并让事情变得重要"，旨在教授学生创新转化的技巧，引导他们从种子观念到制定全面的创意提案，并将在学期结束时提出些建议。

（6）美国在国家层面多样化鼓励跨学科创新的倡议和计划

美国除了国防科技部和国家教育部外，其他的国家情报机构、国防部还希望可以通过优惠政策等其他方式帮助设立一些由"高风险、高回报的研究，为智力优势提供创新性技术"的专项经费补贴。这些跨学科计划鼓励各类不同学科人员的参与，特别重视跨学科性的研究。如美国情报局国家情报高级研究项目活动（the Intelligence Advanced Research Projects Activity，IARPA）的资助，这个项目的使命是"设想并领导高风险、高回报的研究，为未来压倒性的智力优势提供创新技术"。此外，设立专门用于资助高风险高回报领域的奖励。美国国立卫生研究院设立了先锋奖，于 2004 年设立，作为美国国立卫生研究院共同基金的一部分，为高风险 / 高回报研究提供资金，促进了前沿领域的发展与研究。

（三）具有跨学科战略导向的学院——多伦多大学应用科学与工程学院

多伦多大学是北美地区和加拿大地区最大的科研型公立大学之一，其使命为发现和传播知识。应用科学和工程学院已经成为多伦多大学跨学科研究和教育的重要枢纽，其主张的全院战略计划、创新课程和教育、跨学科中心和研究所在全球闻名，囊括了众多应用化学材料工程和专业技术学院应用化学工程系、材料科学与技术工程系、土木与工程矿物科学工程系、工程机械科学系、机械工业技术工程系、多伦多大学航空与太阳能工程系研究所、高级计算电气与工程计算机电子工程学硕士专业、跨学科专业工程技术本科教育与专业实践技术研究所、生物医学材料与工程生物医学专业工程技术研究所。应用于科学工程学院的作用是对工程领域内相近的学科进行集群以加强对跨学科的研究，对探索保持院系目前结构状况下怎样开展跨学科研究有一定的指导意义。

1. 创建缘起

1873 年，应用科学学院成立。1878 年，"小红校舍"的建立，为广大学生在工业、采矿、工程和设备等各个方面都提供了专业的指导。1906 年，应用科学学院正式注册成为多伦多大学的一部分，而后又重新更名为应用科学与工程学院。1962 年，和医学院联合建立第一个生物医学电子研究所。1984 年，引入第一个健康科学工程硕士项目。2014 年，与安大略省教育研究所联手共同创办了第一个专门针对高等教育的跨学科工程技术教育和博士课程。整个学院大约拥有 25 个多学科研究中心，2011 年至 2016 年就建设了 11 个，教员和研究生来自工程学院和艺术、全球事务中心以及公共政策和治理学院、可持续能源研究所，公共卫生学院、科学学院极大地推动了复杂的全球问题的研究。建设期间不断吸纳新的学科，同时也创建了跨学科研究中心和其他跨学科组织结构。

2. 组织结构

应用科学与工程学院是多伦多大学内设的最为全面和多样性最高的学术部门之一。学院下设 4 个多学科组织、学系下设 21 个跨学科研究中心，但其设立原则和管理是不同的。具体组织结构如图 3-5 所示。

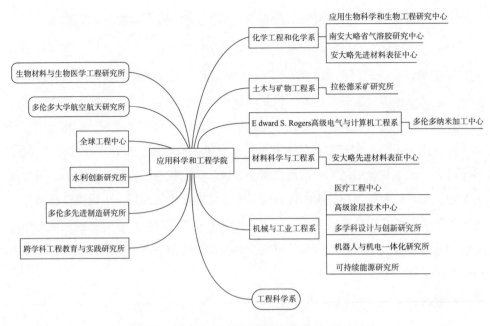

图 3-5 应用科学和工程学院院系跨学科组织结构

3. 应用科学与工程学院的定位及发展

（1）应用科学与工程学院的使命

不断卓越化工程教育与研究，为培养下一代工程领导者做好准备，以十足的精力应对全球最关键的挑战。

（2）应用科学与工程学院的研究领域

可将学院内部的研究群体划分为六个创新性集群：数据分析与人工情报、先进制造中心、机器人技术、人类健康、水创建的创新集群、可持续发展。这些集群大大解决了社会、经济、工业方面存在的挑战。

4. 应用科学与工程学院跨学科导向系统性构建的保障

为探索学院加强跨学科研究所内部凝聚力的最有效的方式来促进知识生产，该学院跨学科运行的优势及保障其跨学科导向的实践性做法主要包括以下几个方面：

（1）学院应准备充足的资金并设置专门的战略基金计划

学院的院长战略基金（Dean's Strategic Fund，DSF）为相关项目及计划提供了种子资金，在跨学科发展进程中发挥了极大的作用。学院在 2017—2020 年，三年内资助了 640 万美元，并将这笔资金用于支持 22 个旨在实现学术计划目标的项目。

其中就包括：XSeed 种子资助计划，艺术与科学学院，多伦多密西沙加大学，多伦多士嘉堡和安大略省教育研究所的合作机会。这项计划以于 2016 年创建 EMHSeed 的成功为基础，汇集了来自工程学院、医学院和多伦多学术健康科学网络的联合主要研究人员，以进行协作项目。此外还启动了三个与加拿大土著社区合作的创新项目。如高级制造研究所多伦多先进制造所和机器人机电一体化研究等均获得了项目支持资金。

（2）采取政府支持及以混合责任为中心的学院预算管理模型

多伦多大学采取政府支持并围绕混合责任中心的学院预算管理模型来实现资源的可持续性和可创造性。除政府的支持外，学院在过去的几年内又不断扩大招生，依靠研究集约化及资金和行业合作关系的增加来实现收入两位数的增长，进一步提升了学院的能力，为赞助新的跨学科倡议和扩大现有的倡议计划提供了强大的支撑。如 2018 年的报告曾指出：由于国内外应用科学硕士入学人数的迅速增长及国际工程硕士入学人数的增长，净收入同比增长 4.1%。与此同时，政府补助金收入持续保持平稳。学院层面持续增加净收入的能力使得学院可以追求重大的战略计划，例如 Myhal 工程创新与创业中心建设和多伦多实验室创新资金。

（3）促进协作网络的建设，增强系统内部凝聚力

多伦多大学应用科学和工程学院构建了一个强有力的生态系统——迈哈尔工程创新和创业中心，该中心为跨学科研究的有效进行创造了有利的学术环境、增强了系统内部的凝聚力。同时，该学院还不断升级现有的基础设施，包括跨学院——沃尔伯格、拉松德矿业和桑福德弗莱明大楼的翻新和升级，以提高空间的利用效率及灵活性。迈哈尔工程创新和创业中心的作用主要体现在以下几个方面：

一方面，促进了不同跨学科中心的正式及非正式启动。其中包括全球工程中心、多伦多大学多学科设计与创新研究所、机器人与机电一体化研究所、跨学科工程教育与实践研究所、特罗斯特工程领导力教育研究所、可持续能源研究所、水利创新研究所。此外，为了加速技术转化与应用，在大楼里设有可进行模型打造和原型加工的实验室，构建原型和其他物理模型加速了从想法到样品的过程。

另一方面，为学生培养跨学科能力提供了专用的空间和设施。一是迈哈尔中心为学生提供充足的基础设施增强学生的体验式学习，为加拿大的工程教育设立了新的标准。此外，在空间设置上进行更新，与普通线性横排式位置排列的演讲厅不同，设置有小组座位的演讲厅，为方便学生会面、协作社交和举办活动所设立的俱

乐部、开放性的大厅，该中心拥有多个不同的多学科研究所，为促进跨学科研究提供了创新的文化和氛围。二是技术增强主动学习会议室。从各个方向可以看到可以移动的桌子和屏幕。TEAL 房间是专门设计的学习空间，可以立即安排任何所需的配置。三是学生协作空间。在工程创新和创业中心较低的楼层中，将为工程专业学生提供一个极其多样化的空间，与该学院的 80 多个俱乐部和社团相关的小组项目和其他活动进行合作。四是多学科研究机构和中心。

（4）跨学科教育和跨学科研究协同发展

推进本科生及研究生教学改革。应用科学和工程学院主要通过两种方式进行跨学科教育和研究协同发展，一是组建跨学科计划办公室以管理和加强本科生之间的跨学科交流和学习。组建交叉学科群，设置多学科顶点课程。应用与工程学院认为研究活力在于学生，重视本科生的跨学科教育，成立专门跨学科项目办公室管理本科生的跨学科教育课程。二是使用独特的跨学科教学体系即研究型教学法。通过与行业合作创建一个独特（基于项目）的学习环境，对学生进行跨学科教育和体验式教学，促进了学生的跨学科教育特别是未来工程领导者多重能力的培养。对于工程学院的学生来说，创造力、专业精神、道德行为、有效沟通、终身学习和系统思考的能力需要通过跨学科方式培养。如专门的多学科设计与创新研究所共涵括 25 个项目，这些项目都是与行业公司如庞巴迪航空航天公司、加拿大普拉惠特尼公司等共同合作设置的，研究所促进了学术界和行业之间的有益合作。包括：行业赞助项目、多学科顶点设计课程、多学科项目、多学科专业发展。这些项目大多是客户驱动的、开放式的设计项目，培养学生解决现实复杂问题的兴趣同时培养他们的创业精神。行业合作伙伴将他们面临的实际问题直接带给多学科学生团队，可通过全年多学科顶点项目课程或与合作伙伴公司通过暑期实习开发解决方案。这种体验式学习计划已经催生了衍生公司。参与多学科设计与创新研究的部门是学院内部不同的系所包括。三是鼓励学生提出新想法，并解决企业提出的实际问题。设立创业孵化场，为所有学生提供空间、设备、指导、资金联系和孵化所需的其他成分，举办协作活动和比赛，进一步激发思想和更广泛的大学思想、网络及团队建设。四是设立跨学科工程教育与实践研究所，供学生进行辅修。

（5）协助教员研究及商业化

重视与外部行业合作获得资金和资源。多伦多大学多学科（multidisciplinary）研究的成功部分归结于这些年实行的机制，即协助教员追求研究和商业化活动，比如：支持初级教师和新兴的研究领导者，举办关于研究方面最佳合作伙伴关系和研究的会议小组、在奖励竞争中举办合作小组和同行评审为大型基础设施项目提供运营支持资金。与行业中的企业相互合作。行业合作伙伴通过在校园网站上提交项目就有可能成为跨学科研究所的一员，主要通过以下两种方式：

①关注地区的行业利益相关者需求。学院不同的项目重视与本地的社区建立积极、互利和信任的伙伴关系。以下三个就是比较典型的例子。Hatch Ltd 公司与学院建立了战略性合作伙伴关系，学术行业合作包括从开发风能技术和推进燃料电池到探索能源生产。目前与电化学、热力学和先进材料设计领域的专家合作开展了一项项目，并通过职业年度合作计划招聘顶尖的工程人才，为优秀的工科学生提供多项奖学金的方式吸引人才。富士通实验室有限公司与学院建立了全面的合作伙伴关系，建立了富士通合作共建实验室，已经获得了 10 项专利，出版了 30 多份研究成果。研究领域包括机器学习。

②与国家创新集群合作进行资源会聚。多伦多大学成立了六个创新性集群对接国家设置的创新性集群。如新成立的 Vector 人工智能研究所，隶属于人工智能创新集群，对接国家设置的人工智能倡议。Vector 人工智能研究所的目标是使多伦多和加拿大变为人工智能的全球领导者。多伦多联邦政府将大量的资源都投入到人工智能领域的研究当中，Vector 人工智能研究院拥有完善的资金、人力和 AI 生态链。它是一所独立的学院，并不隶属于多伦多大学，但是它的研究成员大多来自多伦多大学文理学院的计算机工程系、电子与计算机工程系及来自其他学校，如滑铁卢大学的计算机科学学院的教授。

二、国内院校学科建设历程

我国院校科技改革自 1985 年起开始得到重视，主要表现在科技部在 863 计划（国家高技术研究发展计划）、973 计划（国家重点基础研究发展计划）等多项实验室的经费投入。此时，我国高校的研究性活动主要以接收国家自然科学基金或者国家重点科研课题等其他跨学科科研项目为主的形式而存在的，直至 20 世纪 90 年代，随着相关政策的调整，大学跨学科组织才出现了一些新的进展：教育部实施 211、985 工程以来，除国家层面设置的跨学科研究实验室外，大学在寻求发展与融合的基础上又产生了一大批极具活力的适应于科技创新和交叉学科的组织、基地与平台。2006年正式竣工投入使用建设985工程二期，优势科研学科和重点创新研究平台，自此一大批科研院所如雨后春笋般拔地而起：2006年4月1日北京大学成功地先后开设了前沿工程交叉生命科学研究院，"数据科学""纳米科技""整合生命科学"三个全新的前沿工程交叉二级科研学科；2011计划（高等创新能力提升计划）进一步推动了院校面向国家重大需求多学科交叉融合，促进院校、科研院所、企业多主体协同创新中心的建设计划的实施面向前沿交叉科学，区域性生态环境与区域经济社会可持续发展、全球性气候变化与自然灾害管理科学、整合革命生态学、计算机与智能、海洋生物科学、原材料科学、重大人类疾病与功能转化工程医学、现代农业与微生物学、能源科学、体系综合性生物工程医学以及现代工程生命科学等各个方面的各类综合性科研创新，极大限度地整合学校及社会资源，促进跨学科研究的发展。计划自启动以来，各高校迅速打破了校内原有技术学院、专门的校内学术学科壁垒，整合校内的技术优势学科资源，极大地促进了学科交叉融合。

除从外部推进跨学科组织平台的建设以外，我国学科门类齐全、规模较大的研究型院校也在不断探索院校内部的学部制改革，我国的学部制改革可看作是跨学科组织的另外一种探索和发展的形式，即将院校现有的学科分别归类并相互组合以搭建不同的学科群，如：北京大学设立的燕京学堂在学部制改革的过程中将权力下放到院系中以实现跨学科教育和整合研究资源，清华大学在工程科学和技术科学两个研究领域中把11个学科的门类统一整合起来分别划分为：自然科学、人文社会科学与美术、工程科学与技术、生命科学与医学4个学科研究领域，并在这4个学科的研究领域下逐步形成20个专业的学科集群，为更好地实现服务国家创新驱动发展战略打下了基础，浙江大学的"科研联盟""协同创新中心"为探索学科交叉科研平台，探索交叉合作体制的机制谋划策略。

现阶段国内综合性大学关于跨学科平台的搭建仍处于不断摸索的阶段。建设虽有国家政府、校长及其他领导人员的倡导，但深受内生性知识结构之外的环境的制约，仍会面临着不同层面上的阻碍。从制度主义的层面来看，可理解为学科利益、学科权力、学科文化间的冲突。展开来看，学科利益的冲突表现在：教师的聘用、职称评审的标准处于跨学科研究中不被理解的困境，政府常规的科研项目在选题方面缺少跨学科方面的，传统的学科组织运行所依附的规则与跨学科组织的发展不匹配；学科权力的冲突表现在：跨学科建设在一定程度上打破了传统意义上的不同学科间的组织关系，学科从业者为捍卫本学科专业知识的控制权、配置基于学科组织的师资、经费和空间等资源的权力而发生的冲突；学科文化与跨学科共识间的冲突表现在：说到底是"规则的生成、规则的运行与规则之间的冲突问题"，即不同学科研究者在认知上已形成学科框架内特有的思维与行为方式，跨学科组织的运行在一定程度上挑战着传统学科研究者的认知框架。

从利益相关者层面来看，一是院系协同难题：跨学科组织的建设需要与校内相关院系相协调，院系双聘教师在研究中心会获得额外报酬，直接导致一些教师无法兼顾自身的教学任务、在实践活动中丧失归属感。二是产学的对接难题：实现跨学科组织与行业需求的有效对接是跨学科组织所面对的一大难题。三是成果转化难题：跨学科组织研究及教育面临着怎样承担社会责任的困惑，即将跨学科的新知识转化成科技成果时，若有参与者过度寻求新知识的转化收益就会弱化原始的创新能力，难在创新与知识转化应用之间实现平衡。

第二节　教师发展视角下国外高等教育的发展

当今世界正经历着大发展、大变化、大调整的巨大洪流。对我国而言，中国特色社会主义已经进入新时代，我国的高等教育也正从传统的大众教育走到普及式教育、现代化的教育，从现代化的教育大国走到现代化的关键阶段，国民更加重视和向往更高质量、更加公平的高等教育。俗话说：教育强则国强，教育兴则国兴。为此，教师队伍作为高等教育可持续发展的前提、人才培养的重要保证，在高等教育的发展过程中发挥着重要作用。以习近平总书记为代表的党中央、国务院高度重视教师工作，曾在第一次全国性的教育工作会议上明确指出：优秀的教师就是培养人类精神和灵魂的建设工程师、人类文明的继承者，担负着传递知识、思想、真理，塑造人的精神和灵魂、生命、创新型人才的历史时代责任。"师者，人之模范也"，一名真正合格的中国人民教师不仅是一名道德上的合格者，还是以德施教、以德立身的榜样。一位合格的教师应在包括道德在内的各个方面都能严格要求自己，现将对美国、俄罗斯、英国三个国家教师的教学模式进行分析，并总结相关经验，给出我国院校发展的相关建议。

一、美国院校发展现状

（一）发展综述

院校教师发展包括教师、教学和组织三大领域的发展。历经多年的发展，美国已建立起由学校、社会共同组成的完善的院校教师发展保障体系。

美国的学者对院校教师发展的理解是十分丰富的，国内学者对此已有较充分的认识，章建丽曾指出：美国学者对院校教师发展的内涵的认识有一个渐进的发展过程，由简单到复杂、由片面到全面。徐延宇和李政云归纳了克劳等人的六种经典的解释后，也得到了相同的结论：院校教师的发展应是一个全面的、系统的且综合的活动和过程，这种看法为越来越多的人所接受。

美国院校教师的发展可分为三大领域，分别为：

（1）教师发展：主要针对的是院校教师个体的活动，包括：作为教师的院校老师、作为学者和专家的院校老师、作为个体的院校老师。

（2）教学发展：主要针对开设的课程及学生学习的活动，是教师与教学设计专家聚在一起讨论合理的课程结构与教学战略，以达到预期所设的教学目标。

（3）组织发展：主要针对大学组织构造的活动，其核心理念在于支持教师的教与学生的学以建立一种有效果、高效率的组织结构。

（二）发展历程

综合林杰、李玲等学者在美国院校教育方面的研究成果，现将其历史发展沿革归纳如下：早在20世纪60年代早期，少数大学（学院层面为主）就开始开展相关的院校教师发展活动；70年代后期，从事大学教师培训的院校教师在外部基金的支持下得以快速发展；80年代，院校教师的发展开始朝着系统化、组织化的方向迈进；90年代，学校内设的教师中心和教师发展中心都得到了进一步普及，集国家与国际性质的院校教师的发展组织及联盟得以建立和发展，并在全球范围内形成了一个推动大学教师发展的潮流。

当然在不同的发展阶段，院校教师发展活动的方向各有侧重。研究盖夫和辛普森的研究成果可发现，20世纪60年代侧重于鼓励院校教师攻读学位、基于教师学术休假、引导积极教师参加学术会议，来发掘院校教师的科研能力；20世纪八九十年代，则侧重于开发相关的课程，整合教师、教学和组织三个领域以实现课程的改编和实施；截至目前，美国院校教师的发展已相对较为成熟，同时，又出现了新的创新点：加强技术手段在教学过程中的应用、对获得终身职位的教师进行评价、强调教师与行政人员的合作、实施定向培训项目，开发培养学术技能的项目、培育学者等。其中，最值得关注的是院校教师指导思想的变化，即院校教师的发展思想实现了从传统的"教学范式"向新的"学习范式"的成功转化。

（三）实施主体

1. 学校层次

美国院校受政府的影响较小，以自治为基础，教师亦如此，且教师的经费大多来自院校本身，故教师的发展极大地依赖于院校。据调查，美国院校发展的基本组织所占的份额依次是：中心组织（54%）、个人（19%）、委员会（12%）、其他（11%）、信息交换所（4%）。即美国院校教师的组织化程度已较高，近半数以上的美国院校已设立了院校教师发展中心。这些中心的运营模式又大致可分为以下三类：

（1）单校区模式：在单一校区内设立，为该校区的教师提供各种服务。其中，发展较好的是密歇根大学安娜堡分校的"学习和教学研究中心"（Center for Research on Learning and Teaching）、马萨诸塞大学阿默斯特校区的"教学和院校教师发展中心"（Center for Teaching and Faculty Development）、斯坦福大学的"教学学习中心"（Center for Teaching and Learning）、哈佛大学的"德鲁克·博克教学学习中心"（Derek Bok Center for Teaching）以及得克萨斯州大学奥斯汀分校的"教学和学习中心"（Center for Teaching and Learning）。其中，密歇根大学安娜堡分校的"学习和教学研究中心"，拥有专职人员22名，主要负责：个别咨询、在不同学期举行教师研讨会、为新生举办各学科专业的迎新会、洽谈会。

（2）多校区模式：由州政府、地方机构或由相关姊妹学校共同设置的、旨在提供这一合作来提高院校教师发展活动的效率来为加盟院校提供服务。加利福尼亚州立大学的"教学学习研究所"（Institute for Teaching and Learning）、佐治亚大学系统的"州长教学研究员项目"（the Governors Teaching Fellows Progrom）均是此类型的代表。

（3）特定目标模式：为满足教学评价、计算机教育、研究生教育等为实现特定目标而开展活动的中心。同时为本校区、其他学校提供相同的服务，以科罗拉多大学波尔得分校专门为担任助教的研究生设立的研究生教师项目（The Graduate Teacher Program）为例。

2. 社会层次

美国已经逐步形成了一个种类繁多且层次不同的院校和教师培养网络联盟，是推进院校和教师培养工作的重要推动力量。最大规模的就是"高度教育专业与组织发展网络"，该联盟是由于兴办专业性年会、资助特殊项目、出版有关刊物等多种形式活动而成立的，并且是由其他成员所在院校和教师组成的，全美部分知名院校教师网络联盟名录见表3-1。

表3-1　全美部分知名院校教师网络联盟名录

级别	网络联盟机构名称
国家、国际级	高等教育专业与组织发展网络（Professional and Organizational Development Network in Higher Education）
地区级	芝加哥地区院校教师发展网络（Chicago Area Faculty Development）
	大平原地区教学发展联盟（Great Plains Regional Consortium on Instructional Development）
州政府	新泽西州教师发展网络（Faculty Development Network of New Jersey）
	华盛顿促进本科生教育中心（Washington Center for Improving the Quality of Undergraduate Education）
特殊机构	黑人院校教师发展网络（HBCU Faculty Development Network）
	小规模学院专业和组织发展（Small College Professional and Organizational Development）

二、俄罗斯院校发展现状

（一）发展策略

俄罗斯高度重视院校创新创业的发展，近些年，俄罗斯实施了积极的有关科技创新的举措来促进科技创新，如：制定教育—创新—生产一体化的发展大纲，制定与科技创业相关的政策，为创新型人才的培养创造了较大的空间。同时，培养了大量高技能、高素质、强理论的人才以符合市场发展的需求，为社会的发展创造了机遇，奠定了坚实的基础。同时，俄罗斯将合理利用高级人才——学者、科学副博士、科学博士等高等教育人才作为国家人才战略的重要方向之一，在此方向的指引下，本国的副博士、博士研究生部、军事院校研究生班、临床医学研究生班的毕业生在毕业时并不将毕业答辩作为基准，遵循即可。

在解决创新型经济增长的人员保障方面，低一级别的人员也具备了重要的作用。在日常劳动的实践过程中，运用一定的激励机制和劳动力机制，利用全部生产要素使广大的劳动者积极参与到创造性劳动中。这就是说，在我国现代化的生产中，工人的能力并不局限于以前的认识和理解，还应该包括他们的身体、精神、知识、技能等各种综合素质，从而直接决定他们的职业性和专长。对于我国新时代的市场经济来说，大多数企业和个体的素质至关重要：忠实的品格，认真负责的工作态度，有意识地去进行创造性的劳动，成功的希望，相互协助以及自己在工作中和同事之间的友善相处。人的所有素质都被认为是社会经济进步的基础性因素。其中，明显地体现了个人特点的创新能力在社会中占据着很高的地位。

在一些大型企业和社区的劳动团体及其管理中，机构或组织及其管理过程中很少有严谨而具体意义上的革命性创新，而是更多地注重于运用他人的科学思想、办法及合理的管理手段和方法、提出科学合理化的意见、积累有益的实践工作经验，对于工作人员的接受教育程度没有什么特殊的要求，不按照规定要求学习并提供相应的专利证书。这被我们称为"例行创新"，表现为企业技术人才在劳动中创造的价值就是努力提高和改善其产品、工作和服务的质量，降低花在生产和销售上的费用，完善其劳动组织。劳动者们完成其职业任务是其创新与发展的动力来源，首先必须要做到有一个"例行创新"，然后才能做到更大程度地进行创新性实践。

这样，在我国社会经济发展的初级阶段，主要创新是指人才的潜力开拓与创新，由此我们可以对其创新能力进行划分：它的内容不但包含了个人的技术能力，也包含了劳动者群体的潜能。在当前俄罗斯国家现代市场经济的发展中，其对人才资源的创新和发展战略的具体实施和组织应该建立在以下几个基础上：一是对俄罗斯人才资源的直接投资；二是通过构建人才在组织创新等方面的激励机制，确保循环资本转移至劳动者身上。人才资源的创新与发展战略的具体实施不仅重点在于培训人才；还有赖于人才资源的改革与变化、劳动者自己的创新活动积极度以及重大的财政支持。

（二）战略实施

当前，俄罗斯院校已着眼于全球劳动力市场来寻求可引导科学研究、大公无私的专家。为此，相关院校已制定了旨在吸引、保护并激励学者、教师、专家的大纲

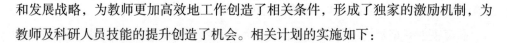

和发展战略，为教师更加高效地工作创造了相关条件，形成了独家的激励机制，为教师及科研人员技能的提升创造了机会。相关计划的实施如下：

1. 利用人才发展专项大纲促进大学创新的发展

俄罗斯相关院校审时度势，对院校教育经验做出总结：本国教育已从初级的人才培养走向成熟，现已进入高层次人才培养和引进阶段。为此，俄罗斯制定了相关的人才发展大纲，如《天才管理》《教育者——我们珍贵的资源》《个性发展资源》等。

2. 通过高水平大学建设贯彻和实施人才发展战略

俄罗斯高等教育领域的一些政策极大程度上确定并且体现了高校的主导地位。自 2016 年以来，俄罗斯评选出了 17 所具有创新型大学、7 所联邦大学、29 所具有国家重点研究型大学地位的高等技术院校，并被国际社会赋予了莫斯科国立大学、圣彼得堡大学等优秀的古典大学独特的科学与教育综合体的地位，为创建符合世界一流大学要求的院校做出了应有的准备。

3. 加强师资队伍的建设并更新院校人才资源

为了保证俄罗斯高等教育院校的教师们能更加高效地做自己的工作、得到教师知识和技能的培养、实现教师创造学生的积极性与教师的职业进步，俄罗斯政府面向院校实施了人才策略。此项人才策略面向的主要人群有：（1）具备发展潜力的普通高等中学本科及以上应届毕业生的工作：本科学生、硕士专业考取本科硕士，研究生专业考取本科硕士；（2）从有潜力的大学生、研究生、年轻教师中培养院校的人才潜力：学士—硕士—研究生—年轻教师—科学工作者链条式的培养；（3）开拓与支持任课老师教授的职业技术潜能及其在企业中的影响力。高校人才资源的构建（其中包含"年轻的领袖团队"，占所有人才资源总量的 10%）需要不断适应现代的要求以及外部环境的变化。

同时，俄罗斯院校从事人才培养战略业高度重视对教师的培养。联邦政府规定：院校教师的总体编制比例不得低于 50%，俄罗斯本地区的大多数院校教师的总体编制比例一般保持在 70% 左右。以莫斯科国立大学分校的老师工作情况为例，全校共有教师 5923 名，并且具有编制特色的老师占到 81%，即 4784 名。

此外，鉴于俄罗斯人才发展战略中缺乏对技能教师的培养；院校教师大多为相关学科的专家、没有教给学生相关的实践经验；没有反映俄罗斯国内特性及现实的教科书为了应对这些对未来教学发展十分不利的现状，俄联邦于 2010 年联合科学部实施了院校创新活动发展措施的大纲体系。首先，发展院校与企业的协作，为院校教师的培训筹集了大量资金；其次，将国家关于发展创新型组织架构的战略性定位作为支持学科院校开展的创新性教育活动；最后，支持与吸引院校先进学者的活动。

三、英国院校的发展现状

英国教师专业的历史较为悠久，但教师职业从一个个体转化成一种专门的职业时，英国对教师的培养方式就开始向促进教师专业化的方向发展。英国著名的教育专家杰夫·维替（Geoff Witty）认为：教师专业的发展是一个具有阶段性和持续性的动态过程，卡林福德（Cedric Cullinford）、吉利安·特罗雷（Gillian Trorey）指出：教师发展、个人发展、专业发展、个别发展都是教师发展的特征，涉及人在技能和技巧方面的训练，而这些正是实现组织目标所不可或缺的。

英国的教育一直受政府干预较少。但是近些年来，英国政府在不断地加大对于教师专业化的监管力度：政府已经颁布了与其教育相关的政策，对于教师资质与技能评判标准重新做出了设定并研究制订了全国统一的专门针对教师职前学科的教育培训课程，以此来控制其教师专业化培训的内容、范围、模式及方法。

英国教师的专业培训可以划分为职前准备、入职和在岗培训三个时间节点。

教师职前准备：对即将教学的教师进行课程培训以增加其知识储备量，保证即将入学的毕业班教师都能够熟练地掌握相应的与课程有关的基础教育理论、教学方法、各门专业的相关知识，并通过 12 ~ 19 周的课程进行教学和实习，在实践中提升自我，获得教师资格。

教师入职培训：要在学校指导老师、学校以及相关教育机构的监督下，积极地完成各项教师的入职培训。

教师在职培训：教师在职培训项目包括教师个人对自身进行的教育、教师参与本校、外校培训的在职继续教育。该培训按时间的长短可分为长期课程、短期课程和专题研讨会等。

目前，英国教师专业正开始由职前培训向在职培训转化，并逐步实行校本培训。

四、教师专业发展评估

教师评估作为专业发展过程中必不可少的组成部分受到英国政府的重视，甚至为了保障应有的有效性及科学性，英国政府还设置了科学合理的教师专业发展评估体系。在该体系中，相较于学校、社会相关组织等的评估力量，政府的作用尤为不可替代。为更好地促进教师专业的发展，英国政府颁布了相关的法律条款，规定要对地方学校或机构的董事会、学校校长及教师进行评估，这一举措的实施不仅形成了包含教师入职、教师业绩评估和教师绩效管理在内的教师专业发展体系，还多样化了教师评估标准，极大地弥补了现存的评价方式的缺陷、增加了评价标准的科学性和客观性。

第三节　学生创业视角下国外高等教育的发展

当今时代正处于一个知识经济的转型变化时代，创新驱动教育是引领经济发展的第一驱动力，21 世纪我们国家的核心竞争力则更多地体现在对科技创新成果和社会资源的培育与合理配置上，被我们称为"创新创业教育的时代"。在我国大数据、"互联网+"等时代的大背景下，创新性企业文化教育正逐渐上升到国家的战略性层面，也成为各国在综合实力市场竞争中的重要手段。时代要求发展，科技专业人才也需要进步，院校作为培养科技创新型专业优秀人才的主要载体，是培养科技创新型专业优秀人才的主要渠道和途径，通过把科技创新专业素质教育融入整个科技专业人才培养制度中，提高广大学生自主创新和科技创业的意识、科技创新精神和科技创业的能力，培养科技创新型专业人才。纵观国外发达国家高职院校自身发展的历史，创新性企业技术教育一直把这些专业贯穿其中，为发达国家的经济快速腾飞，培养出了大批创新性企业技术人才。然而与国外相比，中国的创新企业技术教育仍然起步较晚，当前的创新企业技术教育的水平还远未能够适应经济社会进步的迫切要求。

习近平总书记曾于 2016 年 10 月 20 日在党的十九大工作报告中多次明确指出"创新是引领发展的第一动力"。2015 年，李克强总理在工作报告中也首次明确提出"大众创业，万众创新"。创新中国创业管理教育是高校培养和不断提高当代我国企业人才的创新自主开拓创新能力的一个非常重要途径，而开展创新型中国企业管理文化课程教育也将为其推动创新型中国企业管理文化体系建设发展奠定坚实的理论基础。因此，我国各类院校都认为应该努力做到既要充分发挥其在科技创新和社会实践性职业教育建设中的社会主导作用，以不断提升广大在校大学生的科技创新和社会实践驱动创业创新能力，增强全校和社会对于科学创新和社会实践的认识氛围。

一、创新创业教育的意义

落实创新驱动战略，推进创新国家建设，根本上要依靠人才。创新创业教育作为一种崭新的教育方式和理念，体现着素质教育和终身化教育的基本内涵，凸显了学生自主学习和针对学生综合实践技术能力的培养，这也是院校未来发展的必然趋势和目标。有利于增强学生的社会责任感、创业意识、创新精神与企业管理能力，不断改善和提高人才培训的质量。同时，创新性的创业教育也十分重视对大学生的开创性能力培养，注重实现大学生个体人生的自我价值，符合当代中国大学生的成才观，有利于培养大学生的全面成才。

大学生创新创业教育工作是一项基础性工作，是解决大学生就业问题的重要举措，顺应了知识经济时代的趋势和新时期，也是适应国际风格潮流发展的内在诉求；是增加国际竞争力的一个迫切需要，是对提高我们的国际地位、增强我们的国家影响力的根本性要求，也是我们实现经济社会和谐稳定发展、实施中华民族伟大复兴的一项重要举措。根据《中国青年创业报告（2020）》，我国青年大学生毕业后选择独立创业的人数逐年上涨，大学生独立创业的存活率明显上升，独立创业的毕业生获得了较多的收入。

对新时代国内外院校创新创业教育问题的研究，有助于丰富与思想和政治教育相关的理论。创新创业教育是属于思想和政治教育的基础性内容，创新和实践主义教育被认为是一种全球性的教育思潮，它的提出，在一定程度上丰富了新时代的教育哲学观念。同时，在当今时代下，创新和实践性教育是素质教育的一个重要组成部分，也是我国现代综合素质教育发展的一种崭新的形式和载体。在研究和发展创新型创业教育的实践过程中，创业文化环境是其中的一个影响因素，运用思想政治教育环境论研究创新创业教育，不仅填充了素质教育的相关理论，而且也使思想政治教育的相关理论更加丰富。

素质教育的宗旨是培养一批具有较强的理论知识及实践技术能力的复合类人才，大学生的创新和创业教育可以从一定程度上有效地帮助我国大学生形成正确的就业观及创业观；它不但充分地培养了当代大学生自己在开始创业的过程中所必须具备的各种精神、概念等，而且将当代大学生培养为全面健康发展的创造力，促进了大学生的全面健康发展。它不仅有利于对大学生自主创业的理想信念和独特个性化的培养，而且更好地提高了我国大学生艰苦奋斗的敬畏精神和诚信意识，有利于我国特色社会主义的践行。

创新创业教育是新的高等教育理念，是新的人才培养质量观，它旨在培养具有创新创业精神的高技能创业者。因此，大学生的创新和实践性教育工作被认为是院校综合素质教育的一个重要内容和组成部分，完善我国院校综合素质教育的进程就需要我们通过对大学生的创新和实践性教育，来完善我国的创新和实践性教育课程和学习体系。院校发展的目的是培养更多优秀的大学生，并培养更多的社会主义创业者，振兴民族建设。

开展对大学生自主创新和实践性的创业教育，有利于推动我国各类院校人才培养方法和管理模式的转型变革，有利于突破传统教育模式的弊端，当今社会处于一个革新的时代，时代强烈地要求那些具有自主创新精神和实践性的创业能力大学生，而且还要开展对大学生自主创新和实践性的创业教育，有利于将大学生毕业后选择就业转化为毕业后选择创业。

二、创新创业教育理念

创新创业教育就是以培养一批具有自己创业的基本素质和具备开拓型个性的创业人才作为教育目标，不仅仅以培养在校大学生的自主创业意识、创新精神、自主创业能力等为主要内容的综合性教育，而是必须要面向整个社会，针对正准备创业、已打算创业、成功发展创业的大学生和创业团队，分阶段、各个层次地进行自己的创新意识培养和自己的创业技巧锻炼的家庭教育。创新创业技术课程教育从根本上说就是一种现代化的实用课程。具有创新性、创造性、实践性的基本特质。

作为自主创新教育的直接参与者和直接帮扶者，政府部门的工作是我国院校开展自主创新和组织实施职业教育的社会生态管理体系过程中的一个重要组成部分，发挥着重要的主导作用，能够在教育政策方案制定、资金政策扶持、舆论导向、服务规章制度、部门之间的沟通协调等诸多方面给我国院校开展自主创新和组织实施职业教育发展提供良好的外部推动条件，起到了难以替代的社会积极推动效应。我国各级人民政府应当高度重视各类院校开展的创新和共同组织创业高等教育综合实践培训活动的策划举行和组织开展，坚持强教育、搭平台、重理念引领的综合教学实践原则，打造良好的各类院校开展创新和共同组织创业的综合教育实践环境，优化其开展创新和共同组织创业的综合教育管理制度及其教育服务环境条件，营造创新激励和共同组织创新的良好校园文化教育环境，着力加快建设全区域覆盖、分不同层次、具有特色体系的各类院校开展创新和共同组织创业的综合教育实践体系。2018 年，国务院正式批准印发了《关于推动创新创业高质量发展打造"双创"升级版的意见》，提出高校要进一步着力加强高校产学和教学研融合，增加产业创新驱动创业工程技术管理人才的质量培养。2019 年，教育部正式批准印发《国家级大学生创新创业训练计划管理办法》，进一步严格科学规范"国创计划"重点课题教学管理，深化高校创新驱动创业训练教育全程课堂教学模式改革。

三、国内外创新创业教育现状

（一）国外创新创业教育现状

1989 年 11 月，联合国在面向 21 世纪教育国际研讨会上正式提出了"第三部护照"，即"创业教育"的概念。1995 年，联合国在其通过的《到 2000 年及其后世界青年行动纲领》中，把建立青年自主就业或创业的机制列为青年就业纲领中的首项实施任务。1998 年 10 月 5 日至 9 日，联合国教科文总部在巴黎召开首次世界高等教育会议，宣言明确提出：培养学生的创业技能，应成为高等教育主要关心的问题。1999 年 4 月 26 日至 30 日，联合国教科文组织在汉城召开了第二届国际职业技术教育大会，会议突出强调了培养学生的创业能力。

国外院校创新创业教育经过长期探索和实践已经发展趋于成熟，各个院校，各有自己的特色，自成一套系统，取得了良好的教育成果。欧美发达国家在开展创新型企业技术教育的时间相对较早，美国则是世界上在创新型企业技术教育领域发展较为成功的国家之一，从 1947 年哈佛大学开设企业技术创新型教育的时候算起，已有将近 70 年的发展历史。其中比较知名的斯坦福大学于 1949 年就开始了大学生创新创业的教育，百森商学院更是宣布自己"集中于创业教育"并于 1967 年就开始在大学内部设立了创新创业专业课程。因此，百森商学院著名的创业教育课程制度体系的改革及斯坦福大学创新型企业教育模式的建立影响很大，其中创新型企业教育在美国取得的最大突破和成果当然就是享誉全球的"硅谷"。随后各所大学纷纷开始建立与此类相关的创新型企业技术研究中心，相关的创新型企业技术研究机构也如雨后春笋般涌现。目前美国的创业教育正在逐步发展成为美国的教育制度中重要组成部分之一。英国的创新创业教育社会参与程度高，延伸面积宽，其本质就是要对每个人的创新思维和精神等素质进行训练。

亚洲在推动全球创新和创业的教育中，日韩位居首列。在韩国，大学生创业同友会在创业教育工作中起着至关重要的推动作用，除此之外，让一些富有创业实践经验的教师组成了创业支持中心，从而使他们在开展韩国大学生创业同友会教育的过程中能够发挥应有的推动作用与促进效果。在日本，院校在开展创新和自主创业技术教育的过程中，以本国和地区特色优势产业为主要载体，将优势学校和这些优势学生相互融合，注重把自己的创新成果直接转化成一件商品，并且打造中小型创新企业。

（二）国内创新创业教育现状

1998 年，清华大学举办了"首届创业计划大赛"，成为我国第一个举办"创业计划"活动的大学，紧接着"视美乐科技发展有限公司"诞生，成为我国第一个大学生创业公司。该创业公司在社会上产生了巨大影响，大学生创业行动掀起了热潮。2014 年 9 月，李克强总理在夏季达沃斯论坛上提出，要在 960 万平方公里土地上掀起"大众创业""草根创业"的新浪潮，形成"万众创新""人人创新"的新势态。2015 年 5 月 4 日，《国务院办公厅关于深化高等学校创新创业教育改革的实施意见》中提出总体目标：2015 年以来，院校全面开展创新型企业化创造性教育。2017 年已经取得了重要的进展，形成了科学先进、受到广泛认可、具有鲜明中国特色的创新型创业教育理念，形成了一批可以复制、可推行和研究的制度性成果，普及创新型企业创造性教育，实现了新一轮"创新型企业引领工作计划"所规定的目标。到 2020 年建立健全以课堂教学、自主学习、结合实际、指导助学、文化带动服务于一体的综合性院校创新型企业精神教育服务体系，人才培养质量显著提升，学生的创新精神、创业意识和创新创业能力明显增强，投身创业实践的学生显著增加。相比国外，我国创新创业教育的提出，体系的建全都相对落后，近几年才在院校普及，目前处于改革发展转型阶段，改革开放以后尤其是近二十年，我国的教育改革取得阶段性成绩，慢慢地从应试教育向"开放教育"转变、就业创业教育在内的素质教育在不断转变。但总的来说，目前我国院校的创业教育尤其是高职高专院校的创业教育仍处于相对落后的阶段。大部分的学校尤其是高职高专类院校还未将创新创业教育融合到学校人才培养的整个体系当中，学校也还未制定较为完善的创新创业教育政策、制度，对创新创业课程的开设也还处在初级阶段，其课程内容的涵盖面也相对较少且大多停留在理论知识上，缺乏对实践技能的培养。再则，由于在资金、人员配置上的不足，学校往往缺少富有经验的创新创业团队，从而导致学生缺乏创新创业的基本素质，最终使步入社会的创新创业项目面临巨大破产风险。例如北京、上海等一线城市的院校学生创业率在 2% ~ 3%，而发达国家大学生创业率在 20% ~ 30%。

四、国外创新创业教育的特色

美、日、德，英等发达国家创新创业教育起步早，形成了较为完善的创新创业教育体系，在教学理念、课程设置、师资建设、组织机构等方面形成了自己的特色。其中包括：

（一）先进的教学理念

院校实施创新创业教育是以推动我国院校学生的全面健康成长为主要教育目标，是完善我国院校社会公共服务机构建设的一个重要手段，明确创新创业教育的理念就是国外院校在我国深入推进创新创业教育工作的根本。首先，国外对于创新创业课程的价值观认识与其对于社会的需求有着很好的紧密联系，培养方法多样，并且注重因材施教。例如德国院校可以按照市场需要而采取职业培养，中专院校、职业高级院校及综合大学等不同类型的创新意识产权教育模式。日本院校从对于学生差异化需要的角度出发，探索了创新型企业家的涵养类、创办人员专门教育类、技术综合实践类等创新型企业教育模式。

其次，创新型创业教育的理念要求与院校自身发展的目标紧密结合。例如，哈佛大学商学院将自己定位为培养优秀的企业管理人才，其所谓的创新型企业管理侧重于实战性，课程的设置要求高度系统化和技术专业化，在对学生的选拔上极其严谨，并且充分强调了创业者的特质；麻省理工学院作为世界上顶级的理工大学，它的创业核心使命就是要有能力来启动、培养以及引领不同行业和学科的新时期创业家。

最后，创新思维和创业精神的培养体现出来，这也就是其创新驱动教育观念的基础和核心，注重对问题意识的培养，问题引领教育是发达国家开展创新驱动教育工作的一个突出特点。例如，斯坦福大学始终以培养广大大学生的创业精神为人才目标和使命之一；康奈尔大学创新驱动性创业专辑的师资队伍配置和课程建立都充分考量了如何训练学生进行交流、沟通批评、运筹决策等各个方面的才华。

（二）开放灵活的专业课程体系

创新创业课程建设是我们实现院校创新型人才培养的一种重要途径与载体，通过这种开放灵活的课程框架设计，从根本上保证了院校创业型人才教育与院校创新型人才教育的有效衔接。具体而言，国外较为开放灵活的科研创新型企业管理专科课程主要体现在以下三个方面：第一，课程设计应该着眼于与实际的紧密对接。例如加拿大瑞尔森大学就曾经强调理论和实践的导向，提出了创业教育的"五大支柱"课程框架，在各种课堂、学校和全球性社会中开展各种独特的创业课程；英国谢菲尔德大学为学生设计了一套涵盖课内创业的情景模拟及课外创业能力和科技实践的综合性课程。第二，课程设计与学校教学科研师资队伍科研力量的高度紧密协调，美国斯坦福大学的技术创新与科技创业硕士课程的科目设置主要就是着眼于文、理科目的教学相互结合，教学科研相互结合，文化教育与中等职业中级技术资格教育相互结合，致力于"超越学科界线、拓宽基础知识"，培养需要的优秀教学科研工作者和教学师资队伍，包括由工商管理学院和六所高等本科专业技术学校共同参与培养。第三，形式多样的海外实验性创业教学活动。大量的创业案例分析教学、丰富多彩的创业课外活动以及各类海外创业知识讲座、竞技运动会等都已经是国外创业人才培训院校课程教育系统建设中的一个重要组成部分，还有一些职业院校通过自主研发开设的针对年轻女性、少数民族、弱势群体等特殊收入阶层创业人群的海外创业人才培训系列课程，引导并积极支持和鼓励激发院校鼓励特殊收入阶层创业人群积极参加海外创业。在德国，院校中关于企业创新与应用创业工程技术经验教育研究项目管理课程的体系建立和项目设置除了设立有关的创业创新技术经验选修课和其他创业创新技术培训必修课之外，还应当要求院校创委会积极参与组织学生举办一些关于德国创业创新技术分享经验的国际交流分享展览会、创业技术分享经验展览会等创业活动及其创业讲座，以期有效促进院校对于创业创新技术经验文化学习环境和创业氛围的有效塑造，着重在于培养院校对大学生的创业自主创新与应用创业技术意识和学生自主参与创业技术实践的综合能力。英国谢菲尔德大学鼓励在校学生积极参与邀请到知名商业网络辅导策略工作者的专题研讨会，交流已经成功制定的网络商业辅导策略，并且为广大学生免费提供了一对一的网络商业策略辅导，此外该商学院还为广大学生们免费提供了大量的现成网络商业策略辅助辅导游戏，以便于学生培养他们在运用不同商业知识能力方面的综合商业辅导创造力。第四，创新创业课程与本科专业课程进行了有机结合、多方共同协作的创新型创业教育课程。以美国为例，院校普遍把创新型创业教育引进到专业化课程的教学中，培养了大量学生的自主创造性观念和思维，从而提升了他们的职业技巧。在美国哈佛大学的研究生项目中，不仅主要包括了财务管理、商业谈判等一些基础型课程，还包括了领导力、执行能力等一些综合素质的培养。日本的院校也充分利用了院校、政府、公司等多方面的资源，协同研究和开发日本的创新型创业教育。

（三）专业化创新创业师资队伍建设

创新技术创业人才教育本身其实就是一门既同时需要特别注重基础理论知识，又同时需要特别注重国际实践性知识课程的综合培训，这就给它的专业师资队伍力量建设提出了较高的培养标准。从国外的实践经验研究分析结果来看，第一，严格的人才选拔和考核制度，具有创新性的工程技术管理人才的来源较为多元化。国外大多数工程技术院校的专业人才队伍特别是在规定招聘企业创新性工程技术专业人才时，要求每位优秀应聘者都必须具有一定的企业管理学和科学知识。普遍把自己已经切实具备的丰富创业理论基础和实践经验、担任高校创业师资管理导师岗位的专业人才素质作为聘请高校创业管理导师的一个首要必备资格条件，并从创业教学、科研、社会公共服务等各个方面对其进行全面的资格考核，因此我们的创业院校需要开设具有创新驱动人才教育的创业师资管理力量，包括了创业理论教学基础好和功底深厚的高校优秀教师，又包括了创业实战经验丰富的优秀企业家、校友、政府工作官员等，而且校外的创业师资管理力量队伍占比很高。例如美国斯坦福大学校外的技术师资不但学员数量多，而且课程种类繁多，其所接受授课的学习时间相对自由；例如美国马里兰大学高新创业培训中心的校外人才和技术师资培养力量的主要来源是由美国商学院、工程管理学院等各个行业相关专科学院的特聘教授及其他培训类和技术类的人才机构组成。

第二，注重自身的实践经验，校方鼓励优秀的教师与企业之间开展交流合作，院校在完全保留优秀教师在大学专科岗位的前提下，鼓励他们选择离开该校的创业公司，或者是为该校的企业发展提供技术咨询，这样就会使得一些教学课程更多的是来自现实的问题和对项目的驱动。比如哈佛商学院的绝大多数教师是已经具备了从事企业顾问咨询工作的实际操作经验，以确保其所讲授的教学案例能够充满真实性和生动感；德国专科院校创新型企业教师，以及一批拥有多年创业工作经历和多年管理实践经验的著名企业家进行兼职。

第三，注重对校友人才资源的整合和利用；校友们与大学之间建立了良好的合作关系，通过投入资助各种创业服务中心，为创新型企业教育工作者提供了一些案例、思路和项目，比如美国考夫曼基金在创业教育方面为 26 个研究机构学院和高等专科大学投入资金超过 120 万美元。

（四）宽松的院校创新创业教育环境

环境变化是直接影响我们的企业创新型技术人才的外部动力，是我们的企业创新型技术人才思想理念得以深入贯彻落实的重要组成条件。营造一个宽松的工作环境才是保证每一个不同行业背景下的企业创始人之间能够随时进行充分交流互动的唯一关键。国外院校学生从事城市环境资源管理与城市营造环境工作的实践经验比较先进，这些都非常值得我们学生去深入学习与研究借鉴。首先，营造宽松的人才现代化交流空间环境和平台；企业创新面向创业的人才物理交流空间主要内容包括了各种各样线上、线下的人才交流平台、孵化器、创业培训基地等，比如目前加拿大瑞尔森大学的人才学习交流中心虽然主要是由这些知名大学政府资助而对外投入资金建设的，针对校内、校外的所有人才而进行对外开放。

其次，营造平等自由的互动和交流氛围；不断的互动性交流所产生的思维碰撞就像一个好创意的来源，国外在开展创新型企业文化教育中常见和广泛采用的案例教学方法的目标是鼓励学生主动地去思考、表达和进行交流，给学生之间、师生之间都提供平等自由的互动和交流时间。

最后，营造一个开放多元的传统文化和思想环境。在美国斯坦福大学、马里兰大学等院校，与其他一些来自不同专业和学科背景的优秀创业者们，通过社群、创新型企业服务机构、各种类型的项目等途径进行共同合作交流，使他们成为大学生创业人才培养教育的重要内容和组成部分，大学校园中的各类创业口号、竞技比赛、沙龙交流会随处可见，浓厚的创业人才文化已经根植于整个大学校园；瑞典院校的创新性和创业教育课程的国际化水平很高，来自不同文化背景下的学者们通过不同的思考方式与手段对其进行了教学和指导。

随着当前世界知识经济和社会一体化建设进程的深入和加速，创新型企业技术创造力教育正在发展成为新时代下企业技术人才培养的一个根本性趋势，是新时期的召唤。通过数据分析国内外各类院校开展创新型创业教育的现状，发现我国在开展创新型创业教育工作中的做法和不作为，借鉴国外发达国家先进创新型创业教育，深化了我国开展创新型创业教育的理念、不断实践建立符合自己各类院校独具特色的创新型创业教育课程体系、持续构筑宽松自由的开展创新型创业教育课程文化，真正培养了大学生的自主创新意识和创新能力，实现创新就业，同时也为我国科技创新贡献力量。

第四节 院校治理模式视角下国外高等教育的发展

当今世界，全球一体化已经成为大趋势，高等教育为各国社会经济发展做出了巨大的贡献，各国为实现教育大众化付出的资金占财政支出比重较大。作为提供高等教育的院校在社会中肩负着重大使命，我国院校应当借鉴国际社会上的优秀院校的发展和治理模式。但是不同的国家有不同的历史、不同的发展道路，作为社会主义的高等学府在高举社会主义旗帜的情况下吸取优秀的国外院校治理方式和发展道路，"取其精华，去其糟粕"，使社会主义发展更上一层楼。自19世纪以来，随着社会、经济、文化与科技的发展，大学中的学科学习与学术研究日益多样化。甚至在不同的国家，由于历史、文化和制度等的不同，在大学课程表上所列的科目不仅不同，而且相同或相近科目的名称也有差别。其相同的一点是，用人文学科和自然科学构成大学课程的主体，并不断在其中实现创新、分化与整合。在某一特定的国家中，大学所具有的职能往往是与其在该国的整个教育系统中的地位相联系的。它既有整个教育系统共有的职能，即教育学生的职能；又有其自身复杂的系统，除教学而外，还有服务的职能、研究与开发的职能、辐射文明的职能，以及创造新知识、新行业的职能等。大学是在社会中最具有创新活力和创新能力的团体或机构。

一、中世纪欧洲大学的发展与治理

在实践探索中，欧洲最早的两所大学后来成为其他大学的样板，其中意大利的博洛哥纳（Bologna）大学是以学生团体或学生团体联盟为基础发展起来的，而巴黎大学则是以教师团体为核心逐渐形成的。起初，由教会认定以后大学才能成为合法的社团，这些大学是由地区的主教或其高级下属如主教法律顾问监管的。慢慢地随着大学自身的发展这些主管者的地位逐渐降低，这时社团会选出专门的负责人即校长，以此为开头，校长成为大学形式上的主管者。

在当时"君权神授""政教合一"的欧洲中世纪，大学在与当地百姓和当地主要的教会发生冲突时，会寻求教皇权利的保护。罗马天主教会认为自己对教育负有责任，所以教皇自然会保护这些大学。大学和教皇权利有着紧密的联系，原因有二：（1）教皇权利为大学提供保护；（2）二者的信仰大体一致，至少在 19 世纪是这样的。在当时大家相信所有的知识实质都是统一的，并且赋予了信仰以最高级形式的知识。

在中世纪的各种高校中，最具有代表性的教学内容就是我们称为经院哲学，及其研究方法。这类方法的主要特点是注重权威，如接受基督教的信仰、尊崇《圣经》、学习某些经典作家的著作。在今天许多类似的抽象思想看起来好像没有益处，但是放在当时的大环境中，这些却是可以促使学说、假想和理论得以发展的重要途径，促进了专业性学术活动的出现，并逐渐引起了一系列知识的革命。现在人们有条件讨论宗教认为的真理和逻辑演算推理出的真理之间的差别，但在当时，运用辩证的思想和方法等是很危险的，时间长了，渐变的因素发挥作用，以至于世俗思想的出现和物理学理论的形成，这些对现代自然科学的产生和发展具有重要的意义。

中世纪大学的组织形式体现了公众对专业知识和知识分子社团独立自主意识和向社会负责的态度的一种认可。在当时，知识分子有着较高的社会地位，并发挥着重要的社会作用。例如律师、医生，他们研究和教学的领域不局限在自己的领域，而是涉及更广泛的知识与研究领域。在法律规范的、稳定的社会结构中，他们是一种特殊的精神贵族。

对于任何一个国家和民族来说，大学是知识和学术最高的生产和传授机构，这可以使大学一直不断发展，大学也就同时具备了促进创新的内因。

在 14 世纪以前，大学建校的浪潮几乎都是跨国的或国际性的，只有牛津大学从一开始就是作为国内大学而建的。在 14 世纪到 15 世纪，一些学院通过房地产生意发了财，像一些修道院一样，学院成为少数权贵的独有领地，当时学院中的权贵势力几乎控制了整个大学。从 14 世纪至 17 世纪的文艺复兴、16 世纪至 17 世纪的宗教改革、18 世纪初至 1789 年的启蒙运动，到 18 世纪 60 年代开始的第一次工业革命，大学经历了一次社会职能的变化，从从事特地专业的训练机构转变为起社会统治的工具作用的机构。

二、现代大学的发展与治理模式

在 18 世纪的最后 10 年里，高等教育的理论与学术体系已经发生了根本的改变。在法国，过时的和僵化的院校机构及研究院在 1793 年多被取缔，但在拿破仑时期它们却以新的形式再现欧洲。由于受到工业革命的影响和激励，大学更加注重实用和实证是其突出的特点之一。针对新的宗教、经济、科学、文化和军事等方面的需求，国家也相应地建立了一些新的机构，并将这些机构及其所构成的整个系统都置于中央民政当局的规划之下。

在德国，虽然当时知识界的状况也发生了革命性的变化，大学保住了其固有的利益以及它们在以往的传统社会中确立的中等以上阶层的特权和地位，然而，其组织结构却被纳入现代国家的行政拨款和社会监督的体系之中。在英国，历史与传统的因素起着一定的作用。在 16 世纪初，像法国一样，英国也建立了大量的专业团体与科学团体，为知识阶层提供了丰富多样的组织形式和组织保障。

在高等教育中，学术管理体系是核心、是关键，从教育政治学以及行政学的角度来看，大学和社会结构的关系受到了越来越多的关注。从 18 世纪末到 19 世纪中叶，高等教育的发展和形成尽管受到两次世界大战的影响，常规的发展轨迹也被外力极大地扭曲了。但是，作为社会良知和智慧的传承机构，作为科学和民主的策源地，作为各类人才的培养基地，作为创新知识和创新精神的代表，大学仍是社会中不可或缺的重要机构。反战、消除种族隔离、追求科学民主、讲求平等、提倡和平、促进就业、提高生产效率、促进人类健康等仍是世界高等教育追求的主要目标和倡导的主旋律。第二次世界大战以后，各国都深深意识到在知识经济的时代，大学应该成为知识创新和人才培养的主要战场，这才是真正和最终赢得国际竞争胜利的重要保障。

（一）教学人员治理模式

教学人员治理模式作为最为传统的大学治理模式，其核心要义是大学的教育应由学院专门的、受过精良教育且对学术目标有更好的理解的人员来负责。从哲学视角来看，教师治理与"民主学术"紧密相连，英国剑桥大学为该治理模式下的典型范例，其治理团体是由包括大学官员和学院人员在内的 3000 多人组成的教授会，对大学的治理负责，但近几年由于负责不同方面的教师和董事会是分开治理的，"学术民主"正遭受着重大压力。

教师治理模式的不同压力来源可分为两个方面，一方面是最受攻击的治理模式；另一方面，它又是大学回归最频繁的一项治理模式。同时，关于教师治理模式的批评主要是针对学术人员对管理技巧和兴趣的缺乏、不直接介入教学或科研的利益参与者在资金和人事方面责任的缺失。然而，批评尽管存在，但支持力度依然强劲。学术治理虽正面临着复兴，但其所涉及的财务问题尤其倾向于"专业化治理"。包括像牛津及其他大学间的这种专业化，也是由于长时间存在的资源短缺和资金紧张的所引起的，以至于大学没有能力以较快的速度来适应变化着的需求和环境，是学术治理的一种遗憾。

（二）公司治理模式

公司治理模式是存在于大学中、基于公司治理的高效率魅力原理、聚焦于对大学的财务和管理责任方面、以分析商业案例为主的、由受过专业训练的具有丰富经验的专业人士治理的一项高效的管理治理模式。美国的一些公立大学治理结构在向越来越接近公司治理模式的方向转变，即大学的管理主要是依靠一个董事长和一个小型的董事会来直接负责，作为高层管理团队的董事会的服务是由一个首席执行官、一个首席运营官和一个首席财务官提供。

牛津大学的教职人员对公司治理的这种"管理梯队"理念持广泛的排斥态度，他们认为管理统治只能产生部分的或短期的治理方案。公司治理模式有时突显了某一时期严重的经济困难，就像发生在安大略湖的，加拿大回应逐渐缩减的政府资金，以及强制退休的废止和国际学生全额付费的下降等。在澳大利亚也被采用了，以遵从政府对于大学管理更加节约成本和减少开支的要求。

公司治理模式的批评最主要的是导致了教育的"商品化"，学术的独特性在追求公司效率的同时得到了置换。典型的观点认为大学不购买但却出售"小部件"。

然而，即使那些对于大学公司治理模式持怀疑态度的人也承认"巨型大学"包括利益得失的扩散中心，他们有复杂的预算，在充满激烈竞争的残酷的市场环境中向迥异的"购买者""出售"他们的教育服务，和以营利为导向的公司不无两样。对其进一步的认识是公立大学日益追求本地和国际学生的全自费以获取更多的先进知识以"平衡书本"。此外，公司治理被视为必要的满足大学即时的财政需求。公司治理的高效也是这样做的原因之一。

对公司治理模式的支持在原则和实践中最为常见。大学与股东之间不存在既定的责任关系，与学生、教师和企业合作伙伴等一系列利益相关者之间却存在着连锁责任。在该模式下，大学的董事会成员主要由志愿者构成，没有公司董事会业绩和问责制的统一的标准。即使大学治理者屈从于对不同的利益相关者承担公司责任，如果这些责任是公司性质的，也有必要决定主要对哪些利益相关者负有责任。

公司治理正在不断兴起，且越来越受到欢迎。究其原因在于该模式的一些实际属性能较好地满足大学要求。在该模式下，董事会的决定更加透明，会议内容更加公开，对其成员的责任心更高。总之，要想对大学进行负责任的治理，某种程度上"公司化"是很必要的，而且以营利为目的而产生的公司差异不应被看作一种经济有效的方式经营障碍，大学是否采取公司治理模式取决于其背景。

（三）董事会治理模式

董事会治理模式是一种被普遍认可的治理模式，主要是通过委托—代理责任机制来构建的一种存在于董事会及其受托机构或人之间的、代表信托人利益的特殊的治理方式，与被描述成学院治理的联合治理存在较大的不同。

董事会治理模式对那些将大学治理者定位于学生的"身居父母地位"的人具有强大的吸引力，在他们看来，大学的治理者代表大学，为大学而行动且提供了一种保证，勤奋的排遣了公众的信任。

然而，这一委托—代理的治理模式在现实中是模糊的，通常被犬儒主义和关注道德及职业责任时代用来强调大学在履行其对学生、教职员工等的信托责任时被援引，很少在公立大学中作为一项实例来实际渗透。美国一些机构在面对最前线道德丑闻，面对学生安全和保障，高级管理人员的信心和担心过度领导等问题时开始诉诸董事会治理模式。

总之，董事会治理模式在实际操作时较为模糊，更加倾向于大学治理的边缘工作。可能会引起一场市场化发展运动，但同时，董事会治理模式的采用，对市场化发展运动所产生的附加利益并没有根本性的不妥之处。

（四）利益相关者治理模式

利益相关者治理模式是一项基于权力与利益、以合作伙伴关系作为其基本架构、以利益相关者委员会作为其决策机制的包含政府、研究人员、高校教学人员、学生、行政人员等共同参与的一项基于其合作伙伴关系的多元化的高等教育管理体制。与教师治理、公司治理存在极大的不同，更加强调对效率管理和合作治理的财政责任实行进一步的延伸和拓展。

利益相关者治理模式在内涵方面的超越性表现在为内外部利益参与者在参与决策制定的过程中所提供的广泛的参与，大大超过了其他一些利益相关团体代表会议的参与度。最典型的代表是大学社区团体治理会代表。其存在的问题是代表治理团体在利益相关者上的选择，在权威程度上可能会存在一定的偏差，若选择不准，则会导致治理向无效率的"清淡俱乐部"退回。

尽管有这些不足，公立大学通常会采用一些利益相关者治理的模式，明显地，在大学中有被提名或被选举的教学人员、学生或政府治理会的代表成员。然而，这些治理会的构成却存在显著的分歧，他们的权威也根据不同的利益相关者而明显不同。

（五）混合治理模式

大学混合治理模式以建立好全社会的知识基础，努力打造一项可支持经济的发展与技术的创新，实现学术人员可以提出公众性的建议自由的新型环境为目标，将教学人员、公司、董事会等纳入其中并与利益相关者治理模式相结合的治理模式。

在大学治理当中，混合治理模式通常含有经历革新的一种准备，如通过对公众利益决策提供广泛的咨询，从录取公平性到保护环境的不同。混合治理模式的好处是它能把不同治理模式的优势结合到一起以适应大学的特殊需求。

在治理实践中，一种治理模式可能会越来越显得疲乏，需要修理或更换；治理关系变得挫伤，需要医治。大学对于这些变化要进行调和，对原有治理模式的缺陷有一个全面的理解，以确定某一特定的修改方案并予以实施。如果该问题是一个丑闻，以特殊方式来寻求重建这种信任，那么董事会治理模式可能是适当的。如果该问题是财政方面的，公司治理模式可能更合适。如果该问题涉及建设优质学术方案，教师治理模式应该是最好的。如果该问题是涵盖了各种不同问题的混合体，那么混合治理模式可能是适当的。

　　总之，大学要根据自身发展的需要逐步重塑自己的结构，优化大学治理模式，以最大限度地提高大学治理的效率、有效性，同时促进参与、领导和回应环境——这些高等教育研究领域最重要的课题和所面临的最主要的挑战。

第五节　经费筹措视角下国外高等教育的发展

（一）美国高等教育经费筹措情况

1. 政府拨款

　　美国在高等教育领域是世界上最为发达的国家之一，其在高等教育上投入的资金决定了其世界领先地位。美国高等教育资金和经费的来源一直呈现出多样性和复杂性的特征，其资金来源和渠道虽然既有联邦（包括州、地方）政府投入、大学生的购买学费、捐赠收益以及大学通过销售和提供服务获得的收益等，但是美国政府一直都是美国高等教育资金和经费的主要供给者，不管是公立院校还是民办大学。国内外高等教育的资金和经费收入来源都主要是以地方政府部门为主，其中以公立院校尤为明显，其所需要获得的地方政府财政性资金和拨款远远多于能够通过其他途径筹措得到的资金和经费。据统计，美国政府每年仅对科研资金进行的拨款就已经超过 100 亿美元，占到了全美院校科研资金总经费的 60%。

2. 社会捐赠收入

　　在美国，美国大学的创校历史与向院校捐赠的历史同样渊源，较为著名的、享受私人捐赠的院校有：斯坦福大学、耶鲁大学。在美国，捐赠的观念自其早期殖民地时期就已开始植根于本国人民心中，捐资办学也早已成为美国本土一项重要的特色及优良的传统。尤其是近年来，在美国院校里关于捐赠已形成一种风尚，且这种风尚越来越盛，所捐赠的金额也越来越大，采取的手段也趋于规范，形势更是趋于多样化，从有关企业、组织、个人获得募捐早已成为美国院校用来筹措经费的任务之一。据相关统计显示，麻省理工学院 2000 年的预算收入中有 40% 来自捐赠收入，哈佛大学 2004 年收到的捐赠基金数额为 230 亿美元，耶鲁大学每年收到的社会捐赠和学校基金占据当年经费的 33%。为此，美国政府还先后制定了许多具有战略导向性的外交政策。美国的一项财经行政法律明确规定，不论是公司还是企业个人，对于高等教育或者其他公民社会相关公共事业的捐赠都同样可以同时获得全额免税。同时，捐赠者会"流芳百世"，企业也可以采取"挑战捐赠"、院校都同样是可以采取配套的相关资金优惠政策，这些资金优惠政策毫无疑问会刺激其捐赠的热情。

（二）英国高等教育经费筹措情况

1. 政府拨款

英国是世界上最早实行高等教育拨款基金制的国家。这种边际拨款分配的数额主要由各院校的资金使用效率来竞争决定。此外，院校还会接受英国高等教育基金委员会对经费使用效率的监督和评价。其中教学经费对学校总体收入影响不大。高等教育委员会每四五年会对院校的科研工作做一次评估，然后根据结果给院校分配科研经费，这既能保证高水平的研究型院校保持其积极的科研态度，又能促使其他院校增强自身科研实力。此外，为保证高等教育委员会有效运行，英国还建立了一套比较健全的院校质量评估制度。通过该制度，一方面，政府可以获得高等教育质量和效益方面的情况，并将其作为制定拨款政策的重要参考依据；另一方面，也可以将政府对高等教育质量方面的要求通过评估传达到院校，从而实现政府对院校的宏观调控。建立健全院校质量评估制度，将评估结果与拨款挂钩，以决定后续拨款的数量和方向，督促院校把拨款用到实处，使教育经费得到更加充分有效的利用，达到资源的优化配置。由此可见，英国政府的拨款是有选择性的、有竞争性的，院校获得经费的多少完全取决于自身的科研水平高低，这将有助于保持一个高质量的高等教育拨款机制。

2. 学费收入和支持补助金

英国院校自筹收入包括学费和支持补助金、社会捐款以及投资回报等。其中占比最大的是学费和支持补助金。2010 年底，由于经济受创，英国政府决定削减部分教学和科研经费。2012 年秋季开始，为弥补经费不足，英国政府允许将本科生学费上限调整到每年 9000 英镑，同时，各院校积极扩展海外市场，吸引海外留学生，并允许院校自主确定学费标准。在牛津大学，研究生、留学生及来访学生占总人数将近50%，这为院校经费收入提供了重要的来源。

对于本专科学生，英国政府还提供了助学金和贷学金的方式补贴学费。英国政府通过加大对学生的贷款力度，再由学生向学校缴纳学费的方式为高等教育提供经费支持。这一举措使得多数院校的教育经费有了新的来源，而学生的选择将大大促进院校之间的竞争，为发展注入动力。

3. 产学研结合

1984年发表的《英国高等教育白皮书》中指出，政府及其主要的提供资金的机构将竭尽全力去鼓励和赞助院校采取使自己与工商业更加接近的措施。而且政府将会相应地推动工商行业认清同教育领域的密切合作对其利益有着更加宽阔的价值。此后英国政府成立了一家全国性的院校教学事务所，组织并协调院校与企业之间的交流和合作。同时还成立了一个科学园，在这个科学园中，由各所大学的科技人员和专业企业共同合作来展开高科技领域的应用研究。这种战略伙伴模式既极大地增强了院校的科研实力，又有利于促进行业内各领域的生产技术水平的提高，使得行业内的企业和院校取得了双赢。这种方式也为院校教育经费提供了一种可靠的来源。

（三）日本高等教育经费筹措情况

1. 政府拨款

日本的高等教育按照其课程设置上的目标和教育主题的不同也可以划分为大致三类：国立、公办和民营高等教育。日本政府会根据具体标准对国立大学下放经费，一般来说，国立大学只要符合相关法规就可以获得经费资助。而对于公立院校来说，其高等教育经费由地方政府承担，国家会根据地方交付税制度等采取措施使其保持必要的水平。对于国立大学和公立大学来说，它们的主要经费来源是政府的财政拨款，占学校总经费的60%左右，而私立大学的经费主要是学生缴纳的学费，政府也会通过补助金和贷款的方式对私立大学进行资助。补助金是对私立院校教育质量的一种财政资助，包括经常费补助金和设施设备补助金。经常费补助金是对私立院校的教育、研究所必需的经常性费用进行的补助，设施设备补助金是为顺应改善私立院校办学条件、提高办学质量的要求，对私立院校配置相关设施设备所需经费进行的补助。

2. 学费收入

在日本，除义务教育之外，均要收取学费。国立大学学费收入占比约为总收入的 10%，而私立大学学费是国立大学的 2 倍。例如，2015 年，国立大学学生人均学费为 74.6 万日元，公立大学学生人均学费为 72.4 万日元，而私立大学人均学费高达约 150 万日元。由此可见，学费是私立大学经费筹措的主要渠道。

3. 捐赠收入和校产收入

对于海外国立大学，接受海外社会机构捐赠的主要途径和投资方式主要有三种：对海外国立大学慈善基金的直接投资、奖学金的捐赠以及学术课程的捐赠，社会慈善机构捐赠的社会资金虽然在其中所占比例相对较小，但我们仍然可以清楚地看出这些基金投资正在缓慢走向增长。到目前为止，日本大部分的私立本科院校都首先是由于受到社会各界及其专业技术人员的大力捐资而开始创办和出资兴建，之后也一直是由于接受更多来自社会的大力支持和其他捐赠，办学技术水平越高、声誉越好的民办私立院校受到社会捐赠和其他资助的机会次数也就越多。日本政府对向捐赠学校的独立法人（主要含义是一般指私立学校或大学）实行了全额免税或者可以扣除其中一部分的法人所得额，捐款政策可以作为用于根据亏损等情况缴纳或者减免法人税金的优惠政策，鼓励其他法人单位包括个人或者其他学校法人的成员自愿参与捐赠。据统计，社会捐赠这项收入在日本私立大学经费来源中大概占 3%。校产收入包括社会服务费、大学医院收入、从公积金提取的收入、不动产租用费等。私立大学还包括一些其他类型的收益型事业收入。这也是日本高等教育经费的重要来源。

（四）中国教育经费多渠道筹措格局的形成

自改革开放以来，高等教育在我国全局战略中的地位逐年攀升，在教育经费的筹措方面，方法方式的改革也在持续深化，总数也在逐年递增，继中共中央于 1985 年发布《关于教育体制改革的决定》在教育体制方面明确要实行"分级办学，分级管理""为了保证地方发展教育事业，除了国家拨款以外，地方机动财力中应有适当比例用于教育，乡财政收入应主要用于教育""地方要鼓励和指导国营企业、社会团体和个人办学，并在自愿的基础上，鼓励单位、集体和个人捐资助学，但不得强迫摊派。同时严格控制各方面向学校征收费用，减轻学校的经济负担"等一系列以国家为主体的包含社会、企业和个人等多条教育经费筹措渠道方法后，中共中央又在1993年发布了《中国教育改革和发展纲要》，并且明确指出"要逐步建立以国家财政拨款为主，辅之以征收用于教育的税费、收取非义务教育阶段学生学杂费、校办产业收入、社会捐资集资和设立教育基金等多种渠道筹措教育经费的体制"。自此，在我国的教育经费的投入方面，无论是结构还是数量，就发生了重大的变化。我国包括政府财政拨款、社会投入及院校自筹经费在内的教育经费投入开始逐年递增。

各院校在管理机制、教学理念、师资力量以及生源质量等方面都大相径庭，筹措资金的能力和数量也是不尽相同。近年来，我国院校经费收入还是主要以财政拨款收入为主，且这一数字仍在不断增加。在非财政拨款收入方面，比如社会捐赠经费也取得不小的进步。根据相关统计，2019年度在全国各地共有23所"世界一流大学"重点院校正式发布了2019年的教学决算案和资金使用数据，发现清华大学、北京大学、复旦大学、南京大学、上海交通大学、北京师范大学这6所院校的学生捐赠所得收入平均金额超过1亿元，其中来自清华大学的学生获得募捐收入金额最多，达8.35亿。非财政拨款收入，以在高等教育领域包括学生的住宿费、委培生学费等在内的学费为例，鉴于其尚未成为义务教育，自1997年实行院校成本补偿政策以来，学生学费在前期上涨迅猛，2000年以后逐渐趋于平稳的趋势，而且它还是院校资金和经费的来源中必须要忽视的重点。综上，虽然经费筹集的机制尚未建立健全，各个渠道的收入占比不尽合理，但这种"多渠道＋资金"筹集经费的新格局正逐步发展。

与其他国家相比较，我国要建成世界一流水平的大学，在经费上就必须保证拥有足够的资金。由表3-2可知，我国高校的财政资金与建成世界级一流高校的发展目标之间仍然有差距。随着我国高等教育的规模越来越大，高等教育毛入学率也逐年上升，入学总人数也呈现出不断上涨的趋势。

表 3-2　2010—2019 年我国高等教育毛入学率

（单位：%）

年份	2010	2011	2012	2013	2014	2015	2016	2017	2018	2019
毛入学率	0.27	0.27	0.30	0.35	0.38	0.40	0.43	0.46	0.48	0.52

资料来源：2010—2019《中国统计年鉴》。

在校学生的增加必然要导致教学、图书、宿舍和管理人员的增加，甚至于要用一笔不小的开支建设新校区。目前，我国财政拨款尽管总数不断增加，但政府拨款在总经费收入中的比重下降，生均比例也在下降，因此，高等教育经费仍面临短缺问题，且目前我国在教育领域的投融资速度还远远没有跟上教育规模快速扩张的步伐，难以适应经济社会发展的需求。

此外，我国政府在财力方面对一般的院校和高职专科院校有很大的资金投入差异。近年来，在地方政府和市场的驱动下，我国的高等职业教育已经经历了扩张发展和非正式规模化的转变，进入了一个新的发展阶段，然而高等职业教育的资金和投入却没有因为高等职业教育的快速发展而随之大幅度地增加。我国对于高职专科院校的资金投入有限，投入的渠道也不稳定，远远无法适应高等专科技术院校的发展，难以充分发挥高等专科技术院校在专业人才培养中的职业化和应用型特点，难以凸显其办学的特点。

虽然我国教育经费筹措方式实现了多渠道，但主要还是由国家和受教育者自己承担，其他经费来源所占比例很小，还需进一步完善。就比如我国社会捐赠力度不够、形式单一。社会捐赠对高等教育成本分担上具有重要作用和意义，而在我国，社会捐赠大约占院校经费总额的1%~2%，所占比例很小，且形式单一。虽然目前我国众多院校对于捐赠十分重视，部分院校还成立了基金会、董事会等，但有相当大一部分院校仍然没有形成具体的制度，与国外相对完善的捐赠机制相比，我国院校的募捐还处在初级发展阶段。相较于西方国家，我国的大多捐赠行为基于政府号召或母校情结，民众和企业没有形成自发的捐赠意识。因此，我国院校捐赠者主要是校友，而并非社会，然而最具有捐赠潜力的还是社会上的各种企业团体以及海外人员等。这种单一的捐赠模式，不能吸引范围更广的、不同层次的捐赠者。

第六节　教育质量评估视角下国外高等教育的发展

2001年，我国推行了高等教育并轨制，地方院校开始合并，以便整合各院校的教育资源，提升教育合力。高等教育并轨制的施行意味着中国的高等教育将从"精英型"教育转型为"大众型"教育，高等教育全面惠民，这将大大提高国民的整体素质，也就是说中国的高等教育将进入普及化阶段。这种普及化的高等教育从表象上可以体现为院校入学的门槛被降低了，入学学生人数比以前极大地增加。但是渐渐地，这种教育体制的弊端也日益显现出来。生源质量参差不齐、院校毕业生呈井喷式增长，大学生对自身的期望值过高，造成了就业难等状况极其普遍。因此，如何提高高等教育的质量，以保障高等学校良性发展这一瓶颈问题已经刻不容缓地摆在所有院校（尤其是普通院校）的面前。国内院校的教学管理体系亟待改革。这种改革受制于院校内外部的双重影响，外部有评价政策的影响和就业市场的制约，内部有教师个人教学能力的发展以及院校整体教学水平的提高，更为重要的是院校能否建立一整套科学完备、多元化并且具有时效性的评估机制。本书通过对国外高等教育质量机制的对比来进行客观分析，寻求有益于国内高等教育可借鉴的方法渠道，为国内高等教育质量保障理论提出建设性的意见。

一、英国多元化评估机制

多元化的评估机制是英国高等教育质量保障最为典型的特征之一。

如图 3-6 所示，这种多元化的评估机制主要包括三个层面。第一是院校的内部评估。其实质是院校针对自身而实施的一种自我监控和评估制度，其评估的范畴往往只局限于院校内部的院系层面或教学管理单元模块层面。每个年度或学期都要通过定期或不定期抽查的方式来进行，这种自我评估也可以同外部评估包括国家层面的质量评估或专业学术评估机构结合起来进行。内部评估主要涉及教学过程中的各个模块教学单位的教学条件、教学资源的使用状况以及专业学科的未来发展趋势，甚至于对每个教师的授课评价状况、学生学习情况等也要进行逐项的审查。第二是由政府授权的专业教育质量评估机构来完成对院校教育质量的评估。在英国，唯一具有官方权威性质的教育质量评估机构是英国高等教育质量保证机构（QAA）。这个机构的主要职能包括：对国内各院校的教育质量状况进行常态化的监督、对院校的教学质量和各项教学标准进行评估审查，并负责提供统一的教育质量保障体系标准，确定教学指南和教学示范以及各专业的教学大纲和培养方案，监督考核各院校的内部评估。定期对各院校的内部评估结果予以抽样检查或专项检查，并有权对内部评估不合格的院校进行通报、复审和降级等处理措施。第三是社会公众评估。英国的社会公众对于高等学校的教育水平和质量的评价通常都会分为两种评估方式：一种就是校外人员直接接受院校的邀请来参与院校的管理，如以院校校董会的成员身份直接参与院校发展计划的研究和制定、参与院校选拔校长的人选等；或以校外同行的专家身份亲自参加学校各个专业的不同学科标准的制定；或以本院院士为代表的个别地区向学院院士反馈自己在本院院士们对于高等学校教育的认识和适应程度，进而向院士们提出改进、完善自己的院校教学质量的意见和建议。二是鼓励组织特殊专门的职业群体或者其他组织积极参加院校的教育质量考核。

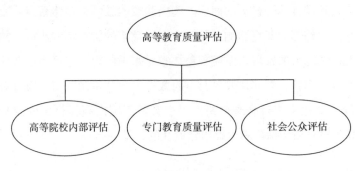

图3-6　英国多元化评估机制

二、美国"双轨制"评估机制

在全球范围内，高等教育质量评估开始时间最早的是美国。历经了一百多年的发展，美国的高等教育质量评估机制和体系构建都已趋于完善且独具特色。其中最著名的也是评估效果最为显著的就是以"认可制度和认证制度"为核心的"双轨制"高等教育质量评估机制。"双轨制"指的是由美国联邦教育部（USDE）和专门的高等教育鉴定委员会（CHEA）同时进行高等教育认可的一种评估制度。"双轨制"是美国高等教育质量评估的中流砥柱，在高等教育质量评估中发挥着不可替代的保障和监督作用。在这里，我们只以CHEA为例探讨分析美国高等教育质量评估。

认可制度和认证制度虽只有一字之差，但两种制度的形式以及内涵却有着截然不同的区别。在目前美国的高等教育质量考核评价体系中，认证制度主要指的是由被认可的高等学校认证机构及各个高等学校的自我评估和同行考核作为主要方法和手段，对高等学校（或本科生）定期地进行评估和认证，从而使外部的评估与内部的自评交互地整合成为一体。而所谓的认可考核制度则指的是一种基于认可机构自己制定的各种相关考核标准，对所有认可机构的服务品牌质量和效力情况进行整体性的综合考核评价的制度，认可考核机构的评价对象并非各类认证院校或其他相关的专业，而是各种认证院校。两种评估制度的关系可以通过图3-7来加以表达和理解。

从图 3-7 中我们可以看出，认可机构在"双轨制"中占有相当重要的地位。只有通过认可机构授权认可的认证机构才能对各类院校或专业实施质量评估，认证机构进行质量评估的基础源于认可机构的认可标准。1996 年 3 月，美国联邦政府设立了高等教育鉴定委员会（CHEA），作为全美权威性最高的高等教育认可机构，负责制定最高的高等教育质量评估认可标准。认可制度是一项为了保证认证机构能高效科学地对院校专业教育质量进行评估的制度体系。概括地讲，它是间接作用于院校专业教育质量之上的，它是通过对认证机构的制度和标准制衡来提高院校专业的教育质量。而认证制度则是直接对院校专业的教育质量进行评估，该制度的实质是以质量评估的方式确保或促进高等教育质量的提升，并且将符合认证评估标准的院校、专业的质量信息公之于众，让所有利益相关群体都能了解院校的教学质量状况，同时也为政府和其他教育投资机构的教育投资提供更加充分可靠的决策依据。

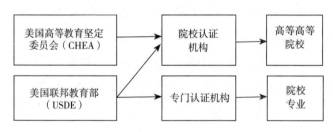

图 3-7　美国"双轨制"评估制度

三、日本"第三者"评估机制

日本一直以来就特别重视本国高等教育的发展，早在明治维新时代，日本就大力提倡"科技立国""教育立国"，把高等教育的发展视为国家重要的方针政策。通过长期的借鉴与引入，日本慢慢建立起了较为完善的高等教育体系。日本真正意义上的高等教育质量评估机制的建立始于二战以后，初期的高等教育质量评估机制主要是受到美国的影响，采取的是双轨制质量评估体系，即通过院校的自我评估体系和外部的专门评估体系的结合来对院校的教育质量进行评估检验，然后再根据教育质量评估的结果来确定教育投资的分配以及教学资源的合理配置，以此提高教育质量。在 20 世纪 90 年代后期，为了进一步增强对国家高等教育质量的管理，日本政府提出了"第三者"评价制度，用以构筑新的高等教育质量保障体系，该体系的实质内涵是"宽入严出"。"第三者"评价制度是对原有评价制度的一次升华，将院校自我评估和专门评估机构的专门评估结果再由第三者进行审核检验，这样做的目的是进一步保证评估结果的公正性和客观性。

行使"第三者"评估权力的机构是日本国财团法人大学基准协会（以下简称大学基准协会 JUAA）。该协会成立于 1947 年 7 月 8 日，是由 46 所国立、公立、私立大学共同创立的，是一个非官方性质的第三者评估机构，也是日本历史上第一个全国性高等教育评估的民间团体。大学基准协会的宗旨是"依靠会员自主的努力和互相的援助求得大学教育质的提高"。

大学基准协会对高等教育质量的评估分为四个主要阶段：

第一阶段：申请阶段。首先由被评估院校向大学基准协会提出书面申请，并且按照协会关于高等教育评估标准和评估要求先进行院校内部的自我评估后，并于规定日期内上交自评报告。

第二阶段：评估实施阶段。大学基准协会在收到院校的自评报告后，严格地组织评估专家对院校的自评报告行检验审核评估，通过对院校全方位教育质量的评估后，给出合格与不合格的结论。

第三阶段：评估结果确定阶段。由协会评估委员会做最终评估结论，同时向院校发出书面的评估结论报告，除了标明院校教育质量等级外，还要向院校提出建议、意见和忠告。

第四阶段：教育完善阶段。院校在收到协会发来的评估结论报告书后，要严格遵照报告书中所列的问题进行认真整改，并对评估委员会提出的建议、意见和忠告做出反馈，直到将所有问题整改完成后，质量评估审查才能宣告结束。

四、俄罗斯"许可—评定—鉴定"三位一体评估机制

（1）许可。和世界上其他国家一样，俄罗斯的各院校只有在获得俄罗斯联邦教育管理部门的批准，取得相应的许可资格后方可办学。但是根据俄罗斯《联邦教育法》的规定，获得许可资格后的院校只能按照《教育法》的规定从事法律允许范围内的教学活动，如果想要获得颁发由俄罗斯教育部统一印制和发放的高等教育毕业证书的权利，则必须接受统一的质量评定。

（2）评定。评定工作是依照国家高等教育标准中的相关规范来评价高等学科教育的内容、教学阶段、技术、课程的教学质量。评审过程中的主要任务之一便是考查已经取得高等教育办学资质的高级院校。质量评审原则上每五年召开一次，并由

联邦教育部所属的质量评审理事会统一负责组织实施。在评定时，可以从专门的社会评估机构或院校选派专家参与评估。只有通过了评定的院校，才有资格进入质量评估的鉴定环节。

（3）院校在通过了评定环节后，还要由联邦教育管理部门或鉴定委员会对其进行严格的鉴定。鉴定通过后，联邦教育部才会向其颁布国家高等教育质量评估鉴定证书。鉴定证书的发放标志着通过鉴定的院校有权向其毕业生发放高等教育毕业证书，鉴定环节是俄罗斯高等教育质量评估的最后环节，也是最为重要和关键的一环。

俄罗斯高等教育质量评估的三个过程环环相扣，许可环节确保了院校具有办学资质；评定环节可以帮助院校改善并提高教育质量；鉴定环节则标志着院校成为国家教育的完全受益者。无论是哪一个环节都将对促进院校教育质量的提升发挥着积极的作用。

第七节 国外高等教育发展的启示

一、政府方面

各个国家的高等学校及其教育资源结构都应该具有自己的独特性。日本在大力实施教育精细化方面已经下足了一番功夫，比利时既十分注重实施现代化的教育又充分保存了古老的教育传统，德国也已经牢牢地坚守住了双元制的教育模式，波兰多管齐下不仅大力发展一度长期处于沉寂状态的本国职业教育，而且各成员国地方政府也在努力继续保持大力发展，不断扩大增强对职业教育的社会吸引力，促进本国社会经济的快速发展与促进社会底层劳动力的持续就业。上文已对国外一些国家在有关教学的多个方面所发挥的作用进行了详细介绍，现将从政府方面来总结国外高等教育经验，并得出为实现我国教育更好的发展的相关启示。

（一）加大政府支持力度

院校创新创业教育的健康可持续发展，与其完善的政策扶持和社会保障措施是密不可分的，科学有力的政策措施可以改善和优化院校的创新创业教育条件，为其可持续发展保驾护航。在当前我国大学生创新创业技术教育的建设和开展中，许多先进的教育理念和发展模式还亟待借鉴国外的教育管理经验和方法，但不得照搬国外的教育管理经验，在学习和借鉴的基础上应该充分考量我国各类院校大学生创新创业技术教育当前所处的发展现状和特征，制定出一套具有自己创新创业教育特色的政策和发展模式，并且更加注重政策落实及其可操作性，既要不断地创新扶持政策，也要不断地完善我国原有的相关政策，使得扶持政策的出台真正地能够推动和促进我国创新型创业技术教育的健康发展，这就必然需要地方政府、学校和其他企业三者之间建立起联系，形成协调合力，以维护和促进我国的创新型创业技术教育事业的健康可持续发展。

（二）筹措资金，提供财政支持

1. 完善政府拨款机制，保证经费分配公平合理

目前，我国高等教育拨款机制是通过财政部向教育部拨款，教育部再向各个院校拨款，均由政府部门拨款，拨款的整个程序都受到政府的直接干涉，人为因素大且不透明。我们可以参考英国的拨款模式——建立独立的"中介机构"高等教育基金委员会，它的作用是协调院校与政府之间的关系，由"政府→学校"的模式变为"政府→中介→学校"的三方协调模式，这样政府与院校不直接发生关系，但政府失去了对院校的干预。

我国在成立高等教育基金委员会的前提下，还应将常规拨款和专项拨款分开拨付。通过采取将用于维持学校日常支出的常规拨款和用于学科专业建设、实验室建设及基础设施维护、修购、新建等专项拨款进行分开拨付，并且常规拨款和专项拨款不得混合使用，做到专款专用，从而提升资金使用的针对性和有效性。

同时，应当加强对拨款资金利用效益的整体性综合考核。政府部门应当委托高教基金委员会定期地对高等学校的办学水平及其资金运用效益情况进行评价，根据考核结果分类确定其后续补助的方法和力量。对于资金使用效益高，办学水平提升快的院校，可以采取追加拨款或免予评估的方式予以奖励，反之，则可以通过削减补助拨款的额度或者是限制补助拨款的方式等手段来对其进行干预。通过采取以上措施，引导各院校积极地进行科研经费的合理利用与资源的投入，相互之间能够开展合理有序的市场竞争，实现各院校的科研技术人才辈出及学术的繁荣。

因而，我国如果建立高等教育基金委员会，在这种模式下，政府可以确定拨款

总额和拨款原则，高等教育拨款委员会则根据政府已经确立的原则和各院校的评估结果进行分配，这增加了拨款的透明度，提高了资金的使用效率，能够提高高等教育质量。

2. 加大教育财政投入，明确各级政府专项拨款是高等教育财政经费投入筹措的主渠道

高等教育作为一项非常重要的公共事业，其中学生人口的数目和质量水平的高低，直接影响着一个国家的长远发展。它的公共物品的性质就决定着其主要资金来源就是财力和资金。与其他各国相比较，我国的财政经费还远远无法完全适用于补偿高等教育的支出。虽然我国高等教育经费不断增加，高等教育经费占 GDP 的比例自 2012 年首次突破 4% 后一直保持在 4%，高等教育经费约占教育财政总投资的20%，远远低于世界平均水平。在美国，政府拨款是由联邦、州和市三级政府共同承担教育经费，而在我国，中央与地方是同属一体的，教育经费投入较低。为保证我国高等教育的质量，提升国际竞争力，政府有必要加大对高等教育的投入，提升国家财政性教育支出占 GDP 的比例和预算内教育经费占财政支出的比例。同时，政府的拨款应体现公平、合理性，平等对待公立院校和私立院校，积极促进我国私立院校发展，调动学校积极性，加强学校之间的良性竞争，共同培育人才。

3. 积极吸引外资

如今，市场经济浪潮席卷全球，吸引学院外资、寻找国际合作伙伴及其资金和经费补贴，是院校进行国际交流与合作、开拓人力资本来源的另一种重要途径。自深化改革和开放以来，在国家计委、财政部等的大力支持下，我国在教育领域相继使用了世行贷款，这对于缓解我国教育资金经费紧张的局面、支撑各类学科和专业的发展，起到了积极推动的作用。

今后，一方面，我们还应积极鼓励海外创办各类中外合作私立大学乃至举办外商投资独办私立大学，广泛主动吸引和积极接纳海外各类社会公益团体及其他企业个人积极投身海外捐赠或者帮扶学生助学、集资资助办学，建立或者继续参与中外联办人才培养教学中心、科研中心、大学国际分校，争取有效率地利用高等教育的海外世界银行助学贷款。另一方面，我们也应该认真考虑如何通过不断拓展服务范围的方式来积极招聘海外留学归国学生，为了能够帮助他们筹措更多的海外教育助学资金，同时允许院校自主确定学费标准。从发达国家的经验来看，教育机构

和高校有计划有组织地推销本国的教育来吸引国外留学生，将会给院校带来可观的利润。一般而言，一所国际化院校，留学生的总量通常要占到在校毕业生总量的10%~20%，研究生和外籍留学生大约要占29%，目前我国的院校远远达不到这个标准。我们要充分借鉴国外的经验，吸引海外的留学生，这样既能缓解财政投入不足的问题，为学校增加学费收入，又可以加强国际间的文化交流合作，还可促进当地各种消费需求。

高等教育在经费投入上的多少也在很大程度上决定着院校的发展水平，所以经费筹措方式成了院校面临的新问题。当今世界，高等教育经费筹措方式多元化已然成为一种新的主流趋势。过去我国单一的由国家政府拨款的模式已经不能适用于院校，且难以满足院校自身的发展需求，也难以满足社会和其他各方面对于院校的要求。而高等教育的经费直接决定了院校的教育规模和教育质量。因此，院校要谋求更好的发展就必须紧跟世界发展趋势，借鉴其他国家的成功经验，结合我国社会发展现状，积极寻求各种适合我国实际和现状的高等教育经费自筹渠道，在争取政府对院校的资金支持外，院校还应增强自筹经费的意识，充分利用自身科技和人才优势，积极拓宽筹资渠道，不断推进我国教育事业的持续性发展。

4. 扩大科研基地规模，实现科研设备使用自由

在国外，许多一流大学按照自身发展规律以及社会经济的发展需求建立了规模庞大的科研基地，带动了区域自身的经济与文化发展，如此庞大的科研基地值得我国院校借鉴。在 20 世纪 50 年代，斯坦福大学创建了世界上第一个高科技园区。20 世纪 60 年代中期以来，随着美国微电子技术的高速进步和发展，在斯坦福研究园的支持和推动下，许多高新技术公司和企业与美国斯坦福大学共同构建了美国最重要的微电子产品制造基地之一的硅谷，由于斯坦福大学微电子工程系的课堂教学和科研成果能够被转化或者应用到该校工业园区内其他企业的快速发展上，促进了这些高新技术企业的诞生和壮大。这种新的发展又给斯坦福大学电子工程专业系人员提供了一个更好的技术课题研究和教学的条件，使斯坦福大学的电子工程学科和硅谷公司企业之间的发展方向形成了一个协调、互相促进的良性交流和互动的循环。为此，国内也认为应该尽快建立一批规模庞大的科研基地，像英国依托牛津大学与剑桥大学而共同建设的大学城、德国以哥廷根大学为研究核心而共同建立的高等教育集散区、美国哈佛大学与中国清华大学、恒大集团共同联合建立的"绿色建筑"研究基地一样，建立如此种种规模庞大的科研基地，为国内各院校的科研发展以及地

区经济发展提供条件。

（三）完善教育体制，创造教育环境

1. 注重建设人才战略的体制

院校制定和实施的再生产人才政策仍然需要一系列体制机制保障，为此采取综合的、有效的人才专项大纲以解决人才、科学领域的人才引进问题，稳定该领域的技能水平，培养再生产科学与技术等相关的教育人才。

2. 建新型大学与实施人才发展战略相结合

当前，世界范围内的许多国家都在研究制定和调节人才资源的开发策略，构筑自己的人才工作高地，争夺自己的人才工作制高点。在此种背景下，院校无疑成为实施国家人才聚居战略的最佳平台。俄罗斯院校在人才战略方面已经做得非常好，对我国院校的教师人才队伍的培养具有深刻的启示。

3. 强化政府统筹，建立区域高等教育协调机制

政府的统筹管理是解决差异化区域划分、交叉治理的关键。目前我国的区域通常都是与一定的行政区域紧密联系在一起，制定各个行政区域的教育发展战略规划往往被认为是各级教育行政单位的主体责任，而且缺少了相关单位的广泛参加。因此，健全由政府统一领导的各级教育行政部门综合协调、各级职能部门各司其职的监督管理体制十分必要。

4. 创造良好的创新创业环境

院校的创新创业教育的健康可持续发展，与其完善的政策扶持和社会保障措施是密不可分的，科学有力的政策措施可以改善和优化院校的创新创业教育条件，为其科学、健康可持续发展保驾护航。在当前我国大学生创新创业技术教育的建设和开展中，许多先进的教育理念和发展模式还亟待借鉴国外的教育管理经验和方法，但不得照搬国外的教育管理经验，在学习和借鉴的基础上应该充分考量我国各类院校大学生创新创业技术教育当前所处的发展现状和特征，制定一套具有自己的创新创业教育特色的政策和发展模式，并且更加注重政策落实及其可操作性，既要不断地创新扶持政策，也要不断地完善我国原有相关政策，使得扶持政策的出台真正地能够推动和促进我国的创新型创业技术教育的健康发展，这就必然需要地方政府、学校和其他企业三者之间建立起来联系，形成协调合力，以维护和促进我国的创新

型创业技术教育事业的健康可持续发展。

二、教学理念

（一）构建多样化高等教育体系，推动区域高等教育均衡发展

由于我国的高等教育在很大程度上受到了传统的计划经济的影响，"包得过多，统得过死"，显示出"过分一律"的特点，高等教育制度缺乏了横向的多样性和纵向的多元化，严重影响了高等教育自身的健康和可持续发展，更直接影响了高等教育制度的整体服务地区经济社会的能力，不利于地区性高等教育的均衡发展。因此，高等教育的专业和层次范围应进一步拓宽，高等教育的大多数增量范围应主要适合于高等职业教育及其他社区性学院。高等职业专科教育尤其是高校的职业技术专科教育，需把毕业生具备必要的理论知识和较强的实践能力、生产、建设、管理、服务第一线工作的技能型、应用型人才工程师作为其培养的重点，同时还要承担着从大学毕业到升学的前期预科教育工作。

（二）优化高等教育发展的区域环境

推行高等学校与国家区域性产业发展的教育融合驱动战略，将 2016 年我国高等学校的总体发展规划纳入我国区域性教育经济社会整体发展的一个总体规划，坚持了建设计划共建测绘、项目建设共推、成果转化资源共享、和谐共建振兴，在我国城市规划、空间布局和实施国家多个重点教育工程以及重大项目用地建设中也都着眼于推进区域性教育一体化建设发展。出台了许多相应的优惠政策，促进了高校地方人民政府和高校之间的交流合作，建立了交通大学和高校地方政府公共设施技术资源共享、知识产权资源利用共享、人才培养联动能力培养、产学研三者发展一体化的合作机制。建立对高等教育办学发展的宏观动态监控调节指导机制，促进当前我国高等教育的发展规模、结构、发展趋势模型与适应我国经济区域性政治经济和人文社会科学发展实际需求相协调适应，统筹、协调和指导扶持各级高等行业教育主管部门及其他有关行业政府组织、企业和其他社会组织力量办学，形成均衡多元化的高等办学发展格局。充分发挥了我国院校的技术专业、人才和企业技术创新资源优势，全方位地深入接轨本地区国家和西部地区工业经济社会持续发展的各个总体规划战略，为推进我国特色区域性工业经济社会的持续发展建设提供重要的技术支撑。

（三）将理念与实践结合落实

创新是优先发展与拥有自主知识产权的新一代产品和新技术的重要创新点，也是俄罗斯优先开发人类资源的重要着力点，在此问题上，俄罗斯充分认识到了人力资源对于创新的巨大潜能，因此根据本国的国情、文化传统及俄罗斯的企业体系等制度，形成了独特的俄罗斯人才发展战略。在这个问题上，我国一定要向俄罗斯学习，深刻认识到通过对人力资本投入进行的投资可能带来的收益远远超出物质资本投入所带来的收益。在我国进行人力资源开发及相关人才培养战略研究制定工作过程中要更加注重与国际上其他地区和国家之间的合作与交流，采取积极措施以吸引和留住优秀人才、网罗国内外的高科技专业人才、广纳全球各界的精英，在国际市场竞争中始终占据有利的地位。

三、项目建设

（一）改善项目管理体制

我国高等教育大学在为其内设的跨学科课题研究团队提供特殊的初始经费基础上，后期工作中应该更加注重将项目团队转化成由国家补贴的项目、成为一个实体性的研发中心、学校课题、技术流转的创新所带来的机会和途径。自下而上的衍生途径有助于跨学科研究团队组织及时暂停失败的跨学科研究项目，合理地退出和进入的机制，可以更高效地配置人力和资源，降低成本。我国高校在促进基层跨学科团队的创新发展过程中，要特别注意退出机制。

（二）校企结合，不断创新

1. 产学研的服务和销售收入

随着高等教育社会服务职能的不断扩大，我们看到校办企业收入、产学研合作收入等服务和销售收入在国外院校中都占有重要地位。但目前我国高等教育院校的一个突出问题就是产、学、研的严重脱节。我国高等教育机构的研究型风气过浓，造成要么研究成果不被大众熟知，要么就是研究方向与实际应用严重脱节，这就造成高等教育机构与企业之间的联系较少。因此，我国院校应转变观念，走产、学、研结合之路，科技开发和校办产业三者并驾齐驱，充分发挥院校在技术研究和开发领域的优势，积极扩大其经费来源，以其自身拥有的技术专家和先进设备，与企业合作，帮助企业解决各类技术攻关项目，以期获得校企合作的经济收入。院校可以用自己的科研成果为依托申请专利，转让给他人。技术获得的资金又能再次用于开发新技术，进而形成良性循环。同时，院校也可以自己建立公司，主要的业务是为企业进行员工的培训、组织和安排人员的会议、租用学校的基础设施以及销售软硬件。目前院校对于开拓这一经费来源渠道的力度还不够，许多院校在这方面还未有足够意识，没有意识到发挥其学术特色作为筹集资金的渠道。今后，在这方面要大力提高院校的科学研究水平，争取得到更多的科研经费拨款。

2. 不断发展校办产业服务社会

随着改革开放的深入和市场经济的高速发展，发展院校校办产业已成为院校服务社会的重要途径，国外许多院校为了更好地服务社会，不断发展校办产业。目前国外促进高职专科院校校办学与教育教学产业融合发展的新模式主要包括两种，一种就是通过估值具有科研成果的公司入股直接投资创业模式；另一种就是低成本风险、市场准入的教育行业中学生全资制人经营的创业模式。许多国外的院校为了能够充分利用自己的技术科研成果资源来更好地服务于社会，院校人员可以通过给予校内的技术科技人员或以其他各种方式针对占有自己科研成果的科技人员以各种其他形式为其提供技术资金、担保或者帮助使用自主的技术科研成果用以获得技术专利，支持他们自己进入社会市场创办科技公司。校方以部分项目融资或以公司科技成果进行折价的评估形式直接入股科技公司，成为实际控制人的股东，这种入股模式过程中的第二个主要投资管理方式就是通过公司科技成果折价评估方式入股的一种投资管理方式。这种发展模式不仅可以直接让我们的院校提供更多科研成果研究服务于经济社会，而且可以大大地增加我们的院校科研财政收入，所需要获得的科研资金也还可以作为循环经济使用于社会开展院校科技成果研究，推动我国的现代科学技术发展。另外，还有一些国内高职本科院校直接通过境外投资的方式兴办中小型企业全资制民营企业，由于国外的高职院校普遍相信我国院校在这个高度走向市场化的经济时代和在社会里没有一个完全能够具备直接针对中小型民营企业的投资进行整体性质的经营战略管理和进行风险投资的专业能力，所以此类大型企业的投资规模和人员数量很少。但是这类行业能够利用院校自主创新能力服务社会，也能为社会发展做出贡献。

3. 丰富科研项目形式、扩大科研基地规模

（1）国外科研项目发展经验

国外一些院校，尤其是一流大学十分重视科研项目，科研项目的数量十分多，既有校内独立科研项目，也有校内外合作科研项目。一方面，国外院校科研项目形式多、数量大。加州大学伯克利分校为了培养学生的科研能力，设立了"本科生科研学徒计划""赫斯学者计划""校长本科生研究奖学金""本科生研究经验计划"等。麻省理工学院的科研项目主要有"本科生研究机会计划""独立活动期计划""新生研究指导计划"等。日本院校为了培养学生的科学创新能力，减少学生的理论课程，让学生专心投入到研究中去。除此之外，国外其他一些院校为了培养学生的创新思维，也开展了许多科研项目，形式丰富多彩，包括探究性的课程、实验室教育研究、独立的学习、研讨、论文、实践、社会服务、海外学习等，极大地促进了学生提高自主研发能力。

另一方面，国外院校和企业之间开展了许多合作的科研项目。国外越来越多的院校认识到，与企业进行密切合作对双方都有好处，有助于提升整体科研实力，从而提高企业与院校的竞争力。在整个美国，联邦特区政府针对一个美国科学研究重点实验室项目制定了一套对外开放的优惠政策，吸引了许多新的外国投资公司，美国大约 40 所高校已经提出了一个新兴产业和互联网行动计划，有 330 多家外国公司已经报名申请参加，其中 15% 以上来自外国投资公司。日本多所高职专科院校为了不断深化中外校企交流合作，提升自己的科学研究技术水平，与国外专门的研究企业一起共同努力推动各类企业科学技术课题的研究开展。早在 1979 年，日本就和欧洲、美国共同签署了"日美科学技术合作计划"，就原子核聚变中的太阳能功率转换和核子高能物理学领域进行了技术合作交流研究，日本、英国在目前世界广大范围内的原子宇宙物理科学、分子生物科学、生命科学等许多领域都已经进行了技术合作和交流研究。新加坡国立大学与许多外国高校有着广泛的学术交流和长期合作伙伴关系，它积极地争取到了来自许多外国的技术支持和基金资助，该校电机系统电子工程技术学院本身便是与来自美国的一家国际商业机器公司共同进行了长期合作而出资成立的。总之，外国院校通过与企业合作科研项目的方式使得企业得到了很高的利润，院校科研实力得到了大幅提升，促进了国家综合实力的提高。

（2）国外科研基地发展经验

在国外，许多一流大学按照自身发展规律以及社会经济的发展需求建立了规模

庞大的科研基地，带动了区域自身的经济与文化发展，如此庞大的科研基地值得我国院校借鉴。在 20 世纪 50 年代，斯坦福大学创建了世界上第一个高科技产品示范园区。20 世纪 60 年代中期以来，随着美国微电子技术的高速进步和发展，在斯坦福研究园的支持和推动下，许多高新技术公司和企业与美国斯坦福大学共同构建了美国最重要的微电子产品制造基地之一的硅谷，由于斯坦福大学微电子工程系的课堂教学和科研成果能够被转化或者应用到该校工业园区内其他企业的快速发展中，促进了这些高新技术企业的诞生和壮大。这种新的发展又给斯坦福大学电子工程专业系人员提供了一个更好的技术课题研究和教学的条件，使斯坦福大学的电子工程学科和硅谷公司企业之间的发展方向形成了一个协调、互相促进的良性交流和互动的循环。在此之后，其他专门的院校也纷纷仿效，建立规模庞大的科研基地，英国依托牛津大学与剑桥大学而共同建设了大学城、德国以哥廷根大学为主要核心并建立了高等教育集聚区、美国哈佛大学与中国清华大学、恒大集团共同成立了中国特色绿色建筑科学研究基地。如此种种规模庞大的科研基地，为国外各院校的科研发展以及地区经济发展做了很大贡献。

（三）放眼国外，丰富内容

1. 加强海外交流拓展师生国际视野

国外众多院校为了拓展师生的国际视野，既输送本国学生到海外学习和教师出国研修，又组织学生到海外见习。一方面，国外高职院校特别设立了专项基金为教师与学生到国外进行学术交流研究工作提供补贴，以带薪研修方式鼓励和支持教师出国研修，并搭建多样化的教师交流平台，提高课堂教学的国际化发展。另一方面，国外一些院校组织了许多学生到海外实习，拓宽国际视野。如印第安纳大学教育学院的海外教育实习项目，学校通过筹备、州内和州外实习三个阶段保障实习效果的达成。筹备阶段，学生需参加研讨会和工作坊，并对目标国家的历史、政治、经济、文化等方面的议题进行讨论，形成对目标国的初步认识。州内实习阶段至少10 周，主要在中小学进行实习，只有获得中小学课堂教师、校长和大学教师教育管理者对其教学能力和资格的合格评估后，才能进入第三阶段——海外实习。第三阶段为 8 周，除与国外同行开展直接教学，学习新的教学教材和教学思想外，学生还会深入当地，通过参与各种交流活动与学习体验多元文化，并与实习所在地的机构、师生等建立起有助于之后合作研究的友好关系。学校通过海外实习的方式使学生掌握本土文化的同时，体验异域文化，增加国际交流经验，培养综合素质。

2. 设置不同教学策略吸引国外人才

国外一流院校在国际交流与合作时注重高水平人才的引进，进而提高本校的综合实力。如美国、加拿大等国家，一是以高质量的教育服务和学校声誉吸引国际学生，为很多外国来的留学人员提供了从他们最初有原定计划出国留学到有想法再到最终顺利学成归国之后的一整套高等教育留学服务。二是根据不同国家的需求设置了不同的教学体系。如对中国学生侧重培养英语能力，对非洲学生侧重培养基础教育能力，可以吸引不同国家的学生来进行学习。三是奖助学金体系完善吸引了高层次人才。国外一些院校针对本、硕、博开展了种类繁多的奖助学金项目，吸引了优质的海外学生进入本国学习深造。

3. 多种国际合作项目弥补自身不足

国外的许多一流大学都有丰富的教育资源，但不是所有学校都如此，一些教育资源匮乏的院校通过建立国际战略合作制度，以大学特色为突破口，开展多种形式的国际交流合作来弥补自身资源的不足。具体国际交流与合作项目包括交换生计划、合作科研与培训、联合办学与开发项目等。加州大学为了培养学生，锻炼学生的生存和发展技能，展开了 EAP 项目，该项目已经与世界 42 个地区和国家的 115 所院校建立了合作伙伴关系，这些课程和项目都给广大学生们提供了一些实习岗位、研究项目及志愿者活动等丰富多彩的学习方式。美国普林斯顿大学向日本的汽车制造工业提供了大量的发动机设备和制造技术资助其获得科研经费，斯坦福大学向日本的各类电子设备制造企业提供了各类电子计算机设备的相关技术和材料，从而促进了本校的发展。另外，还有一些院校通过设置专门的合作管理和评估机制，对已建立的项目和活动进行审查，评估合作进展情况，发现合作中存在的问题，并对未来行动提出建议以保证合作的持续有效进行。

四、创新培养

（一）明确人才培养目标，深化创新创业教育的跨界和融合

当前在我国，创新型创业技术教育的发展起步较晚，因此，国家和各地方政府以及各类院校也相继制定了一系列激励大学生和各类院校创新型教师自主创业的优惠政策，使得最近几年我国的创新型技术教育事业蓬勃发展，完全形成了我国各类

院校的人才培养机制体系，但仍然亟待进一步的改革和规划。院校的创新创业课程的开设对于学生自身综合素质的训练以及未来发展也具有重大的影响。明确了创新创业教育优秀人才的选拔培养目标，继续深化各类院校的教育课堂和教学改革转型，不但必须要尽快构建自己专业的创新创业教育学科结构体系，同时也必须把自己的创新创业教育理念充分地融入其他院校专业的课堂和教学中，打破传统的课堂壁垒进行转型和教学改革，实现了创新技术与创业教育的横向跨界和整合，这样我们才能有效地保证广大学生的综合素质水平，培养一批具有鲜明时代性特点的创新型人才。

（二）汇聚内外优势资源，强化校园文化建设

创新创业课程着重培养的目标是学生创新精神和企业家精神，最终必须要以广大学生思想观念的提升与创新实践为目标来考察和检查创新型企业文化教育的真理与实效。因此，创新型企业文化教育的最终出发点应该是其实践价值。通过构筑实践创新协同学习平台，院校需要依托其优势学科，重点培养跨专业、各年级、综合型的创新创业协同学习实践培训基地，探索多个学科相互交叉培养的模式下，充分运用重点实验室、项目工程培训中心、技术创新平台等开发拓展学科创新创业的资源。搭建科技创新作品与学术创新创业展览交流平台，组织在校大学生积极开展参加本专业的科技创新比赛和各种创新创业比赛，"全国研究生创新实践系列活动"等拔尖型的学术科技比赛以及"互联网+""挑战杯""创青春"等高层次的创新创业类比赛，为在校大学生、研究生提供了集创新实验、科技产品制作、学科比赛、作品陈列、成果转换等多种职能于一体的综合性创新实践环境，全方位、深层面地鼓励和支持大学生将自己的创意呈现为虚拟实际的作品，真正做到科研和创新与企业的良性交流与互动。通过参加这样的比赛，让我们的学生将自己的理论应用于社会实践，让我们的想法转化为现实，从而进一步加强对学生的创新和创业整体综合能力的培养。

（三）全面加强学科建设，融创新创业教育于专业教学

1. 提升学生的综合创业素质

创新创业课程的教学不同于我国传统专业和学科的教育，不仅仅是因为我们需要通过课堂教学来进行理论的宣讲，同时也是因为我们需要通过实践来引领，这就

是要求我们在研究开发和构建创新创业课程的同时，注重将理论和实践有效地紧密结合起来，理论课程与实践课程所设定的比率必须能够完全符合我国创新创业课程的教学要求。同时，其中专业理论培训课程的形式和内容也不可太过于单一，注重多门专业和学科知识的融合，不仅要涵盖创新和自主创业两个方面的基础知识，还应该涵盖金融、财务、人力资源、市场营销、工商管理等众多专业及相关的学科知识。实践型课程的设置必须规范和合理，一方面同学们不但具备了创建课程的实际操作经历，而且他们还可以招聘校外的知名学者和成功的企业家来直接走进他们的课堂，举行讲座授课；另一方面，还希望我们可以通过培训让大量的同学们从课堂中走出来，去看看知名的企业或是正在经历创业期的企业，真实地了解他们所在的企业如何经营与管理。这样，灵活多彩的课程布局不仅能大大增强课堂的教学实效性，还能充分调动同学们参与创新和自主创业的积极性。

2. 扩大主导课程的实施范围，有效培养学生的创新创业意识

院校对于创新型自主创业技术教育的宗旨就在于"育人"，创新型自主创业技术教育的根本就在于一种综合性素质的教育，相比于传统的专门技术学科的教育，其更加强调对于思维的培养和创新、意识的诱发和能力的培养，包括对于创新型自主创业思维的培养、企业家精神的培养以及对于创业能力和经营管理技术能力的提升和培养等，这一系列的自主创业学习虽然没有办法见效快，但能使学生从中受益于终身。因此，创新型创业教育本身就是必不可少的，它要面向全体学生。院校内部应当开设普通专业与创新创业课程密切相关的必修课，规范专业课程的设置，扩展专业课程实施领域，积极推动将创新创业技术教育纳入院校专业技术人才培训体系。

3. 完善创新创业课程体系，促进其与专业教育的融合

目前，尽管我国大多数院校已经开设了与创新型创业教育相关的课程，但仍然普遍存在着学科体系建设的不健全、课程配置随意、专业课时多、教师人数比较少等现象，尚未建立起系统完善的专业化创新型创业技术教育课程。从学科的角度上来说，创新型创业教育所需要涉及的学科领域范围宽，是一门综合性很强的专业教育，同时这门创新型创业教育的特点和属性也直接决定了它本身是一门由于实践而被认为是主导的专业。因此，在进一步加强对大学生自主创新创业教育课程体系的建设中，首先，要重视开发专门的自主创新创业教育为主导的类型课程，积极地引

导大学生的自主创新思维和自主创业意识，为自主创新创业知识培训的开展打下坚实的基础；其次，要继续加强与各个专业的学术教育相融合，把传统的创新和现代化的创业教育理念充分运用到自己的专业课堂教学之中，增强自己的创新和现代化教育的有效性；最后，规范地设置了相应的实践班，包括对于企业的参观与实习，创业项目的研讨，创业演讲会等，促进了理论和实践的有机整合。

五、学校方面

（一）国外私立高等教育的启示与借鉴

私立院校在西方已经源远流长。早期西方公立大学多数都是民营或者私立的综合大学，多由早期从事公共行业或者公共机构的人员转变发展过来，并且大都具备着独立自主联合办学的基本优势。1923 年至文艺复兴以前，西方各个大国极少有人参与高等教育的教学活动。后来，出于对西方政治上的治理及西方经济社会不断快速发展的迫切需要，政府逐渐开始对高等教育发展进行行政干预，创办了许多公立高校，然而私立高校的这种教育传统从未在西方经济社会完全中断，成为其高等教育的一个重要技术支撑。

由于历史、文化传统、政治体系、经济社会进步与发展时期、教育总体发展能力水平等都有所差异，不同的国家和地区民办高等教育的发展都呈现出了多元化的特点。从其发展的历史来看，有的国家私立高等教育历史悠久，如美国第一所私立大学哈佛大学始建于 1636 年，至今已有 380 多年的历史；有的地区私立中学、高等教育的历史较短，如俄罗斯的私立中学、高等教育则是自 20 世纪 90 年代才真正得以推动和发展。从经济发展的规模来看，有的地区和国家民办高等教育规模很大，如日本民办高等教育的在校学生人口总数所占的比例可以到达 70% 以上（2008 年）；有的地区私立中小学高等教育规模较小，仅仅只是对公立中小学高等教育的补充，从其发展模式来看，许多地区的私立中小学高等教育完全是独立于传统的公立中小学高等教育，也就是说还有部分地区的私立中小学高等教育都是在传统的公立中小学高等教育基础上诞生和发展而来。虽然不同的国家和地区的民办院校在许多领域和方面都存在着明显的差异，但是通过对此进行梳理与分析，可归纳总结出这些共性经验及特点。

（1）重视从法律制度上保障私立高等教育发展。

（2）政府采取多种方式对私立高等学校予以资助。

（3）突出私立高等教育的公益性。

（4）建立了比较完善的内部治理结构。

（5）将私立高等学校作为大众化的重要推动力量。

（6）注重建立私立高等教育的质量保障机制和特色发展机制。

与西方传统民办高校教育相比，新兴的中国民办高等教育虽然起步较晚，但是近年来发展迅速，在加快推动高等教育教学走向社会大众化的重要进程、缓解高等教育教学经费建设投入不足的矛盾、满足高等教育多样化发展的需求、培养大批实用型高等专业管理技术技能人才等多个方面仍然做出了巨大的贡献，同时还仍然面临着许多困难和严峻挑战。尤其是近年来，随着高等教育改革走向办学大众化逐渐获得深入和有效推进，高等教育的学生入学就业机会和教育供给资源缺乏的矛盾明显得到了有效缓解，社会各个方面都对优质高等学校教育资源的过度依赖和发展需求明显得到扩大，优化结构、提高素质已经逐渐成为高等教育自身办学发展的主要战略目标，这对于民办高等教育的自身办学发展模式提出了更高的战略要求，使得一些长期以来普遍存在的深层次矛盾和突出问题进一步得到暴露，主要问题表现在：由于民办高等教育的自身经济性质，公益性和自身办学上的主体营利性之间尚未有所明显的利益冲突，部分民办高等教育职业院校仍然普遍存在潜在的高等教育自身办学发展风险；地方政府和部分民办学校的合作关系尚未完全理顺，民办学校的自身合法权利保护地位未切实际地得到贯彻落实；高校教师队伍的文化建设培养工作严重处于停滞，制约了民办普通院校的自身办学发展水平和教育质量的逐步提高；由于高校生源培养数量的明显减少，造成民办普通院校的办学生存发展压力急剧由降骤增，亟待从人人追逐的大规模办学效应向更加注重文化内涵的办学发展模式过渡。最后，作为一种独特的教育办学方式和形态，"独立学院"在建设中规范化的管理方式也面临着政府治理机制、学校建设用地、资产流转过户等突出的问题。

虽然中西方高校在其政治体系、历史文化传统、社会进步时期和各个层次上都存在着巨大的差异，但是高等教育领域发展的实践经验却是完全可以分享的。通过对国外民办高等教育的改革与发展现状进行总结分析，从而归纳出相关研究成果，能够给我国民办高等教育的改革和发展工作提供有益的参考和借鉴。

（1）支持和规范民办高等教育发展是政府义不容辞的责任。

（2）健全政策法规体系，保障民办高等教育健康可持续发展。

（3）实施分类管理，保证民办高等教育的公益性。

（4）优化民办院校内部治理结构，规范办学行为。

（5）注重内涵发展，提升民办高等教育质量。

（二）重视校级层面的保障平台建设

大学可以设立不同类型的跨学科研究机构。为了保证跨学科研究有效进行，需要创造有利的学术环境，增强系统内部的凝聚力，除了设立在学院内部以及独立设置实体跨学科研究机构外，松散式的虚体跨学科研究中心也是必要的。为保障跨学科研究中心的运行，需要完善技术转化办公室以及提供共享加工设施完善跨学科组织建设的环境。

（1）为跨学科研究提供共享的加工设施，设施不专用于或限于某个研究小组。共同的设施和工作场所的设置可以用于整合跨学科研究。空间、合作以及科研生产力之间的关系是复杂的，研究人员在空间活动的一致性可以增加相互互动的机会。为促进跨学科界限的教师和学生之间的互动，许多以跨学科融合为理念的机构也拥有自己的专用的建筑大楼，比如多伦多大学应用与工程学院建立的 Myhal 工程创新创业中心，斯坦福大学的 Bio-X 的克拉克中心。在大学层面提供跨学科性的支持平台。提供项目管理改进方案和系统或平台，增强项目组织管理结构以进行项目改进。

（2）改革大学层面技术转移办公室的建设。转化科学研究平台或技术转移办公室可以与所处社区和利益相关方建立有效的研究关系，从而实现双向贡献，促使项目在其生命周期的转化研究阶段更为顺畅。但是，目前我国大学内部虽有科技成果转化办公室，但是内部相关专业性服务匮乏。大学可以加强科技成果转化办公室的团队建设，建立高度复合型知识结构的人才队伍，招募有丰富行业管理经验的首席执行官，拥有行业经验的业务开发团队，保障跨学科研究项目技术转化。大学应加强科技成果转化办公室的团队建设，提升技术成果转化部门的地位。如哈佛大学设立生物创新加速器为研究项目提供战略、资金和咨询支持。管理成员包括有丰富管理经验的首席执行官、制订全面计划的业务开发团队、促进许可和商业化以及新创业公司的推出。加速器支持和指导具有巨大商业潜力的早期技术帮助弥合发展差距，解决信息的不对称。

（3）提供平台让企业了解目前研究机构的领先技术。我国研究者和产业应用缺乏一定相互互动的平台，大学主导创建一些平台是有用的。如哈佛大学 iMatSci 创新展示于 2014 年 MRS 秋季会议上发布，为独立技术领导者以及大学，研究实验室和初创公司的成员提供了一个展示其材料技术实际应用的平台。旨在展示尚未产品化的技术，但也包括可行的原型或可重复过程的证据。这些创新背后的实体通常是目前处于种子阶段的创新者，他们正在积极寻求合作伙伴、资金或途径以实现产品商业化。然而，iMatSci 还将考虑展示现有企业实体中涌现的创新技术。

六、课程建设

（一）课程设置与科研项目跟随社会发展

院校是培养人才、推动社会发展的重要力量，为了更好地服务社会，国外一些院校根据社会发展的需要设立了不同课程，开展了不同的科研项目。以美国为例，一方面，美国的社区学院为美国的社会进步做出了重要贡献。19 世纪末，美国从半农业、半工业过渡到了高度工业化，为了满足社会需求，美国的社区学院开设了一些农、工、商等职业技术性课程。20 世纪 60 年代后，美国的社区学院开设了更多的实用课程，举办了多种形式的职业培训。到目前为止，美国的各个州几乎都遍布了社区学院，是美国社会一个取之不尽的服务站和知识的源泉，为美国的经济发展和社会进步做出重要贡献。

另一方面，美国的研究型大学也为社会发展贡献了自己的力量。二战期间，研究型大学投入了大量人力物力来助力早日结束战争。如麻省理工学院为了研制雷达动用了大量知名专家，耗损了大量财力。1957 年，苏联率先发射了第一颗人造地球卫星，美国为了追上苏联的脚步，拨款 2.8 亿美元重点发展州立学校的自然、数学、工程等专业。随着知识经济时代的到来，美国社会发展的重点也由军事转向了人民生活，斯坦福大学为了发展知识经济，建立了规模庞大的工业科技园——硅谷。20世纪 80 年代后，工业快速发展，环境污染严重，一些大学根据经济发展情况，利用自己的科技优势，创办了高技术公司。总之，美国的许多大学的科研都是根据社会的发展状况来展开的，对整个社会贡献了巨大力量。

（二）课程设置注重学生综合发展

国外一些优秀院校在课程设置上尊重学生综合发展，既在课程结构上注重学科交叉，又在课程内容上主张多元综合。一方面，国外众多院校普遍实行宽口径、广基础的通识教育，在课程结构上注重学科交叉。斯坦福大学的核心课程要求本科新生在人文概论计划、人文与社会科学领域、世界文化、美国文化与性别研究等四大领域修满门课程，在自然科学、应用科学、工程科学与教学领域修满门课程，但其中两门不属于同一个学科领域；在人文与社会科学领域选修课程，其中必须在人文科学和社会科学各选修一门课程。普林斯顿大学在学生进入专业前开设科学整合课程模块，供有意主修科学和工程专业的学生选修，进入专业后则有更高比例的交叉学科课程选修要求。慕尼黑工业大学通过文理渗透、理工整合的课程设置让学生在专业发展上触类旁通。巴黎院校构建了多学科交叉的课程平台，如认识论学科平台整合了哲学、语言学、心理学、生物学等多个学科；在环境学科平台整合了地球、大气、海洋物理、数学等学科。

另一方面，国外一些院校在课程内容上强调多元综合。如慕尼黑工业大学为医学工程专业专门设计了一门综合课程，融合了与工程科学相关的包括物理、化学、数学、电子等八个科系的内容。东京大学则将所有课程整合为基础科目、综合科目和主题科目三类，每一类科目注重不同学科课程的交叉。如基础科目中设置的自然科学类综合课程，由数学、物理、化学、生物等学科的内容整合而成。

（三）专业设置尊重学生个性发展

国外一流大学在设置专业时，追求学生的个性发展，尊重学生的差异性、选择的自主性与发展的和谐性。一方面，国外一些院校在时间上注重晚期进行专业分流。国外一流学校要求学生要在广泛选修课程的基础上进行专业选择，目的是让学生开阔视野并发现自己的兴趣所在，让学生调整到自己最佳的学习状态。美国除工程等极少数特殊专业外，大多数学生一年级不定专业，到二年级乃至三年级才定专业，如哈佛大学是在第三年才进行专业分流。除此之外，其他的院校，如慕尼黑工业大学、巴黎高师和东京大学也都是在第三学年才进行专业分流。

另一方面，国外一些院校在空间上允许学生自主随意选择专业。人选专业的同时，专业也选人，国外一流院校把调节与选择的权利交给了学生自己，学生可以选择自己喜欢的专业，但无论学生怎么选择自己的专业，都必须对自己负责，学生要想毕业，必须修满相关专业要求的课程，获得各类课程学分，达到学校制定的毕业生素质要求。哈佛与斯坦福大学的学生可以在学校相关机构的指导下，自主选择专业、设计专业以及培养计划等。牛津和剑桥的学生既可以自由选择专业，还可以在毕业前的任何阶段自由更改专业，只要达到新专业要求，就无须留级和重修课程，极大可能地尊重了大学生的个性化发展。

（四）重视学生的跨学科教育

在跨学科组织建设过程中，我国面临着复合型人才不足的难题。我国大学应该重视跨学科教育以及跨学科除了以问题为导向的隶属于院或系之下的跨学科研究中心外，可以设立专门的跨学科研究中心（研究所）系统性进行跨学科课程建设以及辅修、双学位相关课程的教学，培育学生的跨学科思维及思辨能力。此外，可以建设基于项目的体验式教育。特别是在工程领域，为培育下一代卓越工程师技术能力、管理及领导性思维，需要不断改进学生的跨学科教育课程建设，加强相关创新创业和管理类课程促进学生创新创业能力的培养。但是仍需要交叉学科学位制度的完善以及学院之间的整合相配合。

七、教师建设

（一）重视教师职前教育

1. 严格规范入职教育

英国对教师的入职教育十分重视，很多地区的教师在入职前接受经过长达12个星期的培训才能顺利入职。我国对新教师进行的岗前培训相对较短，一般由各省教育部门的教师培训中心对新入职的教师进行长达两周的关于教育学原理、教育心理学、教育技术学、教师职业道德修养等多个方面的集中培训。此外，新教师在培训时需熟练掌握《关于加强教师队伍建设的建议》，并通过教师资格证书。

2. 重视职前教育内容

英国的职前教育相较我国的来说时间较短，但更侧重本专业知识的培训，再加上实训工作的进行，为教师更好地进入院校做了充分的准备。我国职前培训对师范院校毕业的硕士及博士来说较为全面，因为他们在学生时代除了掌握了本专业的理论外还学习了教育学、心理学及教学法等多个方面的内容。而工科类、农科类、医学类等专业特色较为明显的学校，他们选择的新教师大多来源于同类别院校中高水平院校毕业的人才，但这些新教师很少经过规范的教育教学培训活动。故各大院校在今后招聘教师时，选择高学历人才的同时，也应注重学历层次与所学专业的相关性、密切程度，对有可能进入院校的教师进行合格的职前培训。

（二）强化在职教师建设

1. 注重师资培训与管理，提升教师教学水平

当今经济社会的变化比较迅速，教育事业的发展也日新月异，教师们必须不断地更新自己的专业知识结构体系，提高教学与科研的能力，才可以适应目前各类院校的教育课程建设与教学改革、各个专业课程发展的新趋势。在我国，由于传统的创新技术和创业课程起步比较迟，专业上的创新技术和创业课程师资数量相对较少，大部分的创新技术和创业课程师资都是临时性的转型，而传统的创新技术和创业课程又被认为是一门具有综合价值的学科，它要求教师们不仅掌握金融、财务、人力资源、市场营销、工商管理等众多的学科知识，同时也要注意培养和提高学生的创新思维和实现创业的能力。学生不仅需要有基础理论的训练，还同样需要得到有实际操作的指导。因此，院校必须高度重视学生的创新创业课程和师资培训。一方面，学校应积极地为教师们提供专业技术培训的平台和机会，包括相关的专业技术培训、创新意识技术训练的专业技术培训等，提升教师们的综合技术水平；另一方面，加强在校教师与校外企业家的互动交流和信息沟通，同时积极地组织教师去企业参观、实训和招聘挂职，甚至到国外院校参观、学习、交流，从而进一步地提升教师的理论实践能力和技术水平。

2. 创新教学模式，促进理论与实践教学的有效结合

通过创办项目、举办创业论坛、企业实习参观展示会等形式，拓宽实践教学的渠道，让大学生切实地体验到创业的整个过程，真正地了解怎么做。其次要更新课堂教学理念，创新课堂教学手段。创新创业课程的教学也应该灵活多样，教师既需要改变传统的"教师讲、学生听"的教学思想，在向学生传授所学知识的同时，要能够让教师引导学生充分地讨论，自己去创建一个项目，还要引导学生走出课堂，与企业、企业家直接相遇，因此，分组讨论的方法和实际教学方法就是我们进行创新的创业教育课程教学的基本途径和方法，要着重提高教学的启示性、实施性及互动性。

3. 优化师资结构，建立专职与兼职相结合的师资队伍

根据国外大学院校开展创新型创业教育的实际经验，国外院校的创新型创业教育的师资通常由校内特殊专业的教师及校外特殊兼职教师两个大部分共同构成。校内的专业技术教师除了应该具有较高的专业技术理论水平，还应该具有一定的自主创业经历和相当丰富的创新成果；校外担任兼职的教师，一般都是那些具有相当的理论素养或者是那些有创业精神的成功人士。在我国，院校的教师普遍很少拥有自己的创业或公司挂职的经验，同时院校很少有机构会雇用校外的人员到自己所在的院校担任兼职教师。大学生开展自主创新和科技创业教育活动，仅仅简单地传授科技创新的理论知识是远远不够的，必须要立足于实践，培养大学生自主创新和科技创业的意识与能力。这就使得院校可以聘请校外的优秀创业者、知名企业家等前来院校开展自主创新和科技创业教育活动，其形式主要包括讲座、沙龙或直接授课等，从而调动院校大学生的热情与动力。因此，坚持"专兼结合"的基本原则，进一步完善院校对于创新创业教育的师资力量，是推动我国院校投入参与创新创业教育的一个重要条件。

4. 搭建跨学科平台教师，自我进行动态团队组织

在确定组织目前的重点研究领域的基础上，鼓励教师根据自我兴趣或者擅长的领域，选择参与某一项目领域当中。如 Wyss 研究所下设八个平台，自适应材料技术下设不同的团队。跨学科研究机构可以给项目成员提供自我组织的机会和资源。研究机构不一定需要聚焦某一具体的问题，可以聚焦于某一领域，由教师自行挖掘出实际的问题。机构提供足够的种子资金支持，创造一个包容风险和失败的环境。"目前制度僵化的情况下，跨学科活动所面对的管理问题要多于知识层面的问题，而且管理方要想建立新型的跨学科的制度结构阻力重重，因此，那些自下而上的跨学科合作似乎更易于推进和发展。大学要大力鼓励和支持科研自组织形成和发展，同时加强培育他组织和自组织的协调发展"。另外，畅通自下而上的组织渠道，让教职员工基于共同的兴趣组建小组，自行确定研究愿景和战略，构建相互尊重的组织文化。

创新和优化跨学科项目团队合作的环境，制定有效的激励和反应举措。尤为必要的一点就是在课程中设立一个奖励整体教育团队的奖项，因为单纯地奖励一个教员的表现和行为虽然不可能完全地促进教育领域的跨学科交流与合作，但对于组织中的所有教育领域成员的表现和奖励却有利于教育领域成员之间更好地加强交流

与合作。另外，为教师职业发展工作者提供了培训，回应了教师的专业知识与兴趣，通过为其提供一种专业性较高的培训服务，扩大了跨学科研究小组成员在各领域的跨学科探索能力。例如在应用生物医学分子领域我们采用了更高通量的应用生物医学分子和应用信息技术检验检测技术等，这相比于采用传统的电子计算机对生物学科的技能水平要求更高，波士顿大学的分子计算与应用生物医学工程系各个研究专业的本科课程体系建设成功地充分回应了来自学校本科教师们的研究兴趣和学术需求，为来自学校各类跨不同学科的导师教员们同时提供了专业培训和学术指导咨询服务，成为帮助学校教师进行各类跨不同学科课程教学和学术研究的重要学术辅助。

5. 更新教学方式，培养学生独立思考能力

国外一流高校在其教学模式上都是主张通过培养和提高学生自己独立思维的能力，因材施教，不仅已经构建起了以指导者为主体的教育制度和课程管理体系，也创新了教学组织形式。一方面，国外一流院校十分重视导师制，力图通过导师制来正确引导学生。牛津与剑桥大学的研究生导师体系中，研究生导师主要是负责为每一个大学生编制和指导各个年级的学习方案，并且还要承担一些教学的任务。导师应要与学生至少每周进行一次互动交流，了解他们的状态，对他们进行有针对性的引导，从而正确引导学生。哈佛大学的导师制度使得这些导师需要对学生在四年的大学生活中的各种专业选择、学业指引、人际交往、职业发展等做出指导。普林斯顿大学的导师制用来弥补课堂教学的不足，每名导师带领十名学生组成小组进行讨论，在学生们进行自由探究和讨论的同时也培养了学生们进行独立思维的能力。

另一方面，国外一流院校十分鼓励理论结合实际的教学组织形式。这些院校鼓励学生双向或多向交流，引导学生参与实践，注重发展学生理论与实际相结合的能力。哈佛大学以体验式的教学方式引导学生体验真实案例，著名的"案例研究课"就是这种形式。东京大学也有十分有特色的"演习课"与"研究讨论课"，通过学生前期查阅资料来进行后期的主题讨论，课堂上学生交流是主要内容，教师只在适当的时候进行引导与点评。普林斯顿大学也采取小组教学的形式设置了"模拟训练课"，在导师的指导下模拟解决具有现实意义的复杂问题。由此可见，国外的一流院校几乎都开展了促进学生独立思考和自主探究能力的研究性教学，有助于提高学生的创新与独立思考能力。

6.扩大院校教师发展的对象

我国政府关于院校教师发展的政策仅局限于教师这个群体或者这个专业而忽略了教师来源。而研究生作为院校教师的主要来源，他们受过的教育却与教师的要求相差较大，因此，对在校研究生开展适当的培训对院校教师的发展也具有重要意义；此外，在对院校教师进行培训时，所针对的教师大多局限于新教师、年轻教师和骨干教师，对其他教师的关注度相对较低，难以适应高等教育的多样化。

7.调整院校教师发展的重心

近些年，国际上对大学教学成果进行评价时，更加重视学习成果而不是所进行的教学活动。这一从过程向结果的转化，对教师提出了新的要求：院校教学的重点不应局限于改善教学和课程上，而应将目标定在通过促进学习来改善学习环境、充分学习的指导上。充分借鉴美国的经验：以学生学习为中心来促进院校教师发展、教学发展、组织开展活动。

八、教师评估机制

（一）健全教师专业评估制度

英国在教师专业评估制度方面，采取法律约束以健全教师专业评估制度。我国在这一方面的建设也相对较为完善，先后颁布了《关于加强教师队伍建设的意见》《课堂教学评价考核办法》《实践教学质量考核办法》《教师科研成果评价办法》《教师职业道德评价指标体系》。在此基础上，学校及政府要结合本校专业要求健全监视专业普惠制度，为本校专业更好地发展创造可能。

（二）加强高等教育质量评估主体建设，实现管评分离制度

我国的高等教育质量评估由于长期受到管理体制的束缚以及对教育评估规律认识不清的影响，教育质量评估一直以行政化管理的方式进行，评估主体权责不清，评估能力较弱，这些都严重地制约着我国高等教育质量的提高。陈玉琨在其著作《教育评价学》中写道："教育质量评估是评测的主体依据教育的客体需要所建立的对教育活动客体有关价值的评论，是对教育活动满足了社会与个体需要的程度做出判断的一种活动，是对教育活动现实地（已经取得的或潜在的还未取得，但有可能取得）价值性地做出判断，以期为目标达至教育产品价值的增值。"评估就是指

评估的主体根据信息的反馈而对被评估的客体做出的某种主观意见认识，很大程度上，主体意见的认识将会直接地影响被评估的整个过程和结果，所以如何加强对教育质量的评估主体建设就是为了改善被评估的环境。

（三）提高评估可靠性和有效性的根本保障

只有切实做好评价主体的建设，最大限度地克服主体性因素的冲击和影响，才能促使其严格遵循评价指标的设计，采用一套科学合理的评价方法来对被评价主体的综合教育质量情况进行考核，形成准确的评价对象和被认为具有一定的教育客体价值观。从我们前面对英国、美国、日本以及俄罗斯等高等教育比较发达的国家的教育质量评估研究中，我们也可以看到评估主体建设在各个国家的高等教育质量评估体系中占有极其重要的地位，教育评估效果的质量往往是由评估主体的性质和作用决定的。行业转变高等教育质量评估机制，适应高等教育发展规律。

英美日俄等国的高等教育质量评估也是经过了较长时间的发展，才逐渐走向成熟，是一个不断经过修改完善再修改再完善的过程。上述国家高等教育质量评估的经验揭示了高等教育保障体系必须要遵循高等教育发展的客观规律，绝不能因任何经济或政治上的需要而违背这种客观规律。目前我国现行高等教育评价指标体系的主要特点之一就是：由地方人民政府及其他高等教育行政主管机构制定评价指标系统、明确评价内容及其标准，定性和定量有机地结合，组织对其进行评价和考察。我国目前正在采用一种行政色彩比较强烈的方法来对其进行评价，致力于通过促进我国高等教育的基本条件、根据社会需求而发展及其素养和服务水平的提高，从整体上看适应当前我国高等教育的基本特点和符合当前我国高等教育的发展现状实际。

但是以行政化手段为主导的教育质量评估体制仍不可避免地带有自身的局限性。为迎接评估工作，院校投入了大量的人力、物力和财力，进行"形象工程"建设，却忽视了"内涵建设"，背离了高等教育发展的客观规律。遵循高等教育和市场经济发展的客观规律，坚持中国特色社会主义教育发展道路，是我国高等教育事业发展的不二选择。借鉴国外先进的高等教育质量评估经验，拓宽质量评估的渠道和途径，注重校内自评和校外专业评估的结合，实现评估手段的多元化。加强院校内部质量评估体系，提供制度保障。

加强院校内部质量管理，首要是完善校、院两级教学质量管理体系和规章制度，建立用人单位、学生和院校间三位一体的信息联系和反馈制度，同时还要对整个教学过程进行全方位、多层面、全过程的质量监控。应将教学过程中的各个参与者完全纳入教学质量保障体系中，实现教学质量评价主体的多元化，拓展教学质量评价的渠道教师评教 、学生评教、专家评教、同行评教多种方式结合起来。尤其要重视学生评教，这样就使得教育教学质量评价体系成为一个全员参与、良性互动的优良教学系统。

高等教育质量评估机制和体系的建设，事关国家整体教育质量的发展。我们必须正视我国高等教育质量评估中存在的问题，更要看到我国高等教育质量评估的发展还有很长一段路要走。国外先进的经验，由于国情不同、基础不同、体制不同，我们可以进行有益的借鉴，但绝对不能完全照搬，要遵照本国的具体国情，走一条适合本国高等教育发展的道路。

第四章　地方本科院校发展动力与挑战
——以电子科技大学中山学院与内蒙古财经大学为例

地方本科院校是指以应用型为办学定位，依托于自身的学科建设，以开展应用型本科专业教育活动作为培养基础，培养出高素质的应用型人才，服务区域经济社会发展。也就是说，应用型的本科教育作为高等教育的一个重要分支，结合了职业教育、学历教育的特色和优点，主要培养有专门知识和技术的高级职业工程师、应用型工程师。在我国经济社会迅猛发展、经济结构不断调整的时代大背景下，多样性和普遍性的高等教育已成为当下我国高等教育事业发展的必然趋势，应运而生的地方性应用型本科高校迅速进入我国高等教育院校行列，成为我国高等教育的重要组成部分。地方性的应用型内涵式建设是我们建设高等教育强国的现实要求。

贯彻落实党中央、国务院的重大方针决策，主动融入顺应当下我国市场经济社会发展的新常态，积极推进产业结构升级和发展创新产业，坚持以改革试点经验引领、带头示范，转变发展指导观念，增强教育改革创新动力，强化教学考核绩效评估制度，推动办学制度建设转型升级发展，各院校把自身办学思路直接转移到服务于我国地方市场经济的发展、产教融合、校企合作、培养应用型人才和增强学生创业能力上来，全面切实提高毕业生服务于地方市场经济社会发展以及推动创新产业发展的综合能力。地方本科高校在发展过程中应坚持以下几点。

（1）坚持创新、综合改革。对近年来我国高等教育与职业教育改革过程中所体现出的一些成功的经验进行系统总结发现：随着改革工作推进过程中所体现的系统性、协调性和整体性的不断增强，持续性完善政策制度在国家层面向学习型转变发展的同时，合理优化各个院校的设置、招生方案的设计、拨付费用的管理制度、完善学校的治理结构，在各个学科类别的人才培训模式、专业配置、师资力量队伍的建设等重点领域进行创新显得十分必要。因此，为了转型院校在教育目标的设置、素质水平的提升和教学服务标准划分能够与社会需求相对接、更加适应我国现代化发展进程的需要，将评估和评价体系的导向功能发挥到极致，以实现以评促建、以评促转显得格外重要。

（2）要始终坚持以市场需求为导向、服务于每个地方。充分发挥各地方政府的宏观政策和市场机制的推动作用，推进人才需求导向传导式教育改革，深化科技产业与教学融合、校企交流合作，促进院校专业发展的科学定位、协调发展，加强培养一线高等专业院校技术创新能力型人才培养，促进高校毕业生在校就业学习综合能力的提升，促使科技型技术创新专业人才的培养不断取得重大突破，将一批院校打造为具有国家和区域影响力的先进实践实训基地。

（3）坚持试点先行、示范引领。转型主体为学校。按照实施试点一批、带动一片的目标要求，确定了一批具备条件、有意愿的试点学校率先开始探索实施应用型发展模式。充分发挥对试点院校的示范和引导作用，激发试点院校向创新型院校转型的内生动力，带动更多的地方院校在制度上加快转型的步伐，推动高等教育制度化改革与现代职业教育制度体系的建设不断取得新的突破。

转型院校应当结合"十三五"规划编制等工作，切实弘扬民主，通过大量思想政治动员工作，将我国学校的类型定位与转型发展策略通过学校章程、全国党代会及教委代会决议等多种形式予以明确。为此，在思想上做到了上述几点后，在实践过程中应从以下几个方面着手：

（1）进一步加快推进发展金融业和服务业向区域性新型经济社会的方向发展。建立战略合作伙伴关系，使各地转型后的院校能够更好地与当地的创新性技术要素资源进行有效对接，与当地经济开发区、产业技术聚集区进行有效对接，与当地相应的教育行业内中小企业创新人才培养及专业技术创新能力需求进行有效对接。积极努力争得各级地方政府、行业和相关企业的大力支持，通过与高校建立协同创新研究中心、产业融合研发研究院、创新型创业教育基地等项目为主要载体及其他高校科研、医疗、文化、体育等各项配套基础设施联合进行项目共建共用，形成院校与其他区域性产业经济相互联动的可持续发展格局。紧紧围绕"一带一路"、京津冀三大区域经济协同创新发展、长江中游经济带重点建设、区域性特色优势产业发展转型升级、社会保障建设和基本公共服务设施等重大区域发展战略，加快构筑以科技人才培养、科技创新服务、技术革新、万众创业为主要核心的区域一体化产业发展机制。

（2）紧紧抓住新产业、新业态和新技术发展的契机。创新发展思路，提高对我国社会主义经济科学与技术的重大变化趋势的认识能力，加强战略规划和布局，实现弯道超车。适应、融入、引导所服务地区的新兴产业、新业态发展，瞄准当地经济社会发展的新增长点，形成人才培养与科技创新的全球化格局。促进新一代技术向生产和日常生活广泛渗透、应用，推动"互联网+"战略在当地深入开展，形成人才培养和科技创新的全球化优势。以服务新产业、新业态、新技术为主要突破口，形成一批服务性产业的转型升级与先进科技的转移应用特征相结合的应用性科技教育大学、学院。

（3）搭建行业内部企业协调合作的发展平台。构建学校、地方、行业、公司、企业和社区共同参与的协商办学、协商治理。校企合作的特色专业化集群已经实现了全覆盖。这些转型后的院校既可以与各个行业、企业进一步实行联盟式教育集团，也可以与各个行业企业、产业集聚地共建一个联盟式的二级学院。建立了有地方、行业和其他用人单位代表参与的学校、院理事会（也称董事会）体系、专门的指导性委员会体系，成员中所有来自当地政府、行业、企业和社区的比重不超过50%。支撑行业、公司全方位、多渠道参与到学校治理、专业建设、课程安排、人才培训及绩效考核中。积极争取更多的地方、行业、企业的资金、项目及其他资源投入到学校，合作促进学校的转型和发展。

（4）创新性的综合应用型和高科技型专业人才培养管理模式。构建以不断增强教学实践能力为引领的育人目标，率先示范运用"卓越计划"教育改革创新性成果，构建高校产教研融合、协同发展育人的全新综合性人才培养工作模式，实现课程专业链与相关课程内容培养标准、教学实践过程与相关产品研发制造全过程的有效衔接。加强专业实验、实训、实练各个环节，实训、实习的课程时间占学校专业实训教学课程时间的比例超过30%，建立专业实训、实习课程质量保障管理机制。扩大在校学生的自主学习和选修课程的权利，实施以促进学生成长为核心的各种启发式、合作式、参与式课程教学，逐步拓宽在校学生未来独立自主地选择专业和相关课程的权利范围。具备转化培养专业学位硕士研究生入学资格的院校要构建以学生职业发展需求为培养导向、以职业实际操作综合能力培养为办学重点、以采用产学相结合的培养方式进行培养本学科专业学位硕士研究生。工程硕士等其他专业有关学科专业学位培养范围内的硕士研究生教育主要目的是瞄准相关产业先进技术的转化和产业创新，与相关行业内的国际领先技术企业共同合作开展人才培养，主要目标是定向招收在企业科技创新应用和企业创新管理方面具有丰富经历的优秀学员。

（5）深化对专业人才素养培养教学方案与专业课程评价制度的综合改革。社会主义经济的快速发展和现代产业工程技术的不断进步为需求驱动本专科专业课程的教学改革，整合了相关技术专业的本科基础课、主干课、核心课、专业技能的综合应用实验课，更加专注于不断培养研究生和专业学习者的企业创新应用技能和实践操作能力。认真贯彻落实《关于深化高等学校创新创业教育改革的实施意见》，在人才培养的全过程中融入创新创业教育，将高等职业教育与高校创业教育有机地结合。把大型科技企业创新项目作为重要载体，把各个企业的创新需求作为大学应届毕业生毕业论文、设计的重要选题来源，全面推行案例教学、项目教学。在教学改革中融入现代科技信息，推进教学的信息化、数字仿真实验、在线教学监督等广泛应用。

第一节　地方本科院校发展现状

一、地方本科院校整体发展现状

根据教育部发布的 2019 年全国教育事业发展统计公报，全国各类高等教育在学总规模 4002 万人，高等教育毛入学率 51.6%。全国共有普通高等学校 2688 所（含独立学院 257 所），其中本科院校 1265 所，高职（专科）院校 1423 所。全国共有成人高等学校 268 所。研究生培养机构 828 个，其中，普通高等学校 593 个，科研机构 235 个。普通高等学校校均规模 11260 人，其中，本科院校 15179 人，高职（专科）院校 7776 人。从统计数据看，我国致力于加快推进教育现代化，建设教育强国，办好人民满意的教育，推动各级各类教育事业发展取得了新进展。

我国高校又分为部属高校和地方省属高校。部属高校共 116 所，其中 76 所归教育部直属管理，40 所归工信部和其他部门管理。2017 年教育部公布"双一流"建设高校及建设学科名单共涉及 137 所高校，其中一流大学建设高校 42 所（A 类 36 所、B 类 6 所）、一流学科建设高校 95 所。可见，1265 所本科高校中，除了部属高校和"双一流"大学外，绝大多数为地方本科院校，它们是我国高等教育的重要组成部分，在我国高等教育大众化进程中肩负着重要的使命，它们的发展状况将会直接影响我国高等教育的发展进程。

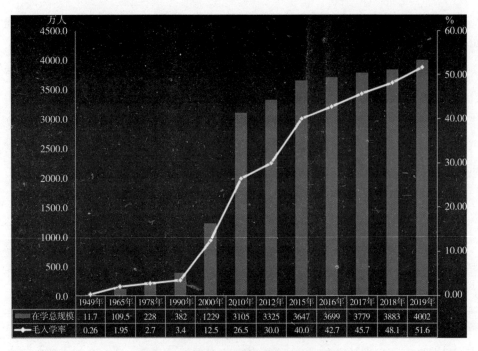

图 4-1　高等教育在学总规模和毛入学率

资料来源：中华人民共和国教育部政府门户网站 http://www.moe.gov.cn/jyb_sjzl/sjzl_fztjgb/202005/t20200520_456751.html.

表 4-1　2004—2019 年我国高等教育行业学校（机构）数统计

单位：所

年份	研究生培养机构		普通高校	
	普通高校	科研机构	本科院校	专科（高职）
2004	454	315	684	1047
2005	450	316	701	1091
2006	450 ·	317	720	1147
2007	479	316	740	1168
2008	485	316	755	1185
2009	481	315	1090	1215
2010	481	316	1112	1246
2011	481	274	1129	1280
2012	534	277	1145	1297
2013	548	282	1170	1321
2014	571	217	1202	1327

续 表

年份	研究生培养机构		普通高校	
	普通高校	科研机构	本科院校	专科（高职）
2015	575	217	1219	1341
2016	576	217	1237	1359
2017	578	237	1243	1388
2018	580	235	1245	1418
2019	593	235	1265	1423

地方本科院校一般隶属于各个省、自治区、直辖市，由地方财政支持，承载着为地方经济社会发展"造血"的使命和责任，关系到大量专业性、应用型人才的培养发展，关系到为我国各区域发展提供所需的各类高素质人才资源。随着当前我国高等教育进入普及化时期，以及我国市场经济结构的调整、产业转型升级、地方经济发展战略的变革，目前一些本科院校未能及时跟上和调整自己的办学目标和发展思路，在自身定位、学科专业建设、人才培养、课程与师资等方面特色不鲜明，发展质量、发展水平亟待提升。自国家层面提出引导部分本科院校向应用型大学发展以来，各地本科院校积极进行转型探索，力求把办学思路真正转到服务地方经济社会发展上来，把办学模式转到产教融合、校企合作上来，人才培养重心转到应用型技术技能型人才上来，转到增强学生就业、创业能力上来。在各地各部门的支持下，在高校和行业企业的积极参与下，地方本科院校的校企合作、产教融合的办学模式广泛推行，应用型人才培养能力水平显著增强。

表 4-2 2020 软科中国大学排名——地方院校百强

地方院校排名	院校	主榜排名
1	苏州大学	38
2	上海大学	45
3	南方科技大学	45
4	南方师范大学	46
5	西北大学	61
6	上海科技大学	62
7	北京工业大学	63
8	深圳大学	65
9	华南师范大学	67

续　表

地方院校排名	院校	主榜排名
10	扬州大学	69
11	江苏大学	72
12	宁波大学	75
13	福州大学	76
14	浙江工业大学	81
15	南京工业大学	82
16	郑州大学	83
17	云南大学	84
18	首都师范大学	85
19	湖南师范大学	85
20	南昌大学	87
21	华南农业大学	88
22	上海理工大学	89
23	安徽大学	90
24	燕山大学	92
25	南方信息工程大学	93
26	湖北大学	94
27	广东工业大学	95
28	南京邮电大学	96
29	河南大学	97
30	上海师范大学	98
31	杭州电子科技大学	99
32	广州大学	100
33	广西大学	101
34	福州师范大学	102
35	湘潭大学	103
36	浙江师范大学	104
37	山东师范大学	105
38	河北工业大学	106
39	河北大学	107
40	青岛大学	108

地方院校排名	院校	主榜排名
41	杭州师范大学	109
42	浙江理工大学	111
43	太原理工大学	112
44	东北农业大学	113
45	武汉科技大学	114
46	南京林业大学	115
47	山西大学	116
48	北京建筑大学	118
49	辽宁大学	119
50	福建农林大学	120
51	江苏师范大学	121
52	内蒙古大学	123
53	汕头大学	124
54	江西师范大学	125
55	长沙理工大学	126
56	昆明理工大学	127
57	西安理工大学	128
58	常州大学	129
59	湖北工业大学	130
60	黑龙江大学	130
61	西安建筑科技大学	132
62	西南石油大学	133
63	贵州大学	134
64	河北师范大学	135
65	安徽师范大学	136
66	重庆邮电大学	137
67	中国计量大学	138
68	济南大学	139
69	辽宁师范大学	140
70	四川农业大学	141
71	江苏科技大学	142

续　表

地方院校排名	院校	主榜排名
72	河南师范大学	143
73	温州大学	144
74	天津师范大学	145
75	南通大学	146
76	上海海事大学	147
77	海南大学	148
78	山东科技大学	149
79	天津工业大学	150
80	广西师范大学	151
81	武汉工程大学	151
82	新疆大学	153
83	上海海洋大学	154
84	河南农业大学	155
85	成都理工大学	156
86	三峡大学	157
87	浙江农林大学	159
88	湖南农业大学	160
89	陕西科技大学	161
90	北方工业大学	162
91	河北师范大学	163
92	石河子大学	164
93	曲阜师范大学	164
94	山东农业大学	166
95	云南师范大学	167
96	石家庄铁道大学	168
97	安徽农业大学	169
98	安徽工业大学	170
99	四川师范大学	171
100	青岛科技大学	172

资料来源:《关于加大对地方院校支持力度 扭转高等教育发展失衡态势的建议》。

前三名：苏州大学、上海大学、南方科技大学。

苏州大学是一所 211 院校，同时也是一流学科培养和省级建设特色专业试点院校。苏州大学作为在学科水平、重大项目与成果、科学研究以及国际竞争力这四个评价模块的大排名中最高的一个地方性重点院校，取得全国排名榜首的佳绩真可谓是实至名归。

上海大学，同样是一所一流学科建设专业院校，在这次全国地方性院校中排名第二，在十个评价模块指标中位居前十，其竞争力显而易见。

表 4-3　最强 A+ 学科

院校	A+ 学科数	学科
上海中医药大学	3	中医学、中西医结合、中药学
中国美术学院	2	美术学、设计学
南京林业大学	2	林业工程、林学
上海体育学院	1	体育学
上海音乐学院	1	音乐与舞蹈学
黑龙江中医药大学	1	中医学、中西医结合、中药学
南京医科大学	1	公共卫生与预防医学
上海海洋大学	1	水产
西南石油大学	1	石油与天然气工程
南京信息工程大学	1	大气科学
天津工业大学	1	纺织科学与工程
西北大学	1	考古学
云南大学	1	民族学
华南师范大学	1	心理学

资料来源：《关于加大对地方院校支持力度 扭转高等教育发展失衡态势的建议》。

当前地方本科院校发展乏力，主要表现在：一些地方本科院校一方面盲目追求一流大学的高层次、研究型人才培养模式，盲目争评硕士、博士授权单位，导致对院校自身的定位缺乏特色，对接国家和重大区域发展战略的主动性不够，不能聚焦区域特色和未来产业发展变化趋势，尚未与时俱进地找准学校特色定位、瞄准关键特色产业，对学校发展缺乏科学规划；另一方面，定位本身不精准，导致在分类评价指导时缺乏自己独特的评价标准体系，仍参照研究型大学的评价体系。教育评价决定教育发展方向，对校园生均面积、生均图书、生均经费、科研论文等办学硬指标的显性增长、特色人才培养能力等软实力指标的提升方面关注较少，内涵式发展程度较低。此外,一些地方本科院校的本科和研究生的课程体系难以适应互联网时代知识迅速更新的现实情况,未能充分结合应用型本科院校的特点开发新的课程及教材。教育教学都胜任、理论实践能融合、学识能力与人格魅力俱佳的"双师型"教师比较缺乏。

二、内蒙古财经大学和电子科技大学中山学院的发展现状

(一)内蒙古财经大学

1. 简介

内蒙古财经大学坐落于内蒙古自治区呼和浩特市,始建于1960年,是国家在民族地区最早批准设立的财经类本科院校。经过60年的改革建设与不断创新发展,现已初步建设成为一所以本科教育为主、同时承担了硕士研究生培养的重要任务,以经济学和管理学等专业课程为主,理学、法学、工学、文学等专业课程相互融合、协调发展,具有鲜明地区特色和民族特色的财经类本科院校。

内蒙古财经大学始终坚持的校训为"崇德、尚学、明理、包容",办学理念始终坚持"育人为本、质量立校、人才强校",所遵循的总体工作思路为"调整结构、优化布局、强化特色、突出应用、开放合作、服务地方",发挥了财经类专业人才的本科培养实训基地、经济管理相关专业研究与教育咨询基地、经济管理类高级专业科学技术人员和管理干部的再教育实训基地、全国各地少数民族蒙汉兼通财经类专业人才的培养实训基地的作用,不断深化教学改革,全面提高专业人才培养的综合质量、科学研究水平,为不断推动一个国家和民族地区国民经济的发展事业贡献出强大的力量。

该校目前有普通高等教育本科在校生21700多名。有理论经济学、应用经济学、工商管理、统计学、公共管理5个一级学科,26个二级学科硕士学位授权点以及MBA(工商管理硕士)、MPACC(会计硕士)、MF(金融硕士)等10个专业硕士学位授权点;56个本科专业,其中蒙汉双语授课专业有27个;5个自治区级重点学科,2个自治区级重点人才培育学科,19个自治区级品牌专业,2个自治区级重点建设专业,49门自治区级优秀精品课程;17个学院、1个直属教学部和8个教学辅助机构;1个国家级实验教学示范中心,3个国家级特色重点学科专业,1个教育部专业综合改革试点项目。金融学、国际经济与贸易、应用统计学、市场营销、会计

学、旅游管理等 6 个专业均被列为国家级一流专业建设点，财政学、工商管理、经济学、法学等 4 个专业被列为自治区级一流本科专业建设点。

学校始终秉承着"人才强校"发展战略，以加强对高层次人才队伍的建设作为发展重点，不断地优化师资力量和队伍结构，形成了一支以高学历、高职称教师为主的综合性骨干队伍。学校目前有专任教师 974 人，具有高级职称的专任教师 527 人。享受国家政府特殊津贴的专家 6 人、自治区有突出贡献的中青年专家 9 人、自治区"草原英才"工程团队 4 个、自治区教学名师 5 人、自治区优秀教学团队 14 个。

学校校区占地面积为 135 万平方米，学校宿舍建筑面积为 57 万平方米，环境优美，设施齐全，功能完善，办学条件已基本处于自治区院校一流水平。经济管理实验实训中心是国家级实验教学重点示范中心，计算机信息管理综合实验研究中心、旅游管理综合实验研究中心是自治区级实验教学示范中心，会计综合实验室、计算机公共实验室、硬件实验室是自治区"双基"合格实验室。图书馆目前馆藏图书 300 多万册，其中纸质图书 160 多万册，电子图书 140 多万册（种），引进了 CNKI 系列数据库、EBSCO、超星移动图书馆、CSSCI、SSCI 等 66 个主要以经济管理类为主的数据库，全馆图书实行大开放格局，设立集藏、借、阅、咨询、检索一体化的图书阅览区，提供了图书借阅和座位信息管理"一站式"自助化服务，实现了内容多元化、服务多样、高效、快捷便利的现代化知识服务共享体系。

学校牢固树立学科教学质量核心地位，以立德树人为首要任务，教育教学质量和人才培养质量稳步上升。努力推动各学科人才培养模式的改革，配套推行学科教学内容的综合改革和课程建设，全面加强实践性课程教学。在人才培养工作模式改革创新方面，积极主动探索和深入实践"双学士学位"的联合培养管理模式、"双证"联合培养模式、合作式的培养管理模式、拔尖技术创新型专业人才培养模式、蒙汉双语联合授课等多种创新人才培养管理模式。在专业建设方面，按照"优化结构，强化重点，突出特色，协调发展"的工作思路，择优挑选和重点组织建设一批以经济、管理及其相关学科专业为重点建设项目主体的综合性学科专业，丰富各专业内涵，强化专业质量意识，提升专业建设者的技术水平，构建了一个专业特色鲜明、技术水平相对较高、优势明显的新型综合性学科专业队伍建设体系。在我国民族教育方面，形成了以"招生—培养—就业"联动机制为主要内容的民族学校人才培养特色，蒙汉双语联合授课民族教育教学体系逐步得到完善，人才培养的民族特

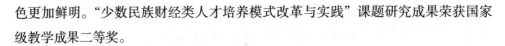

色更加鲜明。"少数民族财经类人才培养模式改革与实践"课题研究成果荣获国家级教学成果二等奖。

2. 建设现状

在科研机构方面,内蒙古财经大学有内蒙古自治区产业创新创业团队3个,内蒙古自治区突出贡献专家11名,内蒙古自治区级优秀教学团队11个。学校有2个国家级研究基地,1个内蒙古自治区级协同创新中心,7个内蒙古自治区级研究基地,1个内蒙古自治区院校创新平台,8个内蒙古自治区级学术创新团队,9个校级创新团队,20个校级虚体研究机构。

在科研成果方面,2009年,学校获得各级各类项目100余项,其中国家级社科规划项目2项、全国教育科学规划课题1项、自治区自然科学基金项目2项、自治区级社科规划项目10项、教育厅项目18项、内蒙古社科联项目2项、自治区发改委"十二五"项目7项、横向项目20余项。出版专著21部。发表论文891篇,其中发表在核心期刊上291篇。2017年,学校共获批国家级项目17项,比2016年增长13.33%,其中国家社科基金项目10项,国家社科基金教育学一般项目1项,国家自然基金项目5项,教育部人文社科项目1项。获批省部级项目88项,比上一年增长15.79%,其中内蒙古社科规划项目32项,自然科学基金项目10项,教育厅项目32项,社科联项目14项。企事业单位委托项目30项。共获得经费资助1040.3万元。出版学术专著32部,编著35部,发明专利14项。发表论文507篇,其中发表在A2以上核心期刊上的234篇,发表在CSSCI上的论文52篇,有3篇文章分别发表在《税务研究》《财政研究》《统计研究》等核心期刊。据2020年7月学校官网显示,近5年来,学校承担国家级项目100余项,其中重大项目1项,重点项目1项;全国教育科学规划十三五项目2项;教育部科研项目17项,其中重大攻关项目1项。省部级项目318项,发表各级各类论文3400多篇,其中发表在CSSCI和北大核心期刊上的论文1000余篇;获教育部第八届高等学校科学研究人文社会科学优秀成果奖1项,获得自治区哲学社会科学优秀成果政府奖104项。

在学术资源方面,截至2020年7月,学校现有的馆藏资源有:内蒙古财经大学图书馆图书藏书为300余万册,其中纸质图书为160余万册、电子图书为130余万册(种),引进了CNKI等65个以经济管理类为主的数据库。目前,每年订购中外文纸质报刊1500余种,各类电子期刊3万余种。学校现有的学术期刊有:《民族财经研究》(蒙古文版)2015年创刊,半年刊,是经内蒙古新闻出版广电局批准,由内蒙古自治区教育厅主管，内蒙古财经大学主办，以经济、管理学科学术研究为主要内容的内蒙古自治区内部发行的学术期刊。《内蒙古财经大学学报》为原《内蒙古财经学院学报（综合版）》，2003 年创刊，2013 年更名为《内蒙古财经大学学报》。《学报》设有高等教育研究；教学研究；德育、思政研究；法学研究；数字信息化研究；文学研究；数学研究；外语研究；图书、资料研究；职业教育、成人教育研究；经济管理研究等重点栏目。《财经理论研究》为原《内蒙古财经学院学报》，1980 年 11 月创刊，季刊，2005 年改为双月刊，2013 年 1 月更名为《财经理论研究》。该刊物通过反映校内外经济和管理学科领域理论科学研究成果，促进其在实践领域的推介、实验和推广应用；同时通过反映实践领域的新情况、新问题研究，促进其在学术层面上的总结和理论生成。

内蒙古财经大学多年来一直在努力提高自己的学术团队水平，在未来的发展中，人才更要优中选优。积极引进世界一流学者，增加重大项目研究基地，组织不同学科的学者进行学术交流，培养一批优秀的学术团队，积极组织研究团队出外考察与学习，加强其科研能力与探索能力，从而提高核心竞争力。

（二）电子科技大学中山学院

1. 简介

电子科技大学中山学院是一所综合性的全日制普通本科独立学院，国家重点建设的"世界一流大学"A 类院校电子科技大学和中山市人民政府为合作双方。该校建校至今已经有 35 年的办学历史了。前身最早为 1986 年在北京注册成立的中山大学孙文学院；1995 年，学校正式宣布更名为中山学院，实行省市人民政府共管；2016 年至今，学校先后被国家评选为"广东省首批普通本科转型试点院校""省市共建"院校。

（1）特色鲜明的学科专业

学校面对地方创新驱动的战略采取了积极的态度以融入其中，并且聚集了优势资源，采取积极的措施推进学科建设的落地生效。学校的"计算机应用技术"已成为本省的优势重点学科，"材料科学与工程"已被纳为本省的重点培育学科范畴，"电子科学与技术"及"工商管理"已成为本省的特色重点学科。并且在优势学科的带动下，正逐步向以电子类专业为核心，工、管为主干，工、管、经、理协调发展的专业布局发展。

（2）不断提升的人才培养质量

学校近几年来一直将培养综合、应用型的专业人才作为教学工作的中心，突出线下流行的"实践＋创新"的新型、具有现代化特征的培养当代所需的综合应用型人才的教育教学特点，并成功构建了一套独具特色的、包含"通识教育、专业教育、多元教育"在内的"三阶段培养、多路径发展"的综合现代化应用人才培养教学理念和教学模式体系，形成"全过程、阶梯式、多元化"的综合实践创新教学培养理念和一种多样化的应用型专业人才培养教学模式。近年来，获得国家级新能源工科工程技术教学研究与创新实践重点项目、全国高校教育社会科学"十三五"行动计划等项目立项，省级及以上高校产学技术融合工程协同教学育人重点项目38项、省级高校实验教学创新示范培训中心5个、省级大学生校外创新实践基地10个、省级网上教育开放课程32门、省级"质量工程"及高等教育教学改革重点项目160余项。

（3）结合产业的科学研究

学校瞄准了国家与当地重大行业的需求，积极地融入以企业为主要核心的高新技术创新体系，加大了产学研交流合作的力度。省市共建以来，电子科技大学中山学院承担了各类科研与社会服务项目1200余项（其中包括国家自然科学基金、国家社会科学基金项目、国家艺术基金项目）。实施"请进来，走出去"战略，积极地搭建了校企交流合作平台，目前该学院共建有1个国家级重点实验室中山分实验室、4个省级工程技术研究中心、23个市级工程技术研究中心、中山市产业技术研究院以及一批当地智库平台，逐步形成了"大平台、大团队、大项目"的创新发展格局。紧紧衔接着国家、省市总体规划布局的重要科学技术研究领域，围绕产业发展及相关核心技术的可持续攻关，承担了产学研项目700余项，合作企业数量超过300家，合作企业包括明阳风电、大洋电机、联合光电等地方龙头企业，带动企业新增产值超过20亿元，年均到校科研经费稳步提升，2019年突破4800万元。多项优秀科研成果被教育部评为"国内领先"，一批优秀科研项目被授予了广东省科技进步奖、中山市科技进步奖等各类优秀科研成果奖励，在全省其他多所同类院校中一直名列前茅。该校被广东省科技厅评定为"2019年广东省创新券优秀服务机构"，是省内唯一入选的院校。

（4）广泛的对外交流合作

学校积极开展了国际性的教育交流与合作，先后与美、英、澳、加、意、日等多个国家和地区多所知名大学之间签订了合作协定，培养了一批国际化的人才。学校应该更加注重自身的开拓和努力，以提升全体教师的国际化眼界及与其他国际接轨的技术水平，每年都会派出一批骨干教师到国境外院校进行学习、合作研究；邀请海外专家学者到学校开讲座、开展研究工作。学校目前有联合培养、暑假海外留学、交换外籍留学生等项目共 30 项。

（5）优越的求学环境

学校位于纪念中国著名革命伟人孙中山先生的故乡广东中山市中心城区地段的一处莲峰山上，校园内部生态环境优美，风光幽逸，书香浓郁，被誉为"城市中央的花园大学"。建有一批设备现代化的大型综合性图书馆，藏书量达 270 万册；学校拥有国内最高学术层次的高校教学科研实验室近 100 多家；校内建设有高标准的一流学生公寓及一流学生食堂，所有高校学生宿舍都按需装配一套中央空调；拥有设施齐全的体育馆、竞技场和优雅的校园自然风光，为广大高校学生们提供一种潜心向学钻研的良好学习环境。

2. 学科建设方面的成就

学校紧紧结合区域特色产业发展的需求，围绕特色院校提升规划和建设任务，集中资源积极聚焦区域特色重点建设学科，在学科体系建设的内容与改革举措上加强内涵的发展，激活力、抓落实，电子信息类学科的整体水平明显提升，学校已经初步形成"以电子信息为特色，多学科协调发展的学科生态"，高水平应用型大学的建设为国家经济发展打下了扎实的基础。总体建设情况如下：

（1）凝练学科方向，打造专业特色

学校主动对接产业需求，服务区域经济，围绕"冲补强"重点建设学科，进一步凝练学科方向，汇聚队伍，建设平台，电子信息类学科整体水平明显提升。"控制科学与工程"学科重点凝练形成"检测技术与自动化装置""机器人与智能装备""智能感知与自主控制"三大学科核心学术方向；"电子科学与技术"学科重点凝练形成"智慧交互与通信""光电器件与应用""微电子与光电材料应用"三大学科核心学术方向。

（2）壮大学科队伍

重点围绕电子信息领域，汇聚一批较具影响力的学术队伍。2018—2019 年，学校共引进多个学科带头人和高层次人才 56 位，其中 3 个电子信息类领域重点建设专业共引进 43 位，汇聚形成了以张崇富教授为代表的学科带头人，杨鲲教授为代表

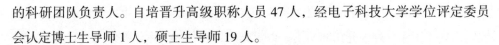

的科研团队负责人。自培晋升高级职称人员 47 人，经电子科技大学学位评定委员会认定博士生导师 1 人，硕士生导师 19 人。

（3）培养应用型人才

培养了一大批符合现代工业发展需求的高素质、应用型专业技术人才。建设期内，学校全面贯彻落实立德树人的根本任务，以本为目标，强化"三全育人"，积极探索"思政课程"和"课程思政"的有机融合，共累积培养了 1.4 万余名本科生；教学成果奖获得新突破:《"应用导向，多元聚合"创新创业教育体系的探索与实践》荣获广东省高等教育教学成果奖一等奖；首次荣获国家级教研教改专项立项 1 项；机械设计制造及其自动化和软件工程两个专业均已完成 IEET 工程教育认证；第 44 届国际大学生计算机程序设计竞赛（简称 ACM—ICPC）亚洲区域赛首次获得银奖；全国"互联网+"大赛，首次获国赛铜奖。本科毕业生年就业率达 96% 以上，2018—2019 年度广东省内就业比例高达 86% 以上，相比 2017 年提高了 18%，深受湾区企业特别是珠三角企业的欢迎。

培养应届硕士研究生 229 人，毕业 127 人。获得所在院校各类专业奖学金 100 人次，其中，一等专业奖学金 12 人次；联合培养的硕士研究生公开发表学术论文 74 篇，其中包括 SCI、EI 论文检索 41 篇；先后获得了国际批准授权的多项发明专利，授权国际实用新型发明专利 11 件，计算机应用软件自主著作权 3 项等，为地方及珠三角培养了一批高素质应用型人才。

3. 师资队伍方面的成就

外引内培，建设高水平师资队伍。围绕"冲补强"提升计划重点建设学科，加大师资建设力度。具体情况如图 4-1 所示。

外引内培，2018—2020 年共引进高层次人才 56 人，其中国家级专家 15 人，现有双聘企业协议教师 54 人。其中电子科学与技术和计算机科学与技术学科各新增学科带头人 1 名；共有 11 位教师晋升教授，36 位教师晋升副教授；1 名教师经电子科技大学学位评定委员会评定为博士生导师，19 名教师被评定为硕士研究生导师。

截至 2020 年 11 月 30 日，形成了一支自有专职的教师队伍作为主体，协议教师、外返聘教师为辅，具有较高学术水平，能够有效服务地方经济社会发展的师资队伍。其中，自有专职或者专任教师的高级职称人数占比 39.3%，博士比例达 33.8%，拥有企业经历的人员比例达 33%，有国（境）外学习工作经历的人员比例达 12.5%，双聘教育部"长江学者"等高端人才 15 人，高水平科研团队 18 个。

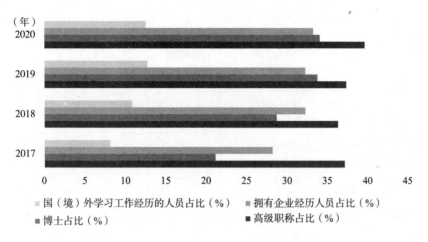

（年）

■ 国（境）外学习工作经历的人员占比（%） ■ 拥有企业经历人员占比（%）
■ 博士占比（%） ■ 高级职称占比（%）

图 4-2 2017—2020 年电子科技大学中山学院师资队伍情况

4. 平台与团队建设成就

表 4-4 和表 4-5 是平台与团队建设情况，2018 年至今，新增广东省高效低碳 LED 封装工程技术科研中心、广东省纳米光电功能薄膜与器件工程技术科研中心等 7 个省级工程技术科研中心，中山市智能技术与新兴产业协同创新中心等 16 个市级协同创新中心或工程技术研究中心（含校企联合共建），实现了省级创新平台零的突破；3 个广东省普通院校创新团队（"光纤无线融合接入系统"创新团队，"机器人与智能装备团队""柔性电子材料与器件"创新团队），2 个市创新团队（高性能电子纸技术研发及产业化团队、无线传能柔性物联创新科研团队），2 个省级教学团队，13 个校内科研团队。新增 7 个省级科技创新平台，其中校企联合共建省级创新平台 2 个。

表 4-4 2018 年以来获批的省级科研平台

序号	平台类别	平台名称	批准部门	批准年月	参与单位数（排名）	主要支撑学科
1	广东省工程技术研究中心	广东省纳米光电功能薄膜与器件工程技术研究中心	广东省科技厅	2018.12	1（1）	电子科学与技术、材料科学与工程
2	广东普通院校工程技术研究（技术开发）中心	物联网应用技术及智能制造工程技术研究中心	广东省教育厅	2018.04	1（1）	计算机科学与技术、电子科学与技术

续　表

序号	平台类别	平台名称	批准部门	批准年月	参与单位数（排名）	主要支撑学科
3	广东普通本科院校工程技术研究（技术开发）中心	广东省智能检测与机器人智能控制工程技术研究中心	广东省教育厅	2019.05	1（1）	控制科学与工程
4	广东普通院校工程技术研究（技术开发）中心	广东省功能材料绿色制备技术与应用工程技术研究中心	广东省教育厅	2020.03	1（1）	材料科学与工程、电子科学与技术
5	广东省工程技术研究中心	广东省人工智能与行业大数据应用工程技术研究中心	广东省教育厅	2020.09	1（1）	计算机科学与技术
6	广东省工程技术研究中心	广东省领先陈列展示工程技术研究中心	广东省科技厅	2018.12	3（3）	电子科学与技术
7	广东省工程技术研究中心	广东省高效低碳LED封装工程技术研究中心	广东省科技厅	2020.04	2（2）	电子科学与技术、控制科学与工程

表4-5　2018年以来在建的省级创新及教学团队（部分）

序号	团队类别	团队名称	资助期限	主要支撑学科
1	广东省普通院校创新团队项目	光纤无线融合接入系统	2019.01—2021.12	电子科学与技术
2	广东省普通院校创新团队项目	柔性电子材料与器件	2020.1—2022.12	材料科学与工程 电子科学与技术
3	广东省普通院校创新团队项目	机器人与智能装备团队	2020.1—2022.12	控制科学与工程
4	广东省级教学团队	电子电路系列课程教学团队	2016.12—2019.12	电子科学与技术 计算机科学与技术
5	广东省级教学团队	艺术设计类专业计算机辅助设计课程教学团队	2015.12—2018.12	计算机科学与技术
6	广东省级教学团队	机电类专业电工电子技术教学团队	2015.12—2018.12	控制科学与工程 电子科学与技术
7	广东省级教学团队	嵌入式系统及物联网技术课程教学团队	2015.12—2018.12	计算机科学与技术 电子科学与技术

5. 科学研究与科研成果

科研成果丰硕，科研经费逐年攀高。2018 年以来，学校已经逐步形成了浓厚的教育和学术气氛，科研条件更加完善，科研管理体制机制更加灵活，根据学校快速发展的需要，已连续三次修订了科研经费管理办法、纵向项目管理办法、横向项目管理办法、校内项目管理办法等多个文件。首次开展科学技术成果评价工作，15 项科学技术成果达到国内先进水平以上，"细微深孔动态非线性加工成套技术及产业化"项目总体技术处于国际先进水平；申请专利 949 件；授权专利 500 件，详见图 4-3；三大检索论文 358 篇，详见图 4-4；各类科研成果奖达 34 项，其中以省科技进步二等奖"新能源汽车用永磁同步电机及驱动系统关键技术研究及产业化"项目成果为代表的省级科研成果奖 6 项，相比 2015—2017 年增长了 300%。

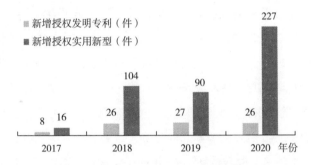

图 4-3　2017—2020 年专利授权情况

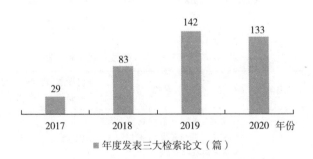

图 4-4　2017—2020 年三大检索论文发表情况

2018 年至 2020 年 11 月 30 日，累计到账科研经费 11270 万元，其中 2019 年科研经费突破 4800 万元，相比 2017 年增长了 105%；横向科研经费累计达 9052 万元，2018 年、2019 年和 2020 年相比 2017 年分别增长 85.9%、197.0% 和 44.1%，详见图 4-5。

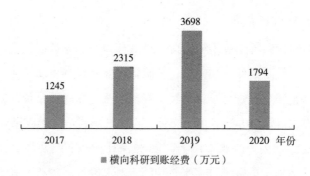

图 4-5 2017—2020 年横向科研经费到账情况

此外，在国家纵向重大项目的需要承担力度方面，2018—2020 年，新增了一批国家自然科学基金支持项目、国家社会科学基金支持项目、国家艺术基金项目 8 项，所需要承担的国家级重大项目数量均位居目前全国各类重点院校前列；省部级重点科研项目 59 项：其中省部级自然科学技术基金项目 8 项，省部级联合自然科学基金支持项目 3 项，教育部国家人文与社会科学技术研究项目 3 项；省市级的国家重大项目有近 50 项。其中，"高性能长耐久一体化电驱动系统集成及其产业化"项目工程于 2019 年获批广东省重大专项立项，支持经费 3000 万元，该项目致力于新能源汽车领域关键核心技术、关键零部件和重大装备的研发等问题；在横向项目承担方面：百万元以上技术合同数量从 2017 年的 1 项增长至 2019 年的 16 项，年增长率达 300%；签订技术转让或技术入股合同 15 份，实现成果转化 26 项。具体情况如表 4-6 所示。

表 4-6 2018 年以来在研的代表性科研项目（部分）

序号	项目来源	项目类别	项目名称	项目批准时间	项目合同经费（万）	主要支撑学科
1	国家自然科学基金	面上项目	石墨烯\次级发射材料复合膜大电流冷阴极连续波磁控管关键技术研究	2015.08	72	电子科学与技术
2	国家自然科学基金	面上项目	基于 ZnO/P（VDF-TrFE）薄膜体声波谐振器的柔性触觉传感器	2017.08	63	电子科学与技术 控制科学与工程
3	国家自然科学基金	面上项目	可控结构的图形化银纳米线柔性透明导电薄膜研究	2016.08	63	电子科学与技术 材料科学与工程
4	国家自然科学基金	面上项目	孤立波理论在非线性大尺度大气动力学中的应用	2017.08	56	电子科学与技术

序号	项目来源	项目类别	项目名称	项目批准时间	项目合同经费（万）	主要支撑学科
5	国家自然科学基金	青年科学基金项目	基于高阶滑模控制方法的互联非线性电力系统负荷频率控制问题研究	2018.08	27	控制科学与工程
6	国家自然科学基金	青年科学基金项目	低碰撞区跳频序列设计及其在多层异构网络中的应用研究	2019.09	24	电子科学与技术
7	国家自然科学基金	专项项目	基于双稳定裕度优化的仿人机器人主动容错控制方法研究	2020.01	12	控制科学与工程计算机科学与技术
8	国家自然科学基金	青年科学基金项目	基于 DEM 样本的交互式地形合成方法研究	2015.08	21	计算机科学与技术
9	国家自然科学基金	面上项目	局域表面等离激元增强钼酸盐纳米晶片的苯系 VOCs 气敏响应及相关机理研究	2020.9.25	61	电子科学与技术
10	国家自然科学基金	青年科学基金项目	飞秒光纤激光啁啾脉冲放大系统中非线性色散机制及补偿技术研究	2020.9.25	24	电子科学与技术
11	国家自然科学基金	青年科学基金项目	基于超大规模像素对优化的高分辨率自然图像抠图算法研究	2020.9.25	24	电子科学与技术
12	国家社会科学基金	一般项目	人工智能发展对员工就业及职业生涯的影响与对策研究	2020.9.15	20	工商管理
13	国家社会科学基金	后期资助项目	20 世纪 80 年代以来中国现当代小说在美国的译介与传播	2017.09	20	中国语言文学
15	国家艺术基金项目	舞台艺术创作	群舞《爸妈我想你》	2019.02	20	音乐与舞蹈学
16	教育部人文社会科学研究项目	规划基金项目	地方政府部门职能绩效目标设置中的博弈行为、影响、机理与求解	2017.07	10	工商管理
16	教育部人文社会科学研究项目	青年基金项目	移动支付法律问题实证研究	2017.07	8	法学
17	教育部人文社会科学研究项目	青年基金项目	珠三角农民工参与社区治理的形成机理与制度设计研究	2018.07	8	工商管理
18	教育部人文社会科学研究项目	青年基金项目	考虑汇率和税率扰动的跨境供应链应急决策与协调研究	2019.03	8	理论经济学

续 表

序号	项目来源	项目类别	项目名称	项目批准时间	项目合同经费（万）	主要支撑学科
19	教育部人文社会科学研究项目	青年基金项目	新时代意识形态空间传播与认同研究	2020.03	8	马克思主义理论
20	教育部人文社会科学研究项目	青年基金项目	中国式产业政策对产能过剩的影响效应及政策优化研究	2016.07	6	工商管理

6. 人才培养方面的成就

人才培养质量逐年提高，教学成果突出、创新创业再上新台阶，学科竞赛实现新突破。学校全面贯彻落实全国教育大会精神，坚持立德树人根本任务，聚焦人才培养，开展全校性思想政治教育大讨论，以应用型人才培养为目标，建立了以学生为中心的"一中心、六融合"应用型人才培养体系；2020年遴选出5项省级课程思政示范课程项目，2019年对照国际标准进一步优化了专业结构，突出了工科优势；共建立"3+X"协同育人平台238个，其中教育部产教融合协同育人平台项目30个、省级协同育人及实践平台21个，2018—2020年新增校企共同实习实践基地、协同育人基地15个；新增计算机科学与技术、电子科学与技术等5个专业入选首批省级一流本科专业建设名单，数量居省内同类院校之首；学科竞赛获奖取得新突破：2018年"挑战杯·创青春"广东大学生创业大赛，首次获创业计划竞赛组金奖；第44届国际大学生程序设计竞赛（简称ACM—ICPC）亚洲区域赛首次获得银奖；2018—2019年学校考研率近5%；研究生累计229名，培养了一批符合现代产业需要的应用型创新人才。

7. 社会服务及文化传承方面的成就

社会服务能力逐年增强。在社会服务和促进成果转化方面，已形成中山学院特有的社会服务和成果转化模式及独特的体制机制，服务区域产业及大湾区电子信息类产业的能力大幅提升。2019年7月，学校6个研发平台被教育部认定为广东省科技创新券服务机构，截至2020年4月30日，共服务于湾区境内的科技类中小微企业30家，签订了技术合同1308.82万元，企业获得科技类创新券补助支持229.0757万元，学校获得奖补21.58万元；2019年，该校被省科技厅批准评为"2019年度省级科技创新券优秀服务机构"，成为省内唯一得到该项奖励的院校，获得了奖励20

万元。

2018 年至今，依托中山市产业技术研究院等创新载体，服务明阳智慧能源集团股份有限公司、东菱威力电器有限公司等湾区企业 340 家，详见图 4-6；产学研交流合作项目规模累计达 539 项，详见图 4-7；完成国内各类科技成果评估 15 项，且全部为国内先进以上，其中 1 项处于国际先进水平，超额完成了预期指标；签订了技术转让或者技术入股合同 15 份，实现了成果转化 26 项，其中技术转让或者实施了许可性发明专利 13 项，转让为实用性技术新型专利 13 项；学校服务企业带动经济效益 28.2 亿元，超额完成预期目标（目标为 20 亿元）；2018—2020 年，全校培养、输送应用型人才 1.4 万余人，3 个重点建设学科相关人才输送量达 5339 人，完成预订指标（目标为 5000 人）。2018 年和 2019 年毕业学生就业率高达 96% 以上，其中，省内就业比例达 86% 以上，优质单位就业比例高达 25%，深受湾区企业特别是珠三角企业的欢迎。

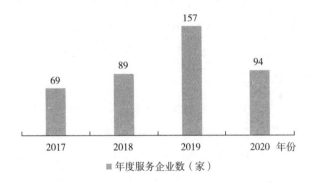

图 4-6　2017—2020 年服务企业情况

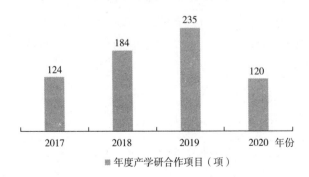

图 4-7　2017—2020 年产学研合作项目情况

创新文化氛围浓厚。学校宣传阵地不断增多，创新文化氛围浓厚，多次通过地方媒体（电视台、中山日报等）、学校官网或微信等平台加大宣传科技创新典型人物，营造文化传承创新氛围。在疫情期间，电子信息学院、机电工程学院的老师们积极投身于地方的抗疫工作，校企共同渡过难关，共克时艰，为推动中山市的抗疫工作取得阶段性胜利做出了贡献，市、校媒体对相关事迹的报道进行了多次宣传，影响广泛，鼓舞人心，形成了一个学校独具特色的学科文化框架，服务育人功能日益凸显；以研促教局面已形成，通过"先锋创想园""创新训练项目""科技竞赛""科研小组"等方式培养了一批独具创新精神和能力的应用型人才，为社会发展做出积极贡献。

学校立足中山，在传承地方传统文化和孙中山文化传播方面做出了具体实践。朱东黎老师的《爸妈我想你》获 2019 年国家艺术基金项目立项，主编的《我舞我美中国舞》来源于生活、来源于群众，综合了地方传统文化特色，得到学习强国等媒体的宣传报道。在孙中山文化传统方面，由学校主办的"孙中山先生文化展"得到市宣传部等多个部门的关注和支持。2018 年，学校被市委宣传部授予"中山市传承发展中华优秀文化基地"称号，充分体现了院校文化阵地的引领作用。

8. 国际交流合作方面的成就

国际交流合作工作稳步推进。2018 年以来，学校在中外合作办学、国外访学进修、交流生等项目方面取得显著成效，共有 43 位教师参与国际学术会议、国内外院校访问进修等，出访批次和学术类出访人数有了显著的增长；共邀请 2 位外国专家到校开展学术讲座，共有 324 位本科生参加了国外学习交流、实践项目。联合培养本科生项目自 2010 年开办，2012 年第一批学生出境，已显现出项目优势，参与项目的本科生海外研究生升学率达到 72.34%；大力推进中德合作办学项目，2018 年在中山市人民政府的全力支持下，经广东省教育厅批准，该校已正式向教育部提出办学申请，待教育部给予回复。

9. 学科声誉方面的成就

重点建设学科美誉度较高。学校每年向广东省内输送上千名应用型创新人才，2018 年至今共输送电子信息类毕业生 5300 余人，2018 年和 2019 年毕业学生就业率高达 96% 以上，其中，省内就业比例达 86% 以上，深受湾区企业特别是珠三角企业的欢迎；2019 年，该校在全国 21 个省份的一次投档全部满档，投档率均达到甚至超过 100%。除新疆（喀什定向）外，所有新生的录取分数均超过生源省份本科批次线，3 个重点建设学科均有考生录取分数超重点本科线，"2+2" 联合培养专业最低分也位于各省份录取分数排位最前端，电子科学与技术（2+2）专业 2018 年录取最低排位比 2017 年提升了近 1.9 万位，3 个重点建设学科的第一志愿填报率和录取率远高于其他专业。由此可见，重点高校培养出的学科专业在社会上赢得了较好的声誉，学校的本科办学软硬件质量与综合实力也得到了广大学生家长及社会的广泛认可。

第二节　地方本科院校发展动力

地方本科院校向现代化的应用性技术型院校的转变将在高等教育的结构上得到优化，在培养复合型、技能型人才的基础上起到更加关键的推动作用，而它们的转变动力中既有国家政策、产业结构的调整等外在驱动力，也有来自学校的生存发展、办学品牌的内在驱动力。鉴于不同的动力因素对推动我国地方各类本科院校的转变与发展所起到的不同影响和作用机制，本书以简单的综合性动力机制模型理论为研究依据，从外在动力和内在动力共同影响的角度来探讨分析我国地方各类本科院校的转型动力机制模式。国家政策、社会需求、地方经济增长等内外动力因素的简单综合作用形成了地方本科院校转型的综合动力。在如此环境下，地方院校的发展面对的机遇可分为以下几个方面。

一、地方本科院校发展的外在因素

1. 人才培养结构转变的需求

随着当前我国社会市场经济"转方式、调结构"的发展不断地向前推进，产业结构的不断优化、调节也对高等教育的人才培养结构提出了全新的要求，院校的人才培养数量、结构和专门课程的设置等都要顺应高等教育产业结构调节的需要，这种人才需求转变将成为地方各类本科院校向应用技术大学转变的驱动力。产业结构调整对于地方各类本科院校转型发展的驱动力主要表现在对人才培养的专业技能的配备上。为了实现当前我国社会主义现代化建设的目标，要求高等教育必须尽快建立起能够适应当前现代社会经济发展需要的、合理的高等教育人才培养结构，而当前地方各类本科院校的转型升级发展就是实现以上这些转变的一个重要途径。

2. 地方经济转型升级发展的需求

从理论上来说，为了地方社会和经济发展服务一直都是地方各类本科学校的一项重要使命，在促进地方社会和经济的转型升级中，地方各类院校都应该承担一定的人才培养、科研攻关、知识技术创新等诸多方面的职能，地方各类院校还应该尽可能在更好地服务于区域经济发展的同时实现自身的发展。然而，当前多数的地方院校都认为其在服务于地方社会经济发展中的观念和成效还亟待加强。为了适应当代地方经济向社会主义经济转型升级的市场经济发展要求，提高其对区域性经济增长的贡献程度，地方各类本科学校的转型发展势在必行。

二、地方本科院校发展的内在动力

1. 地方本科院校生存发展的转型需求

从目前我国各地方本科院校专业课程设置与其办学定位情况来看，多数都是追求办成一所学术性研究型院校，从而导致院校出现了同质化、"千校一面"的问题。地方各级本科院校在选拔和建设一所学术型本科院校的工作过程中，因其办学基础、师资队伍、融资投入等诸多方面的条件薄弱，不仅使自身缺乏与其他高水平的综合性大学的比较优势，同时也因其定位不准、特点缺失、模式单一而严重丧失了该校的市场竞争优势和发展契机，部分地方各级本科院校正面临着新形势下的招生困难和学生就业难等多种发展困境。因此，生存和发展的市场需求将会成为地方各级本科院校实现转型发展的根本驱动力，科学地定位、抢抓契机、快速实现转型已经成为部分地方本科院校实现生存和发展的根本出路。

2. 地方本科院校招生、就业压力

高校毕业生就业、创业，关系千万家庭幸福，关系财富创造、高质量发展。"十三五"以来全国高校毕业生累计达4088万人，初次就业率连续多年保持在77%以上。近两年，综合考虑经济下行压力和疫情叠加的影响，就业形势复杂严峻。2020年，各地、各相关部门通过支持企业扩大招聘规模，支持基层吸纳更多毕业生就业，支持毕业生自主创业和社会化、市场化就业，扩大升学深造规模等方式，实现了高校毕业生就业局势总体平稳，高校毕业生总体就业率达90%以上。就业率只是一个普遍的数字，结合相关院校已公开的本科教学质量报告和毕业生就业质量报告看，地方本科院校存在就业质量下滑、自主创业举步维艰等问题。究其原因，地方本科院校存在定位不明、特色迷失、盲目扩张办学和提升办学层次的"升格热"的问题，导致培养的人才不符合社会的实际需求。随着我国高等教育办学体制和教育服务需求的多样化，是否适应市场需求、是否能够培养"适销对路"的毕业生，是地方高校在竞争中能否获胜的关键。毕业生的就业率和就业质量成为考生、家长和社会评价一所学校办学水平的一项重要指标，进而也成为影响未来发展的一个重要因素。在这种环境下，地方本科院校必须采取有效措施，提高毕业生就业竞争力。与此同时，由于地方本科院校自身的原因，如学校知名度不高、教师队伍水平不强、就业前景不乐观等，在吸引生源方面处于劣势。基于目前我国地方本科院校政府财政拨款有限，学生缴纳的学费成为主要经费来源，招生规模和人员的减少会直接造成办学经费的流失和减少，也可能引发师资队伍不完善，实验、实训条件不足，教学改革不足等一系列问题。招生和就业的巨大压力和现实需求将直接促进地方本科院校创新发展、转型发展，办学特色和品牌，培养具有竞争力的适应地方经济社会发展需求的高素质应用型创新型人才，提升学校的竞争力和生命力。

3. 地方本科院校利益相关者的利益诉求

弗里曼（Edward Freeman）在《战略管理利益相关者方法》中首次明确提出了一种利益关系相关者综合管理业务理论，该书理论的主要含义是指一个大型企业的利益管理者为通过综合平衡各种不同利益关系相关者的不同利益管理需求而自行组织和策划的利益管理业务活动。对于目前地方本科院校的行政管理来说，利益直接关系相关者的主体包括各级地方人民政府、用人单位、学校教师、学生家长等，学校行政管理者还认为应当通过发挥综合均衡各个学校利益直接关系相关者的政治权利和管理作用来及时做出各种战略性的管理决策。地方本科院校因地方需求而生，因地方需求而盛。在考虑利益相关者诉求上，应该突出为区域经济和社会发展服务，突出应用型人才培养。强化办学合理定位，强化人才培养中心地位，强化内涵建设和质量保障体系建设，探索一条符合自身发展实际和社会需求的办学之路。

第三节 地方本科院校发展面临的挑战

随着我国社会主义市场经济发展逐步进入新常态，人力资源供给与市场需求之间的密切关系也正发生着深刻的变化，市场经济的效益为先与优胜劣汰已逐渐为大学所认同，从过去政府宏观调控、呵护发展的状态走出，地方本科院校面对的是全国重点高校、"双一流"高校已然淘汰过却仍然需要凭借实力与同类院校竞争争取资源的市场，在全国众多地方院校中脱颖而出，应对来自职业院校的挑战，发挥内在发展动力，克服短板，抓住机遇，结合时代要求和地域特征与需求，形成学校办学特色，提高核心竞争力，是地方本科院校战略发展任务。

2018年全国教育大会上提出了要努力构建德智体美劳全面培养的教育体系，形成更高水平的人才培养体系。要提升教育服务经济社会发展能力，推进产学研协同创新，积极投身实施创新驱动发展战略，着眼培养适应就业、能够创业、勇于创新的现代化建设需要的人才。地方本科院校要找准定位、发挥优势，坚持错位发展、特色发展，坚持地方性（区域性）、应用性，使人才培养目标与区域经济社会发展的现实需求一致，主要培养高素质复合型的应用型人才，教师所从事的科学研究主要面向区域经济社会发展的需要，课题主要来自区域经济社会发展特别是区域产业发展中的难题，高校所开展的社会服务主要是提高区域企事业单位广大劳动者的专业技能和文化素质。如此，才能在高等教育发展中找到自己的时代方位。

就目前电子科技大学中山学院与内蒙古财经大学而言，与其他地方本科院校类似，在发展过程中面临的挑战可概括为观念层面、经费层面、师资层面、学校政策层面，等等。具体到学校执行环节，在理念认知、师资队伍、课程与实践教学等方面的问题最为突出。

1. 对转型发展认知模糊

当前，学校内部对是否转型发展以及如何发展缺乏足够的理论认识和先进的实践经验积累，在国家和省市政策框架下，学校没有针对性地做好关于转型发展的战略性思想工作，致使许多教职员工仍然普遍认为向应用型转型发展是向职业技术类高等学校转变，而与普遍的追求"申硕创大"、追求"双一流"的愿景相去甚远。具体表现就是不积极配合学校的转型发展工作，在人才培养工作中也难以产教融合改革创新。

2."双师双能型"教师不足

"双师双能型"教师队伍建设,对于加快地方本科高校转型,提高人才培养质量,适应我国经济结构调整和经济新常态的发展具有重要意义。但在建设"双师双能型"教师队伍中仍存在一些问题和困境,一方面紧缺具备"双师双能型"教师能力的教师,另一方面教师自身参与"双师双能型"教师建设意愿不强。教师缺乏到对口企业挂职、实践的机会,愿意提供实践岗位且对口的合作企业数量不多,高校在奖励绩效方面,没有针对"双师双能型"教师的专门奖励制度,使得教师并不重视培训、实践机会,对申请认定"双师双能型"教师的积极性也不高。应用型师资的不足,对地方高校转型发展是不利的。

3.课程体系不完善

因缺少满足转型要求的教师而在推动转型的道路上举步维艰的学校屡见不鲜,这与学校方面有很大的关系。一方面在于,学校仅仅设立了要完成转型的目标,但却没有完善课程体系;另一方面在于,在对课程的设置方面,因师资力量不足,实践型课程占比仍较低,极大地耽搁了向应用型转变的进程。

4.常规化、全程化、系统性的社会实践没有办法实现

许多已设立转型目标的院校,虽有培养真才实学、过硬技能的高端应用型人才的目标,却没有将其落到实处。仍采用寒暑假、某个假期集中实习的方式来完成实践,未达到常规化、全程化、系统化的实践目标。

5.校企合作实训基地待完善

虽然大多数院校都已经建立了校内的实训基地,但是实训基地的设备相对欠缺,技术也很落后,而且这些实训设备之间还存在着巨大的区别与差异。例如每一所院校因为工业分析与检测专业所需要提供的分析设备、项目、数量与型号都不同,所以导致这些学生不能全面熟悉和掌握各种产品在工业生产中的应用、掌握和分析检测的方法、做好产品质量管理和控制工作。另外,很多高校没有建立校外合作教育培养基地,阻碍了学生和外界的交流和接触,不利于校企合作教育活动的顺利开展。

第五章　地方本科院校的转型及高质量发展

——以电子科技大学中山学院为例

"转型"的概念可从两个方面展开：第一，社会经济结构、文化形态、价值观念等的转变；第二，产品的型号或其结构的转换。"发展"则指的是：新事物的产生，旧事物的灭亡以及新事物取代旧事物的过程。我们从对"转型"和"发展"的解释可以看出，两个概念是不同纬度下的，看似不相关的两个概念有着本质上的联系，厉以宁教授将"转型发展"作为一个整体的概念首先提出来，并在他的著述《转型发展理论》一书中阐释了其辩证统一的关系。转型是指在发展过程中的转型，发展是转型中的发展。转型发展即意味着一定的历史选择，在本书中地方本科院校转型升级，也是在一定的社会背景下，针对地方本科院校的发展做出的重大转型，在转型中继续发展。即主动寻求创新、主动追求改变的过程。

地方本科院校的高质量发展是"办人民满意的高等教育"的应有之义。以"人民满意"为出发点和落脚点，地方本科院校必须提高本科教育办学质量，以便更好地履行其应用型人才培养、应用研究等基本职能。通过对其办学质量的评价，一方面，以显性结果相对客观地反映社会对应用型大学本科办学的认可度；另一方面，其过程也是促进和保障应用型大学，提高本科办学成效的手段。基于此，讨论如何评价应用型大学的自身发展质量，如何界定高质量发展评价范畴，以及进一步有效推进高质量发展，就显得至关重要。

第一节　地方本科院校转型发展的提出

一、地方本科高校转型发展的概念界定

地方高校转型发展，通常也被称为高校转型发展或者高校转型，指的是地方本科院校向应用型转变发展。这是我国高等教育结构调整和增强的必然要求、教育体系竞争力的内在规律要求，也是我国经济结构转型和社会持续发展的重大战略举措，是一项系统工程。

二、地方本科高校转型发展历程

2013 年，中国教育科学研究院发表了《地方高校转型发展》报告，经过充分的调查研究和国内外比较研究，提出了发展应用型本科的思路。

2015 年 10 月 21 日，教育部、国家发改委、财政部发布《关于引导部分地方普通本科高校向应用型转变的指导意见》，为进一步贯彻推动高校转型发展做出了铺垫。

2017 年 7 月 17 至 21 日，教育部发展规划司在国家教育行政学院举办了第七期地方高校转型发展专题研讨班，100 所教育现代化推进工程应用型本科高校建设项目学校负责同志参加了培训班。

2018 年 4 月，教育部发展规划司在教育部网站，发布了部分本科高校转型发展情况介绍。在各地各部门的支持下，在高校和行业企业的积极参与下，地方高校转型发展的积极性和主动性极大增强，校企合作、产教融合的办学模式广泛推行，地方高校应用型人才培养能力水平显著增强。下一步，将加强高校转型发展总结评估，加快构建配套制度体系，推动高校转型改革迈向纵深。一是健全高等教育分类发展政策体系，推动各地落实《"十三五"时期高等学校设置工作的意见》，以人才培养定位为基础建立高等教育分类体系，积极推进高校分类管理、分类发展，探索建立不同类型高校拨款标准、质量评估、人事管理、监测评价等制度，构建有利于各类高校特色发展的评价指标体系和评价方式。二是构建产教融合发展政策体系，落实好《国务院办公厅关于深化产教融合的若干意见》，完善促进校企合作的激励政策，构建校企合作长效机制。三是面向中国制造 2025 等国家重大战略，搭建校企合作平台，推动应用型高校与国内外优秀企业开展深度合作，深化应用型人才培养模式改革，提升服务区域产业发展能力。

第二节　地方本科院校转型发展的路径

华东师范大学教育学部教授韩映雄于 2015 年 12 月 14 日在《中国教育报》对地方本科院校的发展转型工作做出相关总结，并针对所处的现状给出了地方本科院校在转型发展过程中要做出更大的成就应该着手的几条路径，现将韩教授的科研精神概括如下：

当前我国所实施的产业结构调整是前所未有的，在极大程度上催生了对新型蓝领以及互联网大环境下现代服务业的从业者的巨大需求，然而大学面对如此需求，并没有做好充足的准备。基于这种状况，教育部紧紧抓住当前形势下的焦点问题和主要矛盾，颁布了《关于地方本科高校转型发展的指导意见》，为地方高校继续推进深化改革以及转型发展指明了方向性。

一、以政策为引导，转型地方高校

从理论上讲，应用技术大学的核心价值体现在其"应用技术"的特征和定位上。应用技术，是目标性结果与内容性手段的统一，即以"技术"的知识、技能、教学为内容手段，来实现"技术"的应用、服务实践的目标。从实践上看，应用技术体现大学的教育内涵，代表了服务产业结构调整的人才培养定位；应用技术，彰显大学的办学特色，发挥独特优势，优化高等教育结构；应用技术，是大学与产业融合的着力点，代表专业设置、学科教学、师资培养的改革主线。

（一）培养应用技术型人才，支撑产业结构优化升级

自 2014 年以来，企业"用工荒"与大学生"就业难"的结构性失业的问题进一步凸显，其背后更深层次的是高校所培养的人才与社会的用工需求直接脱节，从国家层面来看则是，我国现存的人力资源结构失衡较为严重，且该难题亟须破解。地方本科院校转型时应定位于：向应用技术型大学转型，培养我国产业转型升级和公共服务发展需要的高层次技术技能人才，切实解决高校人才培养规格与社会人才需求结构相脱节的问题。

（二）推动高校特色办学，实现高等教育结构优化

近年来，我国各大高校的发展水平不仅实现了快速的增长，院校的规模也在随之扩大、学科也在相应的发展健全，多数高校实现了高水平"综合性"大学的建设目标，然而，高校之间的办学同质化等问题也不断凸现。一是越来越多的学校的办学趋于同质化，对扩大办学规模、增加学科门类、设置硕士博士点等方面过于追求数量，过分强调办学定位而弱化了学校应有的办学特色，相应的竞争优势也没得到较好的发挥。二是各大高校所实施的趋于同质化的人才培养计划很难满足社会对人

才的多元化需求，进一步加重了毕业生的结构性失业问题的严重性。三是我国高等教育结构有待优化。地方本科高校向应用技术大学的转型发展，对于推动我国高等教育的特色化办学、促进高等教育结构优化、支撑地方产业结构调整等方面有重要的价值。

（三）深化校企合作机制，建立现代职业教育体系

地方本科高校向应用型大学转型发展时要把握好关键点，即要发挥好本行业相关企业的参与价值，构建相应的产教融合、校企合作的培养人才的新型模式。然而，当前我国地方高校的产教研融合力度不够，行业企业参与学校治理的机制仍不够健全，校企合作的层次、形式和意愿有待提高。

通过转型建设，建立一套适应高水平应用型大学的充满活力、科学有效的体制机制，建成一支满足应用型人才培养需要的高素质"双师双能型"教师队伍，建成一批适应地方产业需求、有利于推动创新驱动发展战略的应用型专业，建立一套产教紧密结合、校企深度合作的应用型人才培养体系，产出一批服务区域经济社会发展的科技成果，为把学校建成优势明显、特色突出、社会贡献大、综合实力强的高水平应用型大学奠定强有力的坚实基础。

二、电子科技大学中山学院转型思想和路径

（一）转型思想

1. 坚持党的领导，强化思想政治引领

在转型发展的特色高校建设期，学校始终坚持党的领导，落实管党治党、办学治校的主体责任，坚持和完善党委领导下的校长负责制，坚持党委会议议事制度，发挥学校党委的政治核心作用，对学校发展、党的建设、学科建设等方面的重大事项进行审议和决策。牢固树立"四个意识"，坚定"四个自信"，全面落实全国高校思想政治工作会议和全国教育大会精神，以立德树人为根本，以人才培养为核心，学校积极开展"不忘初心牢记使命"主题教育活动，扎实推进《中共电子科技大学中山学院委员会关于加强基层党组织建设三年行动计划工作方案（2018—2020年）》，以学科建设为中心，将转型发展、特色高校提升计划和学科建设作为基层党支部学习和日常工作的重要组成部分，把学校各级党组织建设成为宣传党的主张、

贯彻党的决定、领导基层治理、团结动员群众、推动改革发展的坚强战斗堡垒，为推动"特色高校"和"应用型转型"建设等学校中心工作发展提供坚强的政治和组织保证；充分发挥各类科研平台、新型智库、实践基地、学术社团、新媒体网络阵地等的育人功能，加强大学生理想信念教育，大力培育和弘扬社会主义核心价值观，加强青年学生爱国主义教育和意识形态教育。在全校教职工范围内开展师德师风建设，明确立德树人根本使命，不断提高政治站位，形成"三全"育人格局，全面提高应用型人才培养质量，着力培养社会主义事业的建设者和接班人。

2. 深化人事制度改革，加强师资队伍建设

以学科专业建设为中心，加大力度引育学科专业带头人和学术骨干。特色高校建设以来，学校以特色重点学科和高水平应用型大学建设需求为指引，深入实施"人才强校"战略，通过拓宽招聘渠道、全员推荐人才、借助总校资源等多种方式，大力引进各类高层次人才。通过新教师成长计划、中青年骨干教师发展计划、"莲峰学者"培养计划等，共选派 16 位青年教师前往国内外著名高校访问进修；选派20 位教师到企业、行业挂职锻炼，支持教师与企业合作研究技改项目，扩充"双师双能型"教师队伍。

深化人事制度改革，激发教师教学科研积极性。2018 年，学校制定实施《电子科技大学中山学院专任教师聘期考核管理规定》，建立教师聘期考核制度。坚持分级和分类评价原则，构建差异化的考核评价方式；在学校统筹管理的基础上，考核重心下移，实现教师年度考核和聘期考核相结合的考核方式。同时，为进一步增强高级职称教师活力，加强学科带头人培养，学校还出台了《电子科技大学中山学院高级专业技术职称岗位设置和聘任管理办法（试行）》，通过自愿申报、公开评审，引导和鼓励优秀高级职称教师脱颖而出，共 7 名教授获聘正高 A 岗，26 名副教授获聘副高 A 岗。同年，根据学校发展新形势和新目标，制定出台了《电子科技大学中山学院职称申报条件》系列文件，以业绩成果、实际贡献为导向，克服唯学历、唯资历、唯论文倾向，注重考核专业技术人才履行岗位职责的工作绩效和创新成果。

注重科研创新团队的建设。一是人才引进时，根据学科建设需要，倡导和鼓励以团队方式引进学校，在科研平台建设、科研启动金等方面给予政策倾斜；二是实施校内科研团队培育工作，鼓励跨学科、跨学院组建团队。2018 年以来，共有 13个校内科研团队入库培育，12 个获得立项资助。三是建立"科研团队研修计划"，积极选派教师到电子科技大学科研团队短期研修。四是创新科研人才组织机制，重

点打造一批特色突出、建设成效显著的高水平科研团队，重点支持"光纤无线融合接入系统团队""高性能电子纸技术研发及产业化团队""无线传能柔性物联创新科研团队"等市级以上科研团队冲击省部级以上科研团队；打造"光电器件与应用团队""人工智能与计算机视觉团队""功能材料研究团队""工商管理研究团队""地方政府治理创新研究团队"等市级以上创新团队。

3. 以学生为中心，着力培养应用创新人才

以学生为中心，构建多元化的应用型人才培养体系。一是要紧密对接大湾区产业需求，打造工科优势专业集群。根据大湾区电子信息类人才需求特点，优化专业结构，加大培养湾区电子信息产业紧缺适用人才。在专业结构上形成了以"电子信息"为特色，工、管为主干，工、管、经、理、文、法、艺协调发展的专业布局。二是构建"一中心、六融合"应用型人才培养体系。围绕应用型人才培养核心要素，以学生为中心，完善并构建了"一中心、六融合"的应用型人才培养体系（见图 5-1）。实施"卓越应用型本科教育计划"，健全"三阶段培养、多路径发展、多元化成长"的应用型人才培养体系，建立多样化的课程考核模式，全面提高应用型人才培养质量。三是校政企互联互通，深化产教融合，推动人才培养模式改革创新。在专业设置和课程改革方面，引进校外企业深度参与，构建专业与产业、课程与能力、教学与生产的过程对接，校企双方联合修订人才培养方案，联合开发行业课程和教材，联合实施教学和考核，联合开展实习实训，联合指导毕业设计，联合组织学科竞赛，打造专兼结合的双师双能教学团队，推动应用型人才培养模式改革向纵深发展。在产教融合方面，突出产业和应用导向，创新人才培养模式。校企共建"专业咨询委员会"，引入产业最新设备、前沿技术、真实项目和行业人才，共建各类协同创新平台。其中，产教融合、跨专业开放共享的《智能产品创新设计与实践》平台，获省资助 500 万元；"应用电子与软件技术协同育人创新创业中心"等6 个校内平台，每年 2000 余学生参与训练。四是重点学科引领，科研项目孵化育人。依托重点建设学科，组建大数据创新实验班，跨专业创新设计实验班等；强化学科竞赛的品牌特色，重点培育大学生创新创业、挑战杯、攀登计划等高级别学科竞赛项目，以"互联网＋"大赛为龙头、"挑战杯"和"攀登计划"为两翼、"一院一赛"为主线、大创训练项目为基础，开展全校性的学科竞赛活动，建立"以赛促学、以赛促用"的实践育人机制。依托中山市产业技术研究院，通过"导师和企业科研项目＋导师指导＋学生自主学习＋创新训练＋创业训练"，培养学生的创新精神，在科技成果转化过程中帮助学生寻找就业创业机会，全面培养现代产业急需的创新型、复合型、应用型人才。2018年，学校获评广东省高校首批"创新创业教育示范校"。

图5-1 "一中心、六融合"应用型人才培养体系

加强实验实践基地建设，强化动手能力培养。学校每年投入1500万元用于实验室建设，已建成104间教学实验室，其中虚拟仿真及开放创新实验室超过30间；每年按生均不少于400元的标准拨付实验实践教学专项经费；每年开设约100项"递进跨界"开放性、创新性、综合性实验项目，助推理论知识传授向创新精神和创业实践能力转变。构筑"学院对接产业"的"一院一品"应用导向平台，"学科融合、学训融合、专创融合、科教融合、产教融合"的"五融合"实践平台，课程、师资、项目、实验班、创客文化"五位一体"的资源平台，以组织、制度、激励、评价"四大机制"为驱动，构建"政府+学校+企业+社会"多元主体互联互通、互补互融的"四一五四"应用创新能力培养体系。2019年，《"应用导向，多元聚合"创新创业教育体系的探索与实践》获广东省教学成果奖一等奖。

加强"2+2"联合培养，提高人才培养质量。进一步发挥总校优质资源和师资力量，加强"2+2"联合培养力度，实行两校联合管理、联合教学、联合指导，加强学生专业基础知识和创新能力的培养提升。近3年，"2+2"联合培养专业深受学生和家长追捧，第一专业志愿填报率和报到率都达到100%；2019届自动化专业2+2班，100%毕业、授位，1/3毕业生成功考研、出国深造。

依托重点建设学科开展联合培养研究生，培养质量不断提升。"冲补强"提升计划实施以来，学校进一步解放思想，转变观念，创新思维，按照合理布局、重点发展的研究生联合培养发展思路，以学科建设为中心，调整联合培养研究生指标分配政策，重点支持"冲补强"提升计划重点建设学科的科研团队。以科研团队为单位下达招生指标，通过团队落实导师，采用导师个人指导或团队导师组集体指导相结合的方式培养研究生。

学校积极开拓生源，以需求为导向，以科研平台和科研团队为支撑，争取电子科技大学、广东省内高校及基地的多方支持，每年下达的招生名额从 60 名增加到 80 名，中山市研究生联合培养专项经费也有了较大增长。2020 年，联合培养研究生招生规模已达 80 人，全校共有研究生 200 多人。依托总校和广东省研究生联合培养基地（中山），为中山及湾区企业培养了大批高层次应用型创新人才。2020年，我校刘黎明教授指导的电子科技大学联合培养硕士研究生余雪萍同学在国际高水平学术期刊 *Journal of Materials Chemistry A* 上发表 Halogen Regulation of Inorganic Perovskites toward Robust Triboelectric Nanogenerators and Charging Polarity Series 的研究论文；同时，每年均有联合培养研究生毕业论文获评总校和广东高校优秀论文。

4. 加强科研条件建设，提高研究和服务能力

构建"大平台、大团队、大项目、大成果"为目标的科研格局。2018 年，根据特色高校建设需要，学校出台《关于推进科研平台和科研团队建设的若干意见（试行）》，明确构建"大平台、大团队、大项目、大成果"为目标的科研格局，要求各责任学院根据学科建设需要，谋划建设学科平台、团队，并根据文件要求提供条件保障。特色高校建设以来，学校在学科建设方面投入近 1.6 亿元，其中在重点建设学科平台和团队建设方面共投入 6225 万元，购买仪器设备费用近 4000 万元，大大提高了科研平台的硬件条件，提升了科研平台和科研团队的建设实力。2018 年至今，已获批 7 个省级创新平台，其中 2 个为校企共建省级工程技术研究中心，实现了学校省级平台零的突破；获批广东普通高校创新团队 3 个，市级创新团队 2 个，实现了学校省级创新团队零的突破。"练内功，育成果"，围绕地方需求，大力开展基础及应用研究。聚焦省市重点领域研发计划及重大科学问题，对接《广东省基础与应用基础研究基金重点领域项目实施方案》，依托电子薄膜与集成器件国家重点实验室中山分室、广东省工程技术研究中心等各类科研平台，充分利用现有平台、人才、设备和技术优势，通过高层次人才科研启动项目、青年项目、科研团队培育项目、广东省教育厅科研平台和科研项目等，在新一代信息技术、高端装备制造、新材料等领域重点布局培育一批创新项目，大力开展基础与应用研究，提高教师科学研究能力。通过项目培育和苦练"功夫"，学校基础与应用基础研究能力逐年增强。

依托中山市产业技术研究院，大力开展产业技术服务。瞄准区域支柱产业和优势传统产业，依托中山市产业技术研究院，实施"请进来，走出去"的政校行企协

同创新战略，联合中山市计算机学会、中山市科技工作者协会、中山市产学研合作促进会等外部资源，主动对接粤港澳大湾区重大创新平台、高新区和专业镇等创新载体，探索"高校＋产研院＋地方政府＋行业企业"的产学研合作新模式；联合企业积极承担省市重大专项，2018—2020年所承担的项目共获批财政资金超5000万元，在"高性能长耐久一体化电驱动系统集成及其产业化""基于5G和大数据的电梯故障智能感知与安全管控服务平台的关键技术研发及产业化""称重传感器智能制造关键技术研究与应用"等方面着力攻克相关行业、产业技术难题。完善科研管理机制，激发教师科研活力。2018年以来，结合国家、省市最新科研管理文件精神，以优化科研管理，提高科研绩效为目的，学校连续三次对科研经费管理办法、纵向项目管理办法、横向项目管理办法、成果奖励办法等多个文件进行修订，赋予科研人员更多经费使用、调剂权限，明确横向项目管理范围，取消劳务费比例限制等；出台科研团队管理办法、科研平台管理办法、科研助理开发工作方案等，优化科研管理，提升科研绩效。

5. 依托校本部学科优势，带动学科发展

校本部电子科技大学特色优势明显，为中山学院的学科建设提供了全方位的支持，带动了学校学科的发展：派遣优秀专家入校工作，参与、指导学科建设。校本部以全职或兼职形式派遣优秀专家入校工作指导、参与学科建设。2018年校本部先后派多位专家指导电子科学与技术、计算机科学与技术学科建设，同时委派国家级人才指导科研创新团队的建设和学术骨干的成长，建设高水平基础研究平台。依托校本部国家重点实验室建立了电子薄膜与集成器件国家重点实验室中山分实验室，通过对接校本部实验室专家团队，提升中山学院的基础研究能力。承担师资培养工作。每年校本部均承接中山学院的干部进修、骨干教师研修工作。学校每年安排干部到总校对口单位学习、培训，通过学习一流大学的管理经验、工作方式方法，对提升中山学院干部管理水平，服务特色高校建设具有积极意义；骨干教师到校本部培训学习，校本部开放和共享实验室资源，安排专人专业指导，对有效提升中山学院教师的科研攻关能力、攻克科研难题起到了积极的促进作用。开展联合培养研究生工作。校本部不仅帮助中山学院建立了研究生培养基地，还通过"一对一"的"传帮带"为中山学院培养了一批硕士研究生导师，培养了学校第一位本土博士研究生导师。开展"2+2"联合培养本科生工作。学校在3个特色重点建设学科对应的3个专业开展了"2+2"联合培养本科生工作，通过"2+2"本科实验班，借助一流高校的优势资源，大大提高了本科生的培养质量。

6. 积极拓展外部资源，构建开放办学格局

2018 年以来，为支持学校建设高水平应用型大学，加强学科建设，学校不断优化办学环境，加强国际交流与合作，鼓励各二级学院结合各自学科专业优势和特色，通过产学研合作、学术交流、培训学习等多种方式与境内外高校或研究机构建立多层次多形式的合作模式，如组织骨干教师到中国台湾元智大学、朝阳科技大学等交流学习；建立对接境外应用型人才培养的通道，如开展海外联合培养本科项目、赴美带薪实践项目等，形成适应高水平应用型大学建设的开放办学格局。

（二）地方本科院校的建设路径

1. 抓基础，重应用，助力区域经济创新发展

2018 年以来，中山学院共承担市级以上重大重点项目近 50 项，其中校企共同承担项目 6 项，获批财政资金超 5000 万元；承担产学研合作项目 539 项，支持资金 7807 万元，占总经费的 69%；合同金额从 2017 年的 1502 万元增至 2019 年的 5960.7 万元，年均增长率 99.1%。签订 100 万以上合同 27 项，由 2017 年的 1 项增长至 2019 年的 16 项。作为高水平应用型大学，学校以服务地方为己任，主动作为，学科对接产业，充分发挥学科优势和特色，抓基础，重应用，积极为区域经济社会发展贡献智慧和力量。

学校和中山大洋电机股份有限公司联合申报的"新能源汽车用永磁同步电机及驱动系统关键技术研究及产业化"项目荣获 2018 年度广东省科技进步二等奖、联合承担的"高性能长耐久一体化电驱动系统集成及其产业化"项目获批 2019 年广东省重大专项立项，获得支持资金 3000 万元；与中山市铧禧电子科技有限公司合作的"泛家居制造工业互联网标识解析二级节点建设"项目获广东省通信管理局专项立项，支持资金 500 万元；与中山佳维电子有限公司合作的"称重传感器智能制造关键技术研究与应用"项目、与讯芯电子科技（中山）有限公司合作的"基于 5G 和大数据的电梯故障智能感知与安全管控服务平台的关键技术研发及产业化"项目等获得 2019 年度中山市科技发展专项资金项目（市重大科技专项）立项，分别获 400 万元财政支持资金；与广东创智互联科技有限公司共建的"AI 智慧教育产业研发联合实验室"项目，获企业支持资金 340 万元；中山市云星信息科技有限公司委托开发的"AI 视觉应用技术研发"项目，获企业支持资金 300 万元；与中山东菱威力电

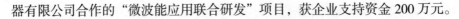

器有限公司合作的"微波能应用联合研发"项目，获企业支持资金 200 万元。

2. 搭建"1+N"平台育成体系，为区域产业提供技术和人才支持

2018 年以来，学校大力实施"请进来走出去"战略，与企业、行业协会等共建各类平台，搭建"1+N"平台育成体系，已形成以中山市产业技术研究院为中心，建立中山市智能技术与新兴产业协同创新中心、广东省纳米光电功能薄膜与器件工程技术研究中心、物联网应用技术及智能制造工程技术研究中心、广东省智能检测与机器人智能控制工程技术研究、广东省功能材料绿色制备技术与应用工程技术研究中心等 20 多个省市创新平台，设立博士后创新实践基地等，为中山市乃至珠三角区域发展提供人才支持；其中，校企合作成功申请广东省工程技术研发中心 2 个，市级协同创新中心 5 个，共建校企联合实验室 8 个，以平台搭建为载体，充分发挥高校和企业双方优势，共建共享人才资源，共同推动经济社会发展。

依托学科和科研平台，为解决企业实际难题，学校创新"企业提需求学校引进人"的新机制，建立共享共用人才方案。例如：电子信息学院 2 位教师常年派驻广东华快光子科技有限公司，参与"飞秒激光器"项目研发。目前"中山造"飞秒激光器已经进入产品化阶段，预计在 5 年内，飞秒激光器量产后产值可以达到数亿元。校企共享共用人才的方式，既解决了企业"痛点""难点"，又提升了教师的应用研究和创新能力。2018 年，"高纯度窄带可调谐涡旋太赫兹脉冲的产生及相干检测技术研究"项目获省自然科学基金项目立项，"飞秒光纤激光啁啾脉冲放大系统中非线性色散机制及补偿技术研究"获得 2020 年国家自然科学基金项目立项，"基于中红外光纤的石英增强型光声光谱技术大气污染监测研究"项目获中山市社会公益项目（重点项目）立项。

3. 创新产学研合作新模式，更好地服务地方

2015 年 12 月底，在中山市人民政府的大力支持下，依托学校重点建设学科优势，建立集技术研发、成果转化、企业孵化、技术服务和人才培养五位一体的新型研发机构——中山市产业技术研究院。2018 年，依托中山市产业技术研究院，对接地方政府、行业企业需求，联合中山市计算机学会、中山市科技工作者协会、中山市产学研合作促进会等外部资源为科研人员参与科研工作拓宽渠道、促进政校行企合作。

在服务湾区电子信息产业方面，中山学院积极汇聚电子科技大学的广东力量，充分发挥双方优势，在技术支持和人才培养方面，更好地服务地方及湾区电子信息

产业；且不断地创新了高新技术企业孵化形式，筹建了电子科技大学中山学院大学科技园，2018年以来，5家科技型中小企业已培育孵化成功；为湾区电子信息产业提供技术支持，2018年以来共服务340家企业，输送了5000多名电子信息类应用创新型人才，较好地拉动了湾区企业的发展和技术创新。

4.育成果，促转化，推动高校成果向社会转移转化

2018年以来，已形成新产品、新技术50多项，以转让或许可方式签订成果转让合同15份，开展科技成果评价15项，与30家科技型中小企业达成产学研合作，依托中山学院省级科技创新券服务机构，帮助企业成功申请省级科技创新券，共签订技术合同金额1308.8万元，申请创新券兑付金额229万元；组织申报2020年中山市促进技术交易和科技服务业发展专项资金，目前符合资助条件的技术合同金额达2499万元，预计可申请政府补助金额64.08万元。

2018年，在广东高校科技创新暨"冲补强"工作推进会上，与东菱威力的合作项目作为全省13项代表性产学研合作项目之一获邀上台签约；2项代表性科技成果亮相发布会，全省共15项亮相；另外2项科技成果入选高校《待转化科技成果汇编》。2019年，在广东省高校科技成果转化系列活动上，"分布式光纤拉曼温度传感系统"和"LNG/柴油双燃料船舶动力智能监控系统及其云平台"两项成果受到政府领导、企业界、主流媒体的广泛关注，广东电视新闻、学习强国等平台做了报道。2020年，新增2项科研成果成功入围广东高校科技成果转化路演大赛。

第三节　地方本科院校转型发展的成效

近两年，广东省在推进地方本科院校转型发展方面，决心坚定、思路清晰、措施有力、成效明显，在全国发挥了引领和示范作用，为全省各院校进一步统一思想，通过示范引领、全省推动，加快推进应用技术型本科院校建设工作提供了指导思想，明确了努力方向。

日前，广东省部分本科院校的转型发展工作又进入一个新的阶段，地方院校转型发展步入新常态。推动本科学校转型发展工作是一项长期的、艰巨的任务。为了更好地学习贯彻此次会议的精神，我们特地整理了电子科技大学中山学院转型发展

经验，以期有关院校在转型发展中有所借鉴。

一、特色与创新

（一）理念思路创新

学校深刻认识在高等教育大众化背景下高校"分类管理，特色发展"的意义和新形势下学校面临的机遇和挑战，瞄准建设高水平应用型大学的办学目标，准确定位学校类型、学科专业、服务方向和办学特色，以转型发展为重要抓手，解放思想，转变观念。通过开展系列活动，切实提高全校教职员工正确把握转型发展机遇，推动学校对深化改革发展重要性的认识，凝心聚力，重点突破转型发展中的关键问题和重要环节。

转思路。从"封闭式"办学向"开放式"校内外协同办学转变，走产学研融合、校政行企协同的办学之路。

调结构。从全面发展向特色发展转变，主动适应区域经济社会发展需要，调整优化学科专业结构、师资结构和资源配置结构。

改模式。从传统管理模式向现代大学制度转变，深化体制机制、人才培养和质量评价等全方位的改革。

增能力。从"知识本位"向"能力本位"转变，重构人才培养方案，加强实践能力，创新创业就业能力的培养。

通过转型建设，建立一套适应高水平应用型大学的充满活力、科学有效的体制机制，建成一支满足应用型人才培养需要的高素质"双师双能型"教师队伍，建成一批适应地方产业需求、有利于推动创新驱动发展战略的应用型专业，建立一套产教紧密结合、校企深度合作的应用型人才培养体系，产出一批服务区域经济社会发展的科技成果，为把学校建成优势明显、特色突出、社会贡献大、综合实力强的高水平应用型大学奠定强有力的坚实基础。

（二）资源整合方式创新

构建的应用导向、多元聚合的创新创业教育培养体系，以平台为载体，根植中山产业和学校学科专业优势，使双创教育资源从松散走向聚合，从校内延伸校外，又从校外汇入校内，形成多元主体互联互通、互补互融的资源优势和系统的培养体系。成果积极调动"校、政、行、企"资源，搭建"五融合"实践育人平台，汇聚了一批独具特色的课程、师资、项目、实验班、创客文化资源，打破传统教学范式，体现以能力培养为核心、以学生为中心的开放式教学。探索了应用型创新人才协同培养路径，缩短了学生就业后的适应期；调动企业家、校友资源，成立"大学生创业种子基金"1000余万元；学校两位导师入选全国万名优秀创新创业导师人才库；建立起一支由校外知名企业家组成的大创项目和竞赛评审团，保证了项目建设实效和创业孵化的高成功率。资源整合方式和运作机制为地方应用型院校优化资源配置提供了路径借鉴。

（三）管理与运行机制创新

坚持"融合协同、合作共赢"基本原则，通过加强顶层设计，优化组织保障；多种举措激发全员双创激情；强化目标管理，完善评价机制；促进齐抓共管，健全运行机制，重教师创新，重学生团队互助，重学校为学生提供多元化、高质量的服务，重制度保障与激励机制，为创新创业教育提供新借鉴。

2009年起实施多元化教育方案，满足个性化学习需求；2011年实施创新教育学分，学生必须获得至少2个创新教育学分才能毕业。2016年，落实教师企业锻炼计划和企业人才柔性引进计划，提升教师实践创新能力；2017年，弹性学制，休学创业，学分认定；组建大学生自己的创新创业联盟，学生创新创业类社团74个，每年参加社团人数5000多人，学生团队互助。2017年，将双创平台建设、课程建设、导师引培、教学培训等纳入二级学院年度目标任务重点考核项目；启动"卓越教学奖"，鼓励创新性成果。每年以500万元资助教师编写创新创业教材、师生创新性项目、创新创业竞赛活动、应用研究、成果推广等。2019年，职称评审条件明确双创教育服务要求。通过上述体制机制创新，有效调动学院、教师和学生三方参与创新创业教育的积极性。

二、地方本科院校的建设成效

（一）落实立德树人

围绕立德树人根本任务与人才培养中心地位，学校推进落实转型发展、省市共建、"特色高校提升计划"等系列改革方案，优化人才培养的规模与结构，深化教学改革。一方面，加强教师思想理论教育，完善考评机制，加大立德树人在考评中的权重，完善师德师风考察机制，培养了一支信念坚定、师德高尚的专业化教师队伍。另一方面，充分发挥各类课程的协同育人功能，实现从"思政课程"到"课程思政"的范式转变，使立德树人渗透在各学科、各课程、各课堂中。通过"四个一"课程思政试点工程，试点学院 1 个，试点专业 13 个，试点课程 40 门，试点课堂 80 个。2020 年 2 门课程思政示范课程、2 门课程思政示范课堂获得省级认定，其中课程思政示范课程同时被认定为省级一流本科课程。此外，学校注重发挥社会实践的育人功能，强化实践教学，组建以辅导员为主要成员的思创结合教学团队，将"青年红色筑梦之旅"社会实践活动与思政课程相结合，让学生在认识和服务社会中培养社会情感、磨炼意志、增长本领，全面提高人才培养质量。

（二）育人成效显著

（1）2020 年，学校以访谈、调查问卷、举办企业代表座谈会等形式，了解社会用人单位对学校毕业生的评价。调研结果显示，用人单位对学校毕业生的总体满意度为 96.5%。

（2）学生综合素质和能力稳步提升。以双创教育为例，每年超过 70% 的在校学生参与双创实践。孵化基地学生累计申请 165 项专利，其中 10 项转化成产品并推向市场，年均营业额 2000 多万元，实现利润 200 多万元；成功培育 136 个创业团队，直接带动学生创业与就业 1285 人；涌现出一批省市级"创业标兵、创业先进个人"。

（3）学科竞赛成果显著。国家级大学生创新创业训练计划项目 200 余项、省级近 500 项。近 5 年，省级以上各类大赛二等奖以上奖项 1600 余项，红点、IF 概念设计等国际奖 7 项；2018 年品牌项目获奖 102 项，"互联网+"大赛国家铜奖 1 项，省银奖 1 项，省铜奖 2 项，参赛学生人数逐年提升，2019 年超过在校人数的 25%；"挑战杯"国家三等奖 1 项，省特等奖 1 项、一等奖 2 项、二等奖 3 项、三等奖 15 项。

（4）创新创业文化氛围浓厚。每年开展各类竞赛总结会、创新创业研讨会、名家进校园、创新创业成果展等活动 20 余次，参与学生超过 2 万人次；截至 2019 年 5 月 29 日，共有 5424 名同学的 1131 个项目成功报名第五届中国"互联网+"大学生创新创业大赛；形成"独立思考、自由探索、勇于创新"的校园文化氛围。

（三）社会赞誉广泛

《中国教育报》《中国青年报》、省教育厅官网、地方媒体等对电子科技大学中山学院双创教育的报道累计 37 次、接待国家及省市级主管部门调研 14 次、成果在省级创新创业主题会议上做经验分享 6 次、面向院校的成果应用推广 7 次；中央电视台《朝闻天下》栏目对学校创业孵化基地做了长达 4 分钟的专题新闻报道。学校在广东省"创新强校工程考核"中稳居同类院校前三，为广东省应用型转型发展试点院校、省市共建院校、"冲补强"特色提升计划院校！

（四）推广与应用

2019 年 4 月 22 日，学校在 2019 中国院校创新创业学院联盟年会暨中国院校创新创业学院发展论坛上做"凝聚创新共识培育创新人才，全力打造创新创业教育生态"的主题发言；先后接待浙江大学城市学院、北理工珠海学院等 30 多所兄弟院校的参观交流。

第四节　地方本科院校高质量发展的必然性及关键点

转向高质量发展阶段是我国经济发展进入新时代的客观要求。我国经济发展进入新时代的实质是，经过改革开放 40 多年的不懈努力，我国经济规模快速增长，已进入由大向强转变的历史新阶段。在 20 世纪改革开放的初始阶段，作为世界第一人口大国，我国经济总量仅排在世界第十一位。如今，我国经济总量已经稳居世界第二位。党的十八大以来，我国进入全面建成小康社会决胜期，并将在全面建成小康社会的基础上，乘势而上开启全面建设社会主义现代化国家新征程。社会主义现代化国家的经济基础是社会生产能力水平的明显提升，核心是经济发展的高质量。如果说改革开放之初我国经济发展要解决的首要问题是数量不足，需要"快"字当头，那么，在新时代要解决的首要问题则是实现高质量发展，必须"好"字当头。

转向高质量发展阶段是社会主要矛盾转化的客观要求。在党的十九大报告中，习近平同志指出："中国特色社会主义进入新时代，我国社会主要矛盾已经转化为人民日益增长的美好生活需要和不平衡不充分的发展之间的矛盾。"在改革开放初期，为解决当时"人民日益增长的物质文化需要同落后的社会生产之间的矛盾"这个社会主要矛盾，必须尽快发展社会生产力，各方面工作都要配合和服从快速发展经济。经过多年努力，我国经济体量明显增大，经济实力显著提升，原来生产力落后的状况已经得到相当程度的改变，生产力发展的制约因素更多表现为经济社会发展不平衡不充分，特别是表现为经济结构性矛盾尖锐、生产效率问题突出、社会民生建设滞后和资源环境约束趋紧等。解决发展不平衡不充分的问题，必然要推动高质量发展。从社会主要矛盾的另一侧即人民需要来看，人民日益增长的对美好生活的需要是多方面的，既包括物质和精神生活的丰富，也包括民主法治、公平正义的保障和提升，还包括对安全和良好生态环境的需要，等等。只有实现高质量发展，才能满足人民对物质文化生活的更高要求，才能为全面满足人民的美好生活需要奠定坚实的物质基础。由此可见，在社会主要矛盾发生转化的条件下，推动高质量发展成为解决社会主要矛盾的关键举措，成为当前和今后一个时期确定发展思路、制定经济政策、实施宏观调控的根本要求。

转向高质量发展是稳定高教普及化的成绩，巩固高教大国的地位，办人民满意的高等教育的必然要求。建设高质量教育体系，是党中央为"十四五"期间中国高等教育发展确定的基本政策导向。目前地方高校无论是高校数量还是在读学生数量，占比均超过90%，毫无疑问是我国高等教育的主力军和主阵地。地方高校毕业生是"双一流"建设高校研究生录取的主要来源，没有地方高校人才培养的高质量发展，"双一流"建设高校的努力也将缺乏坚实持久的支撑；地方高校是所在区域高素质人才资源的主要供给者、科技创新的重要引擎，也是先进文化的引领者，地方高校的高质量发展直接影响所在区域经济社会的高质量发展。"十四五"规划期间，实现地方高校的高质量发展意义重大。

（一）地方本科院校高质量发展的必要性

1.对接社会需求缓解人才供需矛盾的要求

伴随着工业化4.0的到来，对技术、研发人才的需求逐渐增加。一方面，企业"招聘难"，说明企业难以招聘到合适的技术研发人员。另一方面，有研究表明地方本科院校毕业生60%的不能满足企业对技术人才的需求，这充分反映了我国产业结构升级带来的人才供求失衡，因此地方本科院校及时转型为应用型院校，为当地产业结构的升级提供所需的应用型技术人才，缓解当地的人才供需矛盾。

2. 地方本科院校构建新发展格局的要求

新建地方本科院校建立后定位模糊，追随学术研究型大学的发展模式，培养出的毕业生能力缺乏，眼高手低，不具备市场竞争力。地域等因素制约，引进高端人才较为困难。学校所在城市的吸引力、学校属性等因素，对人才的吸引力相对不足，引进高层次人才，特别是引进具有较大影响力的学科领军人物和带头人非常困难。地方本科院校需要进行改革，加强教学科研团队建设，科研教研实验平台建设，大力培养学校所在地区经济发展所需的应用型人才。

（二）地方本科院校高质量发展的关键点

任何组织都具有一定的生命周期，转型和创新是组织自我更新、摆脱困境、延长生命周期的主要途径。因此，转型是大学的永恒主题，没有转型，大学不但会长期处在危机中，大学的理想也将永远是理想。根据新制度主义相关理论，我国地方院校向应用型大学转型，构建大学转型的合法性机制是重点。

1. 转型愿景的设定

迪玛奇奥和鲍威尔研究发现，组织目标越模糊不清，越能导致组织之间结构上的趋同。长期以来，地方院校办学过程中，一直存在办学定位和办学目标不明确的问题，这些院校虽知不能达到研究型大学的办学标准，但为争取外部办学资源，同时也为弥合大学组织内部的分歧和矛盾，只能通过模仿机制，不断争取同研究型大学一样的"标签"，做符合社会共享观念的事，导致了大学组织不断与研究型大学趋同的现象。向应用型大学转型，建设区别于研究型大学的另一种类型的大学，为地方院校提供了新的发展路径，既可弥补大学组织内部分歧，也为大学争取外部资源提供了新的可能。实现这种转型，关键在于设定明确的转型愿景。愿景是对组织未来的持久性回答和承诺，是组织成员共同追求的理想和目标，比目标更具持续性。设定转型愿景，明确地方院校向应用型大学转型后良好的制度环境和充足的制度环境，传播转型后学校的宏伟蓝图、建设目标、相对优势、核心竞争力及社会美誉度，有利于地方院校顺利向应用型大学转型。为此，政府有必要制定应用型大学建设的专门规划并组织实施，明确应用型建设的整体目标、具体任务和建设内容以及保障措施等。地方院校要将转型作为主要任务，体现在学校长远发展规划中，通过培育基于区域产业结构的办学特色、聚焦学校办学定位、人才培养模式、科学研究重点和师资队伍建设等的转型，向政府、社会和校内师生明确大学建设的美好愿景。

2. 核心观念的保存

大学是遗传和环境的产物，首先是遗传的产物，大学具有的独特 DNA 是大学区别于其他社会组织的本质特征。大学自治和学术自由作为其核心的共享观念，在大学诞生之初便存在，这种共享观念在大学制度千百年变迁中仍保存并延续至今。纵观世界各国高等教育，无论采用何种治理模式，任何一种高等教育类型中，学术权力都是高等教育治理体系中的一支重要力量，尽管维护学术权力权威的程度不一、路径不同，坚持大学自治和学术自由始终是人们所认同的普遍观念，成为人们建设高等教育制度环境的共享观念，内化到高等教育制度体系中。大学自治的观念强调大学自主办学的制度。只有赋予相对完善的办学自主权，地方院校才能作为相对独立的实体，根据市场变化和社会需求，及时调整办学定位和人才培养目标、类型及要求，灵活适应外界变化，从外界吸收足够的资源、信息、政策和经费，真正实现转型。反之，如果地方院校仅是政府的附庸，在人事、经费分配与使用、招生指标、学科专业设置等方面均受政府约束和控制，那么，即使没有"政府失灵"困境，地方院校在向应用型大学转型过程中进行的"双师双能型"师资队伍建设、应用型人才培养模式、学科专业调整、科学研究导向等也会面临重重阻碍，无法及时调整与产业界的关系，转型自然会无疾而终。因此，要构建有利于地方院校向应用型大学转型的高等教育制度体系，构建充满活力、公平合理的竞争环境，必须赋予地方院校充足的办学自主权，让地方院校自主地根据区域经济社会发展调整自身发展战略、办学定位和资源配置，真正实现应用型大学"有物可用""可自主使用"。"只要高等教育仍是正规的组织，它就是控制高深知识和方法的社会机构"，应用型大学兴起于知识社会，创新是知识社会的主要特征，创新既包括知识生产的创新也包括知识应用与传播的创新，与研究型大学能引领社会创新一样，应用型大学同样能引领社会创新，任何创新都有赖于对学术自由这一核心共享观念的认同和坚守。学术自由的观念强调了对学术权力的尊重。因此，地方院校向应用型大学转型，需要坚持学术自由这一共享观念，使大学办学和人才培养模式符合知识生产和应用的普遍规律，从而使转型符合大学最基本和重要的学术之法。

3. 制度环境的构建

新制度主义有关制度变迁的合法性理论虽强调现有制度环境对制度变迁具有路径依赖的阻碍作用，但同时也认为共享观念和制度环境本身也是制度变迁的产物，当系统内某一组织发生制度变迁并产生事实合法性后，便会在系统内逐渐形成新的制度环境或共享观念，在这种新制度环境影响下，系统其他组织也将发生演变。对于向应用型大学转型的地方院校而言，需要尽快形成一种有利的制度环境，确定转型的合法性。政府是高等教育组织者和主要举办者，实现地方院校制度变迁的主体；引导地方院校向应用型转型，构建应用型大学生存发展的制度环境，政府责无旁贷。当务之急是建立和完善高等教育分类设置、分类管理和分类评价体系，改变当前"主要秉承一种外在的、合规定性的质量标准取向，而过于整齐划一、过分注重'标准'的评估制度"。避免"一刀切"管理和评价模式的弊端。在高等学校设置类型中明确应用型大学作为其中一种，中央和地方政府要针对应用型大学设立设置标准，建立评价指标体系乃至资金拨款办法，以使高等教育机构设置、管理和评价及保障体系能走向多样性、分类性，促进不同类型院校合理定位、办出特色、办出水平。通过政策的主动变迁，可使地方院校向应用型大学转型符合政府政策之法。地方院校向应用型大学转型，是寻找学校生存发展之需，源于我国经济社会发展变化之需，源于产业结构转型升级之需，源于提高学生就业质量之需。对地方而言，需要建立少量研究型大学，占领科学和文化制高点，以满足本地区知识经济时代对知识创新的需求，为创新型国家体系建设做出贡献，同时需要大批高素质创新型应用人才，支撑中国制造、中国智造和中国创造。回应市场所需，是地方院校寻找转型合法性的重要途径和必然要求，也是地方院校应有的办学宗旨。地方院校转型中，既要有办学宗旨和理念的理性回归，也要创新组织架构，使大学成为政产学研深度融合的开放、合作的生态系统，使地方院校转型从理念到实践都符合市场之法。

4.技术环境的完善

技术环境主要指组织内部将投入转化为产出的技术系统，是组织运行所处的另一种环境，强调组织内部结构和运行模式要满足效率原则，与强调合法性原则的制度环境对组织的要求可能相矛盾，如果二者环境一致则有利于共同推动制度的变迁。为此，地方院校需要在构建转型合法性机制的同时，完善转型的技术环境，提高地方院校在应用型人才培养、应用型科学研究和社会服务等方面的产出效率，进一步增强地方院校转型的合法性。产教融合是应用型大学的显著特征。地方院校向应用型大学转型，要以产教融合理念为导向，建设应用型学科专业。地方院校要深入分析和准确把握所在区域经济产业结构变化整体趋势及人才需求结构变化的特点，结合学校实际，调整和新建一批应用型学科专业，搭建应用型人才平台。要以产教融合理念为导向，探索应用型人才培养模式。地方院校要改变传统的"以教学为中心、以教师为中心、以课堂为中心"的教学模式和以灌输为主要形式的教学方式，积极引导教师采用"探究式、启发式、参与式、讨论式"和"基于问题、项目与案例"的教学方法，注重推进"工学结合、校企合作和顶岗实习"，加大实践教学的比重，加强对学生实习实践环节的质量把控，探索多种形式的应用型人才培养模式。要以产教融合理念为导向，搭建地方院校服务社会的平台。地方院校要通过大学科技园建设，做好研究成果的孵化和转化工作；要通过与科研院所、行业企业和其他院校联合，建立协同创新中心，联合多方力量，共同解决本区域行业企业的关键问题和技术难题，推动行业发展；要在政府和行业企业的支持下，建立行业学院，培养特需人才。要以产教融合理念为导向，建设应用型师资队伍。要从应用型大学的办学定位出发，合理规划师资队伍建设，在人才引进、培养、职称评审、人事考核与聘用，突出强调教师服务社会的经历和能力。转型合法性机制探讨为地方院校向应用型大学转型提供了一种视角，积极构建合法性机制是地方院校逾越转型困境、实现顺利转型的一种路径，合法性机制探讨主要围绕地方院校外部制度环境进行，强调了制度环境的作用和价值。新制度主义理论在关注制度变迁合法性的同时，也强调成本收益机制在组织转型和制度变迁中的作用，因此，地方院校等制度变迁主体的分析应当成为转型问题研究的新课题。

第六章 新时代地方本科院校高质量发展战略选择

第一节　落实立德树人，聚焦内涵建设

一、深刻地认识立德树人的基本理论意义

大学初心，旨在育人。随着我国经济社会的进步与发展，大学的功能也随着时代的进步与变化而逐渐得以拓展，从人才培养、科学技术研究、社会服务，延伸至文化的传承与创新及国际交流与合作。然而究其根本，立德树人始终是院校教育的基础性任务，是院校的立身之本，是建设中国特色高水平大学的一个核心内涵和要义，是我们审视学校所有工作情况的根本标准。

立德树人工作既是各级院校教育工作的根本任务，又是各级院校办学的一项根本宗旨。立德树人揭露出了教育的功能性本质，就是为了促进人们的全面健康发展，推动整个社会的文明和技术进步。立德树人充分体现了高等教育的基本规律，准确地把握住了学生的身心健康成长特征和认识规律，用我们人类文明的先进技术和优异成果来滋养学生的政治思想和精神，塑造一种科学的世界观和价值观。立德树人充分彰显了我们高等教育的基础性价值，这就是我们要为党育人、为国育才，培养德、智、体、劳全面健康发展的社会主义事业建设者和接班人。立德树人清晰地明确了高等教育的目标和追求，这就是我们要全面地贯彻执行党的高等教育方针，实现"四个服务"的价值追求，为实现中华民族伟大复兴事业提供人才支持和智力保障。

二、科学构建立德树人的实践体系

落实立德树人的根本任务，需要构建高水平人才培养体系，把立德树人贯通到学科体系、教学体系、教材体系、管理体系，形成全员、全程、全方位的育人格局。一是我们还需要进一步研究构建一个健全的更加宏观的学校育人政策制度。统筹整合利用学校、家族和其他社会组织教育的各种综合性社会育人教学资源，特别是学校要高度重视学生的家庭教育。因为家庭教育不仅是我们家庭人生的第一所学

校，家长也本身就是家庭对孩子的第一任教育老师，家庭教育也是我们学校的家庭教育和整个中国社会家庭教育的一个基础，这也是每个成年人自己想要接受良好教育的一个出发点。二是我们应该提出要着力构筑"中观育人"的教学体系。以大学课程育人、科研工作育人、实践性工作育人、文化性工作育人、互联网工作育人、信息化工作育人、心理性工作育人、管理性工作育人、服务性工作育人、资金性工作育人、组织性工作育人等十大特色育人制度体系为重要依托，推动我们将科学立人厚德重教树身做人的教育工作深刻地扎实融入扩大到优秀人才的培养各个环节。三是要构建微观育人体系。我们还需要进一步探索构建健康公平微观的学校育人管理制度。挖掘各项德育工作内在的立身育人基础要求和基本元素，遵循其立身育人的基本规律与其立身育人的基本逻辑，从神形兼备、师生兼顾、内外兼修、德法兼治、软硬兼抓五个方面做起，把学校立身育德重教树身育人的基本要求贯彻落实运用到各个方面。

三、着力健全立德树人体制和管理机制

立德树人必须要真正成为受教育者的一种自觉，成为受教育的一种常态，就需要我们通过加快推进立德树人制度和机制的健全与完善，从而不断为社会增添新的动力、释放新的活力。具体而言，要进一步强化以高校人才培养为管理中心的指导思想，将高校人才培养管理作为整个学校的管理和中心任务工作，把高校人才培养的质量管理作为评价和衡量整个学校的办学水平最主要标准，将我们更多的精力集中到如何提高高校的教育和课程质量特别是高校本科教育的质量上，在学校的组织引领、制度执行、资金投入等各个环节上都予以了倾斜，切实地保障了人才培养的中心地位。要坚持科学合理地设置相关学科和专业，坚持学科可选择性发展，有所为有所不为，尤其是要把我们这些学校的传统和优势学科全部做强，把我们这个国家的战略所亟待学科全部做精，把新兴交叉融合学科做实。要深化产教融合，促进教育链、人才链与产业链、创新链有机衔接，推动了我国人才面向供给侧与人才产业侧和需求侧、结构性关键要素的人才全方位协调整体有效融合。要认真继续融入深化新一轮历史发展时期的学校教育教学评估管理体制结构改革，认真深入贯彻学习践行以"师德师风""重真才实学、重教育质量为和谐社会做出贡献"理念为主的核心科学价值观所引领的思想理念和科学思想行动导向，坚决着力克服唯分数、唯升学、唯文凭、唯论文、唯帽子的不良风气，从根本上切实有效解决了学校教育教

学评估工作中的问题，扭转了功利化的不良倾向。

四、建立课程思政与思政课程协同育人机制

持续地落实好立德树人的根本任务和办好学校的思政课密不可分，不断加强提升思政课的思想性、理论性和针对性，同时要将亲和力和趣味性加进去，满足学生在成长发展中知识和心理共同成长的需求与期待。思想政治课需要加强，但是其他课程的重视程度同样不能降低，共同发挥好课程的育人作用，协调好各类课程和思政课的相互配合的问题，形成协同效应。思想政治工作应该成为学校各项工作的主线，各级主管部门、党委和党组织都应该时刻牢记于心，但是也不能过于教条，应该将思想政治工作的发展规律、教书育人的规律和学生身心成长规律相结合，将思想政治工作贯穿始终，而不是一味"填鸭"。特别是随着互联网的高速发展，应该高效地利用新媒体技术提高工作效率和效果，推动思想政治工作传统和新时代高新技术之间的融合，增强时代的认同感。尽全力做到与时俱进，实现科学育人，不断提高能力和水平。党的十九大提出了"加快一流大学和一流学科建设，实现高等教育内涵式发展"，这对于高等教育发展既是挑战也是机遇。国家实施"双一流"建设，实质上是鼓励院校集思广益结合自身优势建立一流院校。

五、聚焦内涵建设

近年来，包括电子科技大学中山学院在内的各地方本科院校以习近平新时代中国特色社会主义思想为指导，全面贯彻党的十九大和十九届二中、三中、四中全会精神，落实全国教育大会及全省教育大会精神，以立德树人为根本任务，紧紧围绕"地方性、特色化、高水平"三个关键词，科学定位，多元发展，聚焦优势特色，对标一流学科建设标准，统筹全校资源，面向国家和广东重大战略需求，以服务、支撑、引领经济社会发展为宗旨，坚持以学科建设为龙头，创新"学科、专业、人才、平台"一体化建设的体制机制，推进学科、学位点、专业协同发展，持续支持一批新兴交叉学科，强化基础学科，大力推进学科优化和内涵式发展，促进学科水平整体实力提升，努力办出特色，争创一流，为推进高水平大学建设提供动力保障。

电子科技大学中山学院根据《深化新时代教育评价改革总体方案》《关于加快建

设高水平本科教育，全面提高人才培养能力的意见（新时代高教 40 条）》《关于深化高等学校创新创业教育改革的实施意见》等文件要求和全国教育大会精神，紧密结合区域经济社会发展需求和学校的办学定位，以人才需求为导向，以能力培养为核心，制定了转型发展方案、创新强校工程实施方案等，致力于培养知识结构合理、综合能力强、具有创新创业精神的高素质应用型专业人才，将立德树人的根本任务落到实处。同时积极完善研究生联合培养体系，促进研究生教育高质量发展。依托广东省研究生联合培养基地（中山），建立院校、企业、研究生协同创新育人平台；依托学校科研平台和团队，进一步营造良好的研究生培养环境；通过研究生联合培养，培育一批省内外院校硕士或博士生导师队伍。

第二节 完善制度体系建设，全面提高内部治理效能

高校治理被认为是院校教育治理的一个重要组成部分，在国民治理中有着独特的地位和指导性作用。贯彻落实习近平总书记在党的十九届四中全会上的讲话，服务于国家治理制度体系和治理能力的现代化，这就是赋予了我国高校的一项历史性责任，对于培养和扎根中国大地去办院校、办好中国特色社会主义大学而言具有重要的指导价值。推进高校治理能力的现代化，就需要准确地把握并解决好三个重点问题。

一、坚持和完善中国特色现代大学制度

建设中国特色现代大学制度是一项打基础、立根本、管长远的重要战略任务，是推进国家治理体系和治理能力现代化的生动体现，关乎在中国特色社会主义事业发展中办什么样的大学、怎样办大学的根本问题。

要继续着力加快构建基层政府、学校和社会之间的新型协作关系。中国社会特色社会主义高等教育人才大学培养体系建设目标是为促进我国高等学校"依法办学、自主管理、民主监督、社会参与"的中国特色社会主义现代高等学校教育制度，要正确理顺各级院校与人民政府、各类院校与社会之间的利益关系，为各类院校学生的健康发展和成长创造良好的社会外部环境。

首先，继续深化"放管服"改革。落实和扩大拓宽各类院校的高等教育办学管理自主权，政府在直接管理院校时的行政权力就要逐步下放，要向当地政府放权，要向社会放权，就要坚决减少对院校的其他行政权力干涉，避免对院校行政管得太多过细，真正切实做到"放下去、转出去、减下去"；坚决改变各级人民政府负责管理高等教育工作的具体方式，综合运用到高校立法、拨付、规划、信息技术服务及必要的其他行政管理举措之中，切实履行好统筹规划、政策指导引领、监督服务管理及为人民群众提供公共教育服务等各项行政职能。

其次，加强社会主体参与院校治理机制的构建。探索组织成立院校理事会或者董事会，充分发挥理事会或者董事会在参与商议讨论院校未来发展计划、资金筹措和提供社会服务等方面的作用，建立健全以社会主体支持和监护院校发展的有力长效机制。

最后，引导各类院校由地方政府教育办学为主转向以面对社会及市场化教育为主。建立健全多元化治理为主体参与的新型高等教育服务质量评估体系，将政府评估、市场评估和社会评估有机地整合起来，促进各类院校主动响应市场需要和社会诉求，构建一个院校、政府与社会之间主动交流、积极配合、良性互动的关系。

电子科技大学中山学院将校地联动发展、产教融合校企合作纳入大学章程建设中，引入行业、企业等社会力量参与治理机制。进一步完善学术委员会、教学指导委员会、专业建设指导委员会、职称评审委员会，使政府、行业、企业和其他合作方的人员构成达到一定比例。积极探索行业、企业全方位全过程参与学校管理、专业建设、课程设置、队伍建设等人才培养协同育人的新路径，研究建立二级学院理事会、专业指导委员会等制度，形成了学校与地方同向同行协调发展的新局面。

二、坚持和完善党对院校全面领导的制度体系

扎根整个大地办好中国大学，必须在政治上全面认真学习贯彻党的高等教育基本路线方针，始终保证党对院校的全面正确指导。对照党中央战略部署和政策要求、广大人民群众对优质高等教育的迫切需求，还要进一步牢固自身根基、发扬好自身优势、补齐自身短板，着力于加快构建一个系统结构完善、科学规范、运行有效的党对院校全面领导的新型制度体系框架。

用牢固科学政治理论基础来教育培养领导人，用正确的政治思想观念来教育引导人，保障院校师生能够始终坚持做到学校成为社会主义建设事业的重要建设者、

接班人的坚强阵地。要加快扎实推进新时期高校师生思想政治体系的建设，落实高校师生全员、全过程、全方位育人的工作要求，构建贯通学科体系、科研教学体系、教材体系、管理制度的一体化院校育人管理工作发展新格局。

三、坚持依法治校，健全大学治理体系的保障机制

推进以章程为核心的制度体系建设。以国家政策、法律法规为依据，明确规章制度的制定、修改、废止程序，制定和完善各种制度规范和程序规范，重点对人财物资源管理制度进行清理、修订，强化制度的权威性和约束力。

坚持依法治校之路。把依法治校作为完善内部治理结构的重要环节；规范管理，落实依法行政和管理；畅通民主管理与监督渠道；推行信息公开和校务公开，保障教职工的知情权和参与权；加强教代会、学代会建设，推进民主管理和民主监督。

推动校院两级管理制度建设。建设高水平应用型大学，要充分发挥二级学院的办学实体地位和作用，重点探索校院两级管理制度建设，进一步扩大二级学院的管理自主权，全面细化校院两级在教学、专业建设、科技创新与社会服务、实验室与设备管理、人事与财务、学生管理和党建工作等七大方面的权限、职责与运行机制，研究制定绩效分配方案和与两级管理相适应的量化考核实施办法，充分激发广大教职员工的工作主动性和积极性。

第三节　坚持地方性根基，大力发展特色学科

按照立足于地方、依靠于地方、面向于地方、融入于地方、彰显其地方特色和促进其服务于地方经济社会发展的总体思路，坚持学科与产业对接，围绕产业转型升级和国家发展战略，在服务地方经济的实践中凝练学科特色，凝聚学科方向，促进传统学科向优势特色学科的转型，发展符合时代需要的应用型学科，形成多个学科相互交叉、彼此协同发展的学科新格局。增强学校对经济社会发展的支撑度、对服务区域建设的贡献度和人民群众的满意度。

一、坚持特色方针，凝练学科方向

以国内外一流学科为参照，坚持以创建一流学科为目标，以优化学科结构、组织体系、资源配置方式为关键，坚定不移地走特色发展之路，以特色促一流，以一流强特色，构建结构合理、特色鲜明、引领科技发展、支撑专业建设的学科体系，不断推动学科管理创新。

健全"学科、专业、人才、平台"一体化建设机制，制定一流学科建设遴选、评估、考核与验收办法。设立"学科特区"，以加强学科评估，开展学科建设的经济效益、社会效益、贡献度的综合评价，强化学科评估成果运用，实现从学科重申报向强建设转变，从单一学科向学科群转变、从学科孤岛向学科交叉融合转变、从常规建设向学科特区转变、从学科与产业松散连接向学科与产业深度对接转变。

不断创新学科管理模式，优化资源配置方式，集中投入建设学科群公共平台，推进省部级重点实验室开放共享，形成学校科研服务平台、学科公共平台和学科组织体系，实现"人人进学科团队、人人有学科归属、人人有学科方向"的目标。加快协同创新工程等机制改革，形成管理科学、创新高效、竞争开放的学科管理体系，学科建设整体水平和科技创新能力得到不断提升。

二、科学制定实施方案，全力推进学科发展

学校应实施错位发展战略，克服同质化倾向，彰显异质性特征，坚持"学科引领、重点突破"的理念，科学制定学科发展实施方案，围绕优势学科精准引人才、围绕核心人才搭平台、建团队，举全校之力重点打造个别世界一流学科和几个国内一流学科，提高学科海拔，强化优势学科引领与辐射带动作用。

立足地方，优化学科布局。电子科技大学中山学院紧紧抓住粤港澳大湾区建设的历史新机遇，结合地方传统优势产业转型升级需要，以及广东省、中山市重点研发领域（新一代信息技术产业、高端装备制造产业）的战略需求，契合区域发展对重大研究成果的需求，借助电子科技大学优势学科和师资力量，加快学校向强特色和内涵式方向发展，进一步优化学科结构，形成以理工类学科为重点，电子信息类学科为核心，人文管理类学科相互渗透，协调发展的学科发展思路和布局，努力提升学校办学整体实力和水平，走出一条特色鲜明、成效显著的高水平应用型大学建设之路。

突出特色，推进学科交叉。电子科技大学中山学院结合区域产业发展需求，围绕特色院校提升计划建设任务，集中资源聚焦特色重点建设学科，"电子科学与技术"学科凝练形成"智慧交互与通信""光电器件与应用""微电子与光电材料应用"三大核心方向；"计算机科学与技术"学科凝练形成"嵌入式与物联网""云计算与大数据""人工智能"三大核心方向；"控制科学与工程"学科凝练形成"检测技术与自动化装置""机器人与智能装备""智能感知与自主控制"三大核心方向。

重点谋划与湾区企业开展重大科研项目，提高产研院服务地方经济发展的能力，服务粤港澳大湾区国际科技创新中心和世界级现代装备制造业基地等重点建设工作，面向综合性科学问题，积极推动学科间交叉融合。推进"电子科学与技术"学科与"材料科学与工程"学科深度交叉融合，鼓励人文经管类学科与电子信息类学科交叉融合，积极探索新的学科方向，形成以理工类学科为重点，人文管理类学科相互渗透、协调发展的新格局。主动对接粤港澳大湾区重大创新平台、高新区和专业镇等创新载体，探索"院校＋产研院＋地方政府＋行业企业"的产学研合作新模式。根据 2018 年和 2019 年的《中国民办本科院校及独立学院科研竞争力评价研究报告》显示，学校连续两年位列中国独立学院科研竞争力评价全国第三、2020 年跃居中国独立学院科研竞争力评价全国第一；2018 年，在广东省"创新强校工程"考核中，学校位列全省同类院校第一。学校已形成"以电子信息为特色，多学科协调发展的学科生态"，为高水平应用型大学建设奠定了坚实的基础。

第四节　落实"五育并举"，构建高水平人才培养体系

培养什么人、如何培养人、为谁培养人，一直是我国教育的根本问题。全国教育大会明确提出坚持把立德树人作为根本任务，培养德智体美劳全面发展的社会主义建设者和接班人。新时代高校德智体美劳融合育人是对高等教育的慎思与重构，是对品德、知识、能力和素质的塑造。德智体美劳融合育人是新时代高等教育改革之应然，是地方高校构建高水平人才培养体系，提高人才培养质量和人才培养能力之必然要求。

一、用好课堂教学主渠道，构建课程思政育人大格局

高校要深入贯彻落实习近平总书记关于教育的重要论述，充分发挥课堂育人的主渠道作用，全面推进课程思政建设，将立德树人融入教育教学和社会实践各环节，在高质量育人平台上构建思政育人大格局。

加强顶层设计，完善课程思政工作机制。建立"党委统一领导、党政齐抓共管、教务牵头统筹、相关部门联动、教学单位落实推进"的课程思政工作机制。在学校和教学单位分别设立课程思政研究中心或教研室，扎实推进课程思政研究工作。制定学校推进"课程思政"工作的具体实施方案，激励教师深入挖掘每门课程蕴含的思想政治教育元素，促进思政教育与专业教育有机融合，实现价值塑造、能力培养、知识传授"三位一体"的育人机制，促进学生个性发展、全面发展。

坚持点面结合，构建课程思政示范课程、示范课堂。国家、省市、高校梯次遴选课程思政示范点，以点带面辐射带动全局，将课程思政落实到每个高校、每个专业、每门课程、每个课堂，落实到课程目标设计、教学大纲修订、教材编审选用、教案课件编写各方面，贯穿于课堂授课、教学研讨、实验实训、作业论文各环节，努力形成全面覆盖、类型丰富、层次递进、相互支撑的课程思政体系。积极搭建教师培训平台，组织召开"课程思政"培训研讨会，认真总结推广课程思政改革先进经验和典型做法，增进"课程思政"认同感，营造思政育人良好局面。

确保高质量教材进课堂，严格高校教材编写与选用管理。全力推动统一使用工程教材，凡是开设与工程重点教材相应课程的哲学社会科学类专业统一选用相应课程的工程重点教材。

二、在系统的专业化教育中，提升知识能力素养

大学既是学生学习知识和技能的重要场所，更是学生树立正确的世界观、人生观和价值观的关键时刻。高校尤要重视智育中全面体现立德树人的根本任务，通过科学的人才培养方案设计和丰富多样的教学，授予学生系统的科学文化知识、技能和发展他们的智力教育。帮助学生认识自然规律、社会规律，提高分析和解决问题的能力，掌握从事社会主义现代化建设和实现民族伟大复兴任务的各种社会工作本领。

要牢固树立教学中心地位，深化教育教学改革，持续优化人才培养方案，创新

学业考核方式，将考试、考查、实践、科研成果相结合后评定学生的学业成绩（水平）。通过各类学科类竞赛、学术类活动、讲座，不断增强学校的学习氛围，促进学生智育发展。为推动应用型人才培养，电子科技大学中山学院坚持"学生中心，产出导向，持续改进"的发展理念，把促进人的全面发展和适应粤港澳大湾区经济社会发展作为衡量人才培养水平的根本标准，按照"一主线、两体系、三阶段、多路径"来架构人才培养方案，即以"知识、能力、素质"协调发展为主线，构建适应应用型人才和学生实际的理论教学体系，符合教育规律和心理认知规律的"全过程、阶梯式、多元化"实践教学体系，以能力评价为导向的"多样化、综合化、全过程"的课程考核体系，以及具备持续性改进能力的教育质量保障体系。形成包括"通识教育、专业教育、多元教育"的"三阶段培养、多路径发展"的人才培养体系，体现产教融合、协同育人、因材施教、学以致用的人才培养特色，培养学生的综合能力、专业能力和创新创业能力，促进学生个性发展，全面成才。

在发展手段方面，开展跨学科教学科研，建设跨学科研究中心，理工科学生至少选修 1/4 人文社科课程，文科类学生至少选修 1/4 自然科学课程。在具体培养过程中，既重视能力提升，更重视创新精神与责任感，通过鼓励学生参与科研活动和社会实践、培养学生的有效沟通能力、与他人合作的能力，以及理解与尊重他人的意识。密切结合社会需求，在课堂教学和"第二课堂"中，把职业精神、礼仪素质、志愿服务等作为应用型人才培养体系的重要组成部分，主动承担起区域服务的重任。

三、在体育活动中强健体魄，锤炼奋斗的坚强意志

当代奋斗者最基本的身心要求就是拥有强健的体魄、顽强的意志、健全的人格。身体是精神和知识的载体，是一个人的整体成长和发展的先决条件。身体是一种精神、知识的载体，是一个人的整体成长和发展的先决条件。蔡元培说，完全人格，首在于体育。毛泽东在《体育之研究》一文中明确指出："体者，载知识之车而寓道德之舍也。"由此看来，体育与德、智密切相关。要开足开齐、开好各类体育课，坚持体育课四年不间断，完善各类体育设施，丰富各种体育项目，使得学生根据其兴趣和特长，选修一些能够终身受益的运动项目，提高其体育运动技术；要做到充分利用晨间的早操和其他课外活动，要注意让我们的学生放下手机，走出学校的宿舍，走向操场、球场，课外活动的时间不再安排课程，培养我们的学生自觉进

行体育锻炼的习惯，享受到各种体育活动的愉悦。要进一步强化体育育人意识，彰显体育的育人职能，通过大量的体育课堂教学及丰富多彩的大型校园体育活动的开展，有意识地激发和培养大学生们的团队合力协作精神、坚守岗位责任、遵循规则的意识、快乐共享的情感、积极向上的品德风范、百折不挠的坚韧意志。

四、通过美育提高审美素养，陶冶奋斗的高尚情操

蔡元培曾把"美育"比作人的神经系统。审美观在教育过程中的"传导功能"主要表现为因为它们本身具有了对情感的正向熏陶、思维的正向渗透度与人们精神上的正向辐射。审美道德教育广泛指通过一定的运用科学教育教学方法和开展社实践实验活动，培养广大在校大学生对于人的艺术美、自然美、精神美、智慧美、运动美、劳动美和人的文化审美认识的能力与审美创新能力，提升其人的审美，塑造其人的精神美。首先，音乐和美术是进行审美鉴赏教育的一个主要方式途径和有效手段，开设大学生的音乐和美术等各种艺术专业课程，完善和丰富艺术专业课程的各种教学内容，坚持用审美鉴赏来表现自己的价值观作为教学目标和核心，以审美的感知和体验作为根本，激发积极的情感，培养积极的人格，提升自己的精神境界，彰显"信仰之美、崇高之美"。其次，大学的审美教育还应该充分体现其对于哲学和社会科学教育的价值与属性，提升其审美主义教育的境界与层次，扩大审美教育的空间与视域，使得大学生能够熟练地掌握审美的基础知识与原理、审美的基本范畴和属性；将审美主义教育贯穿于德育、智慧教育、体育和劳动等各个方面，以美为精神铸魂，以美增智，感知体育美与劳动美。同时，以各种文化多样性的审美团体和教育组织作为教学活动的重要载体，拓展了我国审美教育的时空，丰富了我国审美教育的教学形式，增强了我国审美教育的理论实践，形成了我国审美教学研究和教育实践的共同体，塑造了崇德求真、向善尚美的良好校园文化，陶冶了当代大学生努力学习奋斗的崇高道德情操。

五、劳动教育强化劳动能力，提升奋斗的身心素质

为解决一部分院校的教职工对劳动教育产生偏差的问题，把新时代院校劳动教育与思想政治教育有机地结合，相关的教育部门和院校应该积极主动地领会新时代劳动教育的内涵。首先，教育部门以及院校以党对新时代院校劳动教育的正确领导

为核心。其次，教育部门以及院校相关工作者要不断地学习习近平总书记系列讲话以及国家重大宏观发展战略，真正地理解劳动教育的深刻含义，确保我国高校能够为劳动教育为党服务、为社会主义服务、为人民服务、为国家的发展战略服务，解决一部分人对劳动教育的认知偏差。最后，院校领导应该经常组织相关的工作者检查教职工对马克思主义劳动观的学习。积极地开展马克思主义劳动观教育系列活动，不断地通过理论知识的学习来确立对劳动教育的正确认识，把握劳动教育价值取向，改变错误价值取向，进而使得学生形成正确的劳动价值观，来加快劳动教育工作的稳步推进。

2021年4月，电子科技大学中山学院贯彻落实《中共中央国务院关于全面加强新时代大中小学劳动教育的意见》精神，出台《电子科技大学中山学院劳动教育课程实施办法（暂行）》，在本科专业人才培养方案中设置《劳动教育》课，课程性质为必修课，课程模块为实践教学环节，计2学分，32学时，其中2学时为劳动理论学时，内容为马克思主义劳动观教育、劳动相关法律法规与政策教育等，30学时为劳动实践学时，从学生的劳动态度、出勤情况、劳动任务完成情况三个方面进行考核，考核实施细则由各二级学院确定。成绩分为合格、不合格两个等级。成绩合格方可参加毕业审核，成绩不合格的应当重修。以劳树德、以劳增智、以劳强体、以劳育美、以劳创新，引导学生形成正确的劳动观、价值观、人生观、世界观，促进学生德智体美劳全面发展。

六、培养一流的教师职业精神

首先，以教育部申报的国家级一流专业的精神为指引，对一流专业的评价主要指标分为五个，分别是：专业定位清晰、专业管理能够合格并且规范，改革的效果突出，师资力量充足，培养育人的质量一流，而前面四个都包括在建设院校的范围之中，最后的培养育人的质量一流则属于建设的最终目标，前四个为最后的前提保证。也可以说，一流专业的人才培养质量需要达到一流水平，这是一流专业评价的最高标准。如上所述，全国的院校层次上差别很大，因此，一流学生的培养质量不可能是同质化的。那些拔尖人才培训基地可能会比地方院校更加关心学术技能的培养，地方院校则需要更多地注重面向社会培养大学生的就业能力。但是，无论差别多大，有一点是共同的，就是教师的主导地位是不变的。没有教师尽心竭力地投入工作，学生的培养质量就会大打折扣。在重点院校，那里聚集了一大批更加优秀的师资，对学生的培养能力也更强。这是地方院校所无法相比的。但是，这并不意味着地方院校的教师就是无所作为的。地方院校不仅也有很多优秀教师，而且也培养出了不少出色的学生。这与学生自身的努力有关，也体现了教师对学生的培养质量。但是，让人忧虑的是，近年来教师在学生培养中的职业精神在下降，对学生培养质量带来一些不利影响。经济利益的诱惑、职务升迁的向往，改变了一些教师、特别是地方院校的教师职业精神的追求，有些教师甚至把主要精力用在了第二职业上，用在了到处承揽课题上，把教学看作是负担，爱岗敬业已经成为一种奢谈。可以想象，在这样的情境下，怎么能够培养出一流质量的学生？因此，要建设一流专业，需要呼吁大学教师一流职业精神的回归，呼吁教育主管部门和学校为一流教师的职业精神回归创造必要条件。

其次，要加强师德师风建设。这是全面贯彻党的教育方针的根本保证，是能够提升育人质量、办好广大人民群众满意的教育工作的迫切需要。为深入贯彻全国院校思想政治工作会议精神、《中共中央国务院关于全面深化新时代教师队伍建设改革的意见》精神以及内蒙古财经大学的相关规定，为进一步推进师德师风建设，要制定师德师风指导意见。

（一）进一步严肃教学活动的政治纪律

教师应该严格执行上下课的时间，严禁出现教师在校上课、迟到、早退以及中途外出的情况。任课教师不能无故地缺课，不擅自停班、调场和请其他人代课。因特殊情况而导致确需暂停、调班和请人代课，必须根据学院的有关规定，至少提前一天完成相关的请假和调班手续。凡未经上级部门审批的，一律依法按照教学事故进行处理。

（二）进一步严肃课堂教学纪律

教师们要认真地履行自己的岗位职责，自觉地遵守班级和教学规章制度。学校要求提前做好备课、上课的准备，按照教学进度和计划完成各项教学工作的任务。严禁任何一名教师随意改变其教学进度计划或者修改教材，杜绝授课过程中的随意性；严禁在教师上课期间直接拨打手机、接收短信、上 qq、刷微信、微博等行为。

（三）进一步严格课堂政治纪律

教师课堂应当自觉严格执行"学术研究无禁区、课堂教学有纪律"的基本原则和有关规定，禁止广大学生和其他教师在学生课堂上随意强制乱发流言牢骚、宣泄人心私愤，禁止在教师课堂上随意强制散布任何有关中国共产党和人民政府的有关政策法规和公共秩序文明良俗相违背的学术文章和政治言论。

（四）进一步严格课堂学习纪律

教师应该做到教书育人，严谨治学，要认真地执行每个学生的考勤工作制度，并且要加强对课堂和教学的组织和管理。严禁教师在上课过程中对于学生进行放任自流。对于存在晚到、旷课、上课玩电脑和手机等有违规行为的学生，教师应该及时给予批评和指导，引励他们养成良好的学风；在进行教学检查时，若发现课堂纪律较差，首先应当依法追究其任课教师的责任。

（五）进一步严肃工作纪律

教师上班期间在办公室备课、自修，严禁上网聊天、炒股、购物、打游戏、看电视剧等违纪行为。

（六）进一步严肃检查制度

教务办要加强监督力度、落实听课制度。要经常深入课堂一线检查、听课，有针对性地指导、督促教师改进教学、帮助学生改进学习，确保工作落到实处，取得实际成效。

（七）进一步严肃师德考核纪律

师德考核不合格者实行一票否决。师德师风建设与职称评审、岗位聘任、职务晋升、评优奖励、进修派出挂钩。

（八）实行"教情直通车"与学委负责制制度

通过建立"教情直通车"微信群，第一时间了解教师的上下课情况，并通过学委座谈会及时沟通了解师德师风情况。对任何有违师德师风的言行，学院始终态度鲜明、坚决反对，无论涉及什么人，都绝不姑息，绝不容忍。在查清事实的基础上，依法依规严肃处理，坚决维护学生合法权益。

第五节　注重质量标准，打造一流专业一流课程

注重质量是高等教育由成熟走向卓越的基本表征，提升质量是实现高等教育内涵式发展的核心要义。发达国家高等教育普遍将质量作为核心竞争力，我国高等教育要把人才培养的质量和效果作为检验院校办学水平的根本标准。教育部 2018 年 1 月 31 日发布的《普通高等学校本科专业类教学质量国家标准》（以下简称《国标》）是我国高等教育领域首个教学质量国家标准。涵盖 92 个本科专业类、587 个专业，涉及全国院校 5.6 万多个专业点。质量为王、标准先行。学好吃透《国标》是今后各院校明确各专业类的内涵、学科基础、人才培养方向的前提，是提高教学质量、明确国家改革导向的需要。

质量提升，标准先行。要用标准加强引导、加强监管、加强问责。教育部颁布的《普通高等学校本科专业类教学质量国家标准》，对各专业类的培养目标、课程体系、师资队伍、教学条件等提出了要求，要把"国标"用起来、落下去。在此基础上，继续协调推进人才培养各类标准建设，逐步形成中国特色、世界水平的质量标准体系。

一、积极推进一流专业申报

一流专业双万计划，即教育部"双一流专业"计划，是指教育部以建设面向未来、适应需求、引领发展、理念先进、保障有力的一流专业为目标，实施一流专业建设，建设一万个国家级一流本科专业点和一万个省级一流本科专业点。一流课程"双万计划"，就是金课，是指教育部实施一流课程"双万计划"建设的一万门左右国家级一流课程和一万门左右省级一流课程。

2019 年 4 月 9 日，教育部发布通知，决定启动一流本科专业建设"双万计划"，2019 年至 2021 年建设一万个左右国家级一流本科专业点和一万个左右省级一流本科专业点。

电子科技大学中山学院对照国标和专业认证标准拟定专业提升计划，对专业数

量、专业布局进行了优化调整，加强理工科类专业建设。2019—2020 年，电子科学与技术、计算机科学与技术、软件工程、机械设计制造及其自动化、电子商务成为广东省一流本科专业建设点。内蒙古财经大学财政学专业 2020 年获批省级一流专业，但没有获批国家一流专业，经过不懈努力，2021 年终于获批国家"双一流"建设专业。为此，财税学院倾全院之力，整合资源，主要措施如下：

（一）优化专业发展目标

认真贯彻落实党的全国教育工作大会的精神，科学发展，内涵式的发展，凸显民族和地区特色。以人为本，因材施教，分类施策，着力培养符合新时代发展要求的"三型"专门人才。坚持院校在本科教育中占据主体地位，积极开展研究生专业化教育，着力推进本专业博士学位授权点建设。开放对外办学，合作建设发展特色办学，打造一批国家级优秀的教育本科专业，建设省级重点专业财政学科专业和省级优势教育学科专业集群。特别是以申报国家双一流专业为基础，进行很大程度上的修改调整。

（二）优化专业布局，建设一流专业团队

学科调整是省级层面的事情，专业调整是学校层面的事情，而课程安排是学院层面的事情。以贵州财经大学项目为例，2012 年根据贵州省大学统筹安排，取消了贵州大学的国际理论应用经济学一级硕士学科经济硕士专业课程，换取了该校的国际应用理论经济学一级硕士学科专业硕士。该课程贵州省大学申报的成功，将其中的理论应用经济学硕士项目全部划归其为贵州财经大学项目负责人并主建；但是贵州财经大学在接过各个博士点的校长接力棒以后，为了有效促进其继续申请设立博士点，大刀阔斧地对其进行了各大学科和各个专业的统筹整合，组建了实力庞大的经济学院。2015 年 5 月，学校在国际经济学院、国际经济学院、财务与税收学院、人力资源与环境管理学院建立了资源环境和发展经济学系、经济研究所、经济史研究所、西南地区经济发展研究院及贵州经济发展研究中心的基础上组建了经济学院。果然不负众望，2017 年贵州财经大学共同获得了理论经济学、工商与管理两个硕士学位的授予权。经验值得借鉴。在进一步完善优化了在校教师的专业学历、职称和各级研究生院校学缘学科组织管理结构等的基础上，培养了一批对国内发展具有一定国际影响、对党和自治区发展具有重要战略意义的各级学科学术领导者和各

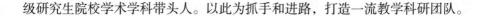

级研究生院校学术学科带头人。以此为抓手和进路，打造一流教学科研团队。

（三）打造一流"金课"

对标财政学国标，对标专业"领头雁"，按照一流专业课程建设标准，按照规划和进度要求，进一步加强本专业课程建设，打造系列"金课"。2018年、2019年3月内蒙古省委教育厅的副厅长们联合政府印发了《关于开展内蒙古自治区高等学校在线开放课程立项建设工作的通知》，正式宣布启动自治区级高校精品在线网络开放教育课程的首批立项项目建设管理工作，社会保障学（2018）、财政学（2019）为在建"双一流"课程，正式立项为内蒙古自治区高等学校在线开放课程。

二、根据产业发展需求，积极进行专业调整优化

地方院校培训作为地区性专门技术院校人才资源的主要途径和渠道，需要依照产业结构和市场调整要求等因素来优化自己的专业结构，使得专门技术院校的培训能够跟上地方院校对于产业结构的需求，以及提升其在地方学科领域的核心竞争能力。对于地方各类院校的专业结构进行动态调整和优化，既是适应区域性产业结构调整的市场经济发展要求，又是适应当前地方各类院校发展的内在需要。而在产业结构的调整和优化中，当地院校如何根据行业的发展趋势，使其专业和区域性的产业需要有机地契合，这个问题是必须引起高度重视和深入探讨的课题。

学科专业是高校与社会联系的桥梁，也是高校的核心竞争力之一。高校主动紧跟地方产业结构调整和企业的科技创新规划，以市场对人才的需求为导向，将学科专业与地方产业行业对接。电子科技大学中山学院结合中山市26个国家产业集群基地，14个专业镇及灯饰光源、家用电器、电子信息、五金制品、红木家具和休闲服务等十大特色产业集群和五大支柱产业，结合中山市"重点发展智能化工业产品，重点支持智能家居产业升级和智能医疗产业拓展，重点扶持高端新型电子信息、生物医药、半导体照明、光电装备等产业成为新支柱产业；着力在移动互联网、智能机器人、3D打印、北斗卫星应用等领域引进、培育和建设一批重大产业项目，培育新经济增长点"的需求，根据学校"十三五"学科专业发展规划，重点增加工科专业，重点建设计算机应用技术、电子科学与技术、工商管理三个学科；重点培育智能控制、材料科学与工程、食品科学与工程三个特色学科；加强电子信息和人工智能与智能控制类工科专业建设。经过调整优化，与地方支柱产业和战略性新兴产业

对接更加紧密。

表 6-1　中山市支柱产业及重点发展产业与学院专业设置对照

中山市特色产业	电子科技大学中山学院部分专业设置
电子信息业、中国电子中山基地、灯饰光源特色产业	电子信息工程、通信工程、电子科学与技术（光源与照明、微电子）、计算机科学与技术（互联网通信技术）等
电气机械制造装备制造业	机械制造及其自动化、工业设计、自动化
化学制品业及健康产业	应用化学、材料化学、生物技术、环境工程
包装印刷、纺织服装业及创意产业	艺术设计类专业
现代服务业	物流管理、电子商务、金融、国际贸易、人力资源管理、会展与经济管理等专业
游戏游艺产业	工业设计、软件工程、动画等

学科专业建设能力水平是一所学校最为核心的竞争力。因此，地方各类院校必须要高度重视相关专业队伍结构的优化和建设，并通过创新和完善相关专业规划的管理体制，成立专门的组织和指导机构，从而促使相关专业工作得到有效落实。一个是专业指导委员会。建立由相关行业公司、用人单位及其他教育部门等专家共同参与的相关专业配备设置审批制度，以有效地保持专业配备的敏感性、合规性，提高相关专业调整的可行性、前瞻性以及技术的科学性。同时还要聘请学校各种就业岗位的经营管理者、专家学者、在校师生以及校友代表共同积极投入学校的专业建设中去，并且要更加注重充分发挥企业和用人单位自身在专业教学和实践中的引领主导作用。二是国家专门的质量监控与评估委员会。由相关用人单位、专业老师、教学监督、在校大学生以及相关行业协会或第三方评估机构共同对相关的课程系统、教学内容、方式、教学手段、教研实践、学生的就业满意度等情况进行监测和评估，实时向大学生反馈，建立了专业评估的多方互动机制，建立倒逼式的质量评估机制和对教学全过程的传导和纠偏机制，以加强质量的控制。

电子科技大学中山学院对照国标和认证要求，结合国家和省大力推进"双万专业""双万课程"计划，充分发挥各专业咨询委员会的指导作用，进一步优化专业结构，加强在线开放课程建设。贯彻 OBE 理念，全面修订 2019 版人才培养方案，构建符合国标、符合应用型人才培养目标和适应区域经济社会需求的培养方案。7 个专业推荐申报国家级一流本科专业建设点，3 个专业申报省级一流本科专业建设点。改造传统工科专业，积极发展新兴专业。学校紧扣广东省特别是中山市信息技术产业、先进装备制造业等产业需求，探索人文社科类学科等与电子信息类学科的交叉融合，形成了以"电子信息"为特色，工、管为主干，工、管、经、理、文、法、艺协调发展的专业布局。建立专业预警机制。新增电气工程及自动化、光电信息科学与工程等 8 个工科专业，停招 9 个传统专业。打造工科优势专业集群。建成了计算机科学与技术、机械设计制造及其自动化等 16 个广东省优质专业，4 个专业通过 IEET 工程教育认证。积极开展新工科研究与实践。教育部首批新工科研究与实践项目 1 项、省级 2 项、校级 10 项。

表 6-2 电子科技大学中山学院专业所获荣誉一览表

序号	专业名称	所获荣誉
1	计算机科学与技术	省级一流专业、应用型人才培养示范专业、特色专业
2	机械设计制造及其自动化	省级一流专业、省级综合改革试点专业、IEET 认证专业
3	电子科学与技术	省级一流专业、应用型人才培养示范专业
4	软件工程	省级一流专业、IEET 认证专业
5	电子商务	省级一流专业、省级综合改革试点专业
6	法学	应用型人才培养示范专业
7	外语类专业（含英语、日语、商务英语）	省级综合改革试点专业
8	产品设计	省级综合改革试点专业
9	通信工程	特色专业
10	工商管理	特色专业
11	光电信息科学与工程	特色专业
12	应用化学	特色专业
13	食品质量与安全	特色专业
14	环境设计	特色专业
15	电子信息工程	特色专业
16	物流管理	特色专业

第六节　深入推进"四新"建设，强化特色和优势

2019 年，教育部等 13 个部门正式启动"六卓越一拔尖"计划 2.0，全面推进新工科、新医科、新农科、新文科建设，即"四新"建设。"新工科"教育是高等工程教育在新科技革命、新产业革命、新经济背景下工程教育改革的重大战略与部署。新经济对高校工科建设和改革提出了新的要求，要求面向未来布局新兴工科专业，要求培养的工科人才必须具备更高的创新能力和跨界整合的能力，要求建立更为多样化和个性化的工程教育培养模式。"新工科"强调应对变化和塑造未来，需要继承与创新、交叉与融合、协助与共享，强调科学基础、交叉融合和实践教学。"新文科"建设强调学科交叉、文理相融，旨在培养具有跨学科专业背景和创新合作能力的新时代卓越人才。教育部 2021 年工作要点提出，2021 年将加强"四新"学科建设和紧缺专业人才培养。

"四新"建设没有统一的建设模式，高校各自发展情况不同，面临的形势和任务也不同。地方高校需要找准着力点，在"四新"建设中强化特色和优势。电子科技大学中山学院工科专业居多，内蒙古财经大学则经管类专业最具特色。本章节重点以新工科和新文科为例进行阐释。

一、大力推进新工科建设

"大业欲成，人才为重"。新工业革命加速进行，新工科建设势在必行。以新技术、新产业、新业态和新模式为特征的新经济呼唤新工科建设，国家一系列重大战略深入实施呼唤新工科建设，产业转型升级和新旧动能转换呼唤新工科建设，提升国际竞争力和国家硬实力呼唤新工科建设。2017 年 6 月 9 日，教育部在北京召开新工科研究与实践专家组成立暨第一次工作会议，全面启动、系统部署新工科建设。30 余位来自院校、企业和研究机构的专家深入研讨新工业革命带来的时代新机遇、聚焦国家新需求、谋划工程教育新发展，审议通过《新工科研究与实践项目指南》，提出新工科建设指导意见。

（1）明确目标要求。深入贯彻习近平总书记系列重要讲话精神和治国理政新理念新思想新战略，全面落实立德树人根本任务，面向产业界、面向世界、面向未来，以一流人才培养、一流本科教育、一流专业建设为目标，以加入《华盛顿协

议》组织为契机，以实施"卓越工程师教育培养计划2.0版"为抓手，把握工科的新要求、加快建设发展新兴工科，持续深化工程教育改革，培养德学兼修、德才兼备的高素质工程人才，探索形成中国特色、世界水平的工程教育体系，加快从工程教育大国走向工程教育强国。

（2）更加注重理念引领。坚持立德树人、德学兼修，强化工科学生的家国情怀、国际视野、法治意识、生态意识和工程伦理意识等，着力培养"精益求精、追求卓越"的工匠精神。树立创新型工程教育理念，提升学生工程科技创新、创造能力；树立综合化工程教育理念，推进学科交叉培养；树立全周期工程教育理念，优化人才培养全过程、各环节，培养学生终身学习发展、适应时代要求的关键能力。全面落实"学生中心、成果导向、持续改进"的国际工程教育专业认证理念，面向全体学生，关注学习成效，建设质量文化，持续提升工程人才培养水平。

（3）更加注重结构优化。加强工程科技人才的需求调研，掌握产业发展最新的人才需求和未来发展方向，优化学科专业结构。一方面加快现有工科专业的改造升级，体现工程教育的新要求；另一方面主动布局新兴工科专业建设，积极设置前沿和紧缺学科专业，提前布局培养引领未来技术和产业发展的人才，争取由"跟跑者"向某些领域的"领跑者"转变，实现变轨超车。

（4）更加注重模式创新。完善多主体协同育人机制，突破社会参与人才培养的体制机制障碍，深入推进科教结合、产学融合、校企合作。建立多层次、多领域的校企联盟，深入推进产学研合作办学、合作育人、合作就业、合作发展，实现合作共赢。推动大学组织创新，探索建设一批与行业企业等共建共管的产业化学院，建设一批集教育、培训及研究于一体的区域共享型人才培养实践平台。探索多学科交叉融合的工程人才培养模式，建立跨学科交融的新型组织机构，开设跨学科课程，探索面向复杂工程问题的课程模式，组建跨学科教学团队、跨学科项目平台，推进跨学科合作学习。强化工程人才的创新创业能力培养，完善工科人才"创意—创新—创业"教育体系，以创新引领创业、创业带动就业，广泛搭建创业孵化基地、科技创业实习基地、创客空间等创新创业平台，提升工科学生的创新精神、创业意识和创新创业能力。探索个性化人才培养模式，鼓励学生在教师指导下，根据专业兴趣和职业规划，选择专业和课程，给学生个性化发展提供更加广阔的空间。探索工程教育信息化教学改革，推进信息技术与工程教育深度融合，创新"互联网+"环境下工程教育教学方法，提升工程教育效率，提高教学效果。扎根中国、放眼全球，推进工程教育国际化，围绕"一带一路"倡议实施，构建沿线国家工科院校战略联盟，共同打造工程教育共同体，提升我国工程教育国际影响力和对国家战略的支撑能力。

（5）更加注重质量保障。加强工程人才培养质量标准体系建设，制定发布理工科专业类人才培养质量标准，作为专业设置、专业建设、教学质量评估的基本遵循。按照新工科建设要求，研制新兴工科专业质量标准，引导院校依据标准制定和优化人才培养方案。建立完善中国特色、国际实质等效的工程教育专业认证制度，把专业认证作为建设一流本科的重要抓手和基础性工程，用国际实质等效的标准引导专业教学，不断改进和提高专业人才培养质量。制定符合工程教育特点的师资评价标准与教师发展机制，探索与新工科相匹配的师资队伍建设路径，强化教师工程背景，对教师的产业经历提出明确要求并积极创造条件。推动院校形成内生的、有效的质量文化，强化生命线意识，将质量价值观落实到教育教学各环节，将质量要求内化为全校师生的共同价值追求和自觉行为。

（6）更加注重分类发展。促进院校在不同层次不同领域办出特色、办出水平，工科优势院校要对工程科技创新和产业创新发挥主体作用，综合性院校要对催生新技术和孕育新产业发挥引领作用，地方院校要对区域经济发展和产业转型升级发挥支撑作用。努力培养不同类型的卓越工程人才，全面提升工程教育质量。

（7）形成一批示范成果。各类院校要审时度势、超前预判、主动适应、积极应答，根据办学定位和优势特色，深入开展多样化探索实践，努力在以下若干方面大胆改革、先行先试，实现重点突破，形成一批能用管用好用的改革成果：

建设一批新型高水平理工科大学；

建设一批多主体共建共管的产业化学院；

建设一批产业急需的新兴工科专业；

建设一批体现产业和技术最新发展的新课程；

建设一批集教育、培训、研发于一体的实践平台；

培养一批工程实践能力强的高水平专业教师；

建设一批跨学科的新技术研发平台；

建设一批直接面向当地产业的技术创新服务平台；

形成一批可推广的新工科建设改革成果。

2018年教育部认定了612个项目为首批"新工科"研究与实践项目。2020年7

月 13 日，教育部发布了《教育部办公厅关于公布首批新工科研究与实践项目结题验收结果的通知》，589 个项目通过验收，其中"计算机类专业教学指导委员会分类推进新工科建设的研究与实践"等 96 个项目验收结果为优秀。电子科技大学中山学院 1 个项目《面向物联网和云计算融合的新型计算机应用课程建设》入选首批"新工科"研究与实践项目并顺利结题，带动了学校 ICT 类专业尤其是电子信息科学与技术、计算机科学与技术、软件工程等专业的发展。学校 4 个 ICT 类专业成为广东省省级一流专业建设点。

2020 年 10 月，363 所高校 845 个项目获批为教育部第二批新工科研究与实践项目。第二批新工科研究与实践项目中，综合改革类项目 273 个，专业改革类项目 572 个。其中综合改革类项目包括新工科理念研究类项目群、专业结构改革项目群、高层次人才培养项目群、多学科交叉项目群等 9 个项目群；专业改革类项目包括人工智能类项目群、大数据类项目群、计算机和软件工程类项目群、电子信息、仪器类项目群等 20 个项目群。

2021 年，教育部高等教育司工作重点之一是全面加强新工科、新农科、新医科、新文科建设，全面提升高等教育根本质量、整体质量、服务质量、成熟质量，加快构建高质量高等教育体系，全力打赢高质量本科教育攻坚战和中西部高等教育振兴攻坚战，深入推进高等教育"质量革命"，加快高等教育强国建设。

复旦共识、天大行动和北京指南，构成了新工科建设的"三部曲"，奏响了人才培养主旋律，开拓了工程教育改革新路径。使命重在担当，实干铸就辉煌。我们将深入系统地开展新工科研究和实践，从理论上创新、从政策上完善、在实践中推进和落实，一步步将建设工程教育强国的蓝图变成现实，建立中国模式、制定中国标准、形成中国品牌，打造世界工程创新中心和人才高地，为实现"两个一百年"奋斗目标和中华民族伟大复兴的中国梦做出积极贡献！

二、全面推进新文科建设

党的十九届五中全会明确了"建设高质量教育体系"的政策导向，并确定了到 2035 年建成教育强国的目标。面对新使命新要求，推动高等教育改革创新，必须推进文科教育创新发展。2019 年，教育部、科技部、工信部等 13 个部门联合启动"六卓越一拔尖"计划 2.0，要求全面推进新文科建设。2020 年，教育部新文科建设工作组主办的新文科建设工作会议发布《新文科建设宣言》，对新文科建设做出了全面部署。

（一）全面认识新文科

一方面，教育必须与社会发展相适应。近年来，随着社会经济、科技的发展，国家建设发展迈入全面推进综合治理现代化的新阶段，对人才结构和学科背景要求更加多元、素质要求更加全面、创新能力要求更加突出，新文科建设势在必行；另一方面，"新文科"的提法在我国是一个全新的理念，新文科建设也刚刚起步，任重道远，目前基本处于目标明确、研究不足、实践摸索阶段。新文科建设的重点在于新专业或新方向、新模式、新课程、新理论的探索与实践。"新文科"对传统文科的教育理念、教育目标、课程设置、实验实践环节等提出了新挑战，对如何培养与国家建设发展相协调、相适应的文科人才指明了努力方向，是指导今后我国院校学科建设和"双一流"专业建设的重要指导思想。

为什么要建设新文科？①近年来欧美国家文科式微，学生不再报名、选课，文科教师产生危机感，开始朝着创建新文科而努力；②随着科技的高速发展，文科没有跟上理工科发展的步伐，文科教师过分聚焦自己的圈子，讨论自己的小问题；③可以追溯到1959年斯诺剑桥大学演讲的《两种文化》，他认为自然科学和人文科学存在割裂。

什么是新文科？"新文科"是指对传统文科进行学科重组、文理交叉，即把新技术融入哲学、文学、语言学等诸如此类的课程中，为学生提供综合性的跨学科学习。①"这一概念由美国希拉姆学院于2017年率先提出"的观点和看法得到了中国学者的广泛认同与传播；②实际上据希拉·托拜厄斯（Sheila Tobias）《回顾1980—1990年的新文科倡议》的报告，这一概念应该是在1980年由美国"斯隆基金会"提出来的；③1982年发表于《自然》杂志上的短评《文科的新出路？》证明，美国学者斯蒂芬·怀特1981年就已经出版了"新文科"小册子；④"新文科"的概念在我国是2018年正式提出来的。2018年5月教育部高等教育司司长吴岩指出，要全面推进"新工科、新医科、新农科、新文科"等建设。

怎么建设新文科？①希拉·托拜厄斯说："斯隆基金会的新文科倡议（New Liberal Arts Initiative），其在1980—1990年斥资2000万美元，定义、启动并实施了一系列范围广泛的课程和项目，将技术和定量素养纳入古典文科的研究领域。"②美国学者怀特也是"新文科倡议"的一位激进参与者。他的《斯隆基金会的新文科项目》报告称:"新文科项目的第一批补助金是在 1982 年到 1985 年底发放的,总共大约有 1200 万美元。"③麻省理工学院出版社和纽约州立大学研究基金会都曾出版"新文科系列"的研究专著。如 1984 年的《语言的生物学视野》。④ 2017 年 10 月,美国希拉姆学院开始进行重组,2018 年,希拉姆学院院长洛里·瓦洛特(Lori Varlotta)发表《为新文科设计模型》的文章,对他们的做法和理念进行了总结,使希拉姆学院的新文科实践广为人知。⑤ 2019 年 4 月,教育部等 13 个部委正式启动"六卓越一拔尖"计划 2.0,全面推进"四新"建设,自此"新文科"被正式提出并与"新工科、新医科、新农科"建设列为同等重要地位。

(二)努力建设新文科

由于"四新"的提出不到三年时间,属于全新事物。对于"新文科"的认识,绝大部分院校还停留在理论认识的阶段,相较新工科、新医科、新农科,新文科出现更晚。做出立足于中国立场的意义解读,是推进新文科建设的重要前提。新文科建设是指导今后我国院校学科建设和"双一流"专业建设的重要指导思想。其重点在于新专业或新方向、新模式、新课程、新理论的探索与实践。

电子科技大学中山学院从专业布局的角度出发,以电子类专业为核心,工、管为主干,工、管、经、理、文、法、艺协调发展。拥有通信工程、计算机科学与技术、机械制造及其自动化等 9 个省级重点专业。中山学院在独立学院中先行先试,探索联合培养研究生工作。自 2012 年起,该校与母体院校电子科技大学开展联合培养研究生,同时,该校也是广东省研究生联合培养基地,已有来自华南理工大学、华南师范大学等院校的研究生参与交流培养。这些已经具备了新文科的一些雏形。

内蒙古财经大学财政学人才培养模式随时代需求而转向,拥有重点学科、双一流专业、特色专业、品牌专业等,特别是拥有经济(财政 + 税务)+ 管理(劳动与社会保障 + 资产评估)的人才培养模式,具有大财政学、新文科的一些特征和率先进行改革试点的条件。"新文科、大财政"人才培养模式探索需要教育行政管理部门、院校、学院联动。学院层面试点重点在于构建新理论、建设新专业、试点本研长学制等。2021 年 7 月 29 日,教育部发布《关于首批新文科研究与改革实践项目拟立项项目名单的公示》,共有 396 个单位入选,其中 394 个为高校。山东大学入选项目最多,为 19 个,中国人民大学入选 13 个项目,北京大学、天津大学均入选 12 个,东南大学 11 个,西安交通大学 10 个。

第七节　融合信息技术，打造一流本科"金课"

一、什么是"金课"

什么才是"水课"？"水课"本身就是一门低阶化、陈旧的课，它是一堂教师不用心上的课。这种低阶化特征就是说学生不需要抬起头就可以顺利通过，该项课程上课的过程中既没有让学生进行技能和专业的训练，又没有对学生综合素养进行培育。至于其陈旧性，如 20 世纪 80 年代的"Basic 语言"，这门课程主要是给硕士研究生上的课程，在学校里实际操作 286 的时候，他们需要穿着白大褂、换拖鞋才能走进机房。"Basic 语言"在当时看起来很好，是一门具有先进性的课程。过了一段时间，硕士研究生不上这门课程了，转而给了本科生。又过了一段时间后，本科生也不上这门课程了，转给了社会上的老头老太太上。如果将"Basic 语言"放在今天的课堂上，那就是一门陈旧的课程。学生们可以不用花费大量的心思和学习时间就可以顺利通过考核，这样的课不但需要被淘汰，还要让它成为一只令人厌恶的老鼠，成为老师羞于拿出来的一堂课，成为学生们共同抵制的一堂课。

"金课"到底是什么样的呢？我们可以将金课高度归纳总结为三个词。第一个词，高阶。培养所有在校的本科生处理复杂问题的综合能力以及逻辑思维能力，将知识、能力、思维、素质等相互融合渗透。对于在校本科生毕业进行资格认证的一个重要要求，是要让本科生在本科阶段，通过各门课程的学习而获得综合思维，进而能够处理一些复杂性的社会问题。第二个词，创新。金课的创新体现在以下几个方面：第一，本科大学所教授的课程具有时代性和前沿性；第二，所教授的课程要具有互动性和先进性；第三，本科生学习后的课程结果要具有探索性和主体性特点，不是直接告诉学生哪个是对的，哪个是错的，而是通过主动培养每个学生到自己身边主动去进行探索，让每个学生发挥出其自身的主体性特点。第三个词，挑战。挑战无疑是指该门课程具有一定的难度，需要老师和同学们相互配合，蹦一蹦才可以够得着，老师们一定要在授课和备课上下足功夫，学生们也要在线上和线下进行不断学习和探索来培养出自己的逻辑思维。

二、打造五大"金课"

2020—2023 年，我国将建设的五大金课包括：线上"金课"、线下"金课"、线上线下混合"金课"、虚拟仿真"金课"以及实践"金课"。三年计划共计16500门，2020年11月24日，教育部公布了首批国家级一流本科课程认定结果，具体分配情况见表6-3。

表6-3　首批国家级"一流本科课程"建设情况

单位：门

课程类型	三年计划	首批认定数量	剩余数量
线上	4000	1875	2125
线下	4000	1463	2537
线上线下混合	6000	868	5132
虚拟仿真	1500	728	772
实践	1000	184	816
总计	16500	5118	11382

1. 线下"金课"

近几年来一直都在说教学改革。什么样才能算是一场课堂教学革命？世界上排名较前的哈佛大学、芝加哥大学等，同这几所学校的专家进行交流，也同英国、日本的专家进行交流研究，总结出来五种教学境界。第一种叫 silence，在这样的课堂上，老师在讲，学生在吃、喝、玩、睡，就是不听课，但是课堂很安静。第二种叫 answer，在这样的课堂上，老师只会提问学生对不对、是不是的问题，这样的无效提问，与没有进行提问毫无差别。第三种叫 dialogue，它具有了情感与内容之间的沟通，这样的课才可以算作是好课。第四种叫 critical，在这样的课堂上，弥漫着质疑和批判的气息，学生们不但与教师之间有深刻的互动，而且还有可能持有与老师不同的观点。第五种是 debate，在这样的课堂上，学生之间进行争论、竞争，对于老师所教授的内容发表自己的观点。

四川大学的很多课就是 dialogue、critical、debate 教学模式。每年都会在四川大学进行教育座谈会，目的是让全国各个高校的校长、专家、老师们进行观摩学习"川大模式"，观看后老师们都赞叹不已。因此，不是什么事是做不到的，而是做不做，是否能够舍得花更多的时间、精力、金钱，并用教师自身的热情去努力建设这样的一堂课。如果学习有这样的决心的话，完全能够把它打造成为世界一流的"金课"。

2. 线上"金课"

随着信息时代的到来，互联网催生出了一堂新型并且具有未来性的好课程——中国慕课。中国慕课在 2017 年推出线上 490 门课程，这些课程都是具有高层次性的线上"金课"。数据显示，中国慕课现已经上线 8000 门课程，点击量已超过 1.4 亿次。我国不仅正努力加快建设一个现代学习型的社会，也正努力加快建设一个现代学习型的文明国家。为此，专门为各级部队军校学员开设了 100 门军校线上"金课"，以便于军队士兵和退伍士兵随时进行线上学习。在推动我国加快构筑学习型和谐社会、学习型国家的过程中，中国高校大学生慕课起到了重要推动作用。因此，也许我们现在可以毫不谦虚地表示，中国已经发展成为全球性慕课大国，正在利用中国的解决办法来参和主导国际上对于慕课标准的研究和制定。

3. 线上线下混搭式"金课"

线上与线下的结合，打破了传统的老师授课学生听讲的教学模式。例如翻转课堂，就是以学生在线下自主查阅资料并学习，做好演示文稿，在上课时，将所学习到的东西给老师和同学们演示出来，这是一场教学和学习的具有历史意义的革命。各个高校要将线上线下混搭课程进行推广，可以使用、可以学，充分运用线上"金课"对学校进行当地化的改造，探索线上"金课"的多种应用模式，构造出适合学生个性特点和教学要求的"金课"。

4. 虚拟仿真"金课"

随着互联网和智能技术的发展，催生出虚拟仿真类课程，该项课程是一种新型的教育生产力。杨宗凯教授曾多次倡导"智能 + 教育"的课程模式，并且得到了社会的广泛关注和教育界的支持。将来"互联网 + 教育""智能 + 教育"，极大可能会成为全新的教育格局。对此，大家一定要保证自己有足够的兴趣和敏锐，要敢于首当其冲，中国的教育才会更加有可能给全球人民提供真正的中国方案。

5. 实践"金课"

"互联网 +"大学生创新创业教育大赛推出了两堂课，两堂中国最大的课，这两门课就是社会实践"金课"。

一堂课叫作"青年红色筑梦之旅"，是有温度的国情思政大课。目前已有 70 余万人同上这门课，14 万支团队走进中国边远的山村，走进革命老区、贫困地区，了解国情民情，助力乡村振兴和精准扶贫。这种课不仅入眼入耳，还入脑入心，成为滴灌式的课，被孙春兰副总理誉为解决中国大学生国情教育的关键一招、创新一招。

另一堂课是中国"互联网+"大学生创新创业大赛，一年有 265 万人同上这门课，产生 64 万个项目，成为全球最大最好的双创路演平台。我们也称之为中国最大的有激情的创新创业课。

三、建设"金课"的五大保障

我们在建设中国"金课"，没有旁观者，都应该是建设者。我们要充分调动多方参与，为构筑中国"金课"体系提供五个重要的保障。

1. 政策保障

近年来，教育部不断出台各项有关本科教育的政策，印发《关于加快建设高水平本科教育全面提高人才培养能力的意见》等文件，并决定实施"六卓越一拔尖"计划，14 个部委联合出台的卓越教师、卓越医生、卓越工程师、卓越新闻、卓越法治、卓越农林和基础学科拔尖的计划。这将是加强本科一流专业建设的重要计划。

2. 组织保障

为贯彻落实党的十九大精神，全面贯彻党的教育方针，经过研究决定教育部高等学校教学指导委员会于 2018 年 11 月 1 日正式成立。该组织是覆盖面最广、规模最大、水平最高的委员会。其中专家组由 5500 多位教育家组成，包括 111 个教学指导委员和 40 个分教学指导委员，630 个本科专业纳入管理体系，将努力打造成为一个一流的本科教育建设的指导组、咨询团、推动队、参谋部。我们要充分发挥教指委的先锋带头作用，做好淘汰"水课"、建设"金课"的工作。

3. 机制保障

《关于以习近平新时代中国特色社会主义思想统领教育工作的指导意见》由中办和国办在 8 月 24 日联合下发，该文件明确提出要加快新文科、新农科、新医科、新工科的建设。将"四新"课率先打造成"金课"并继续抓紧组织落实，取得成果。"四新"课程的改革涉及了文学、医学、工学、农学领域，也是探索中国特色社会主义教育的一次伟大实践。从整个世界经济发展范围来看，我国是走在最前列的。

4. 经费保障

口号必须变成了目标，变成了行动，变成了措施，要取得最终的效果，要切实落实到"金课"的建设上，要有想法，要舍得真金白银的积极投入。"金课"的建立，要有精力、时间、情感，这就需要我们的教师怀揣着担当、热情与责任。这就需要教师们富有情怀、富有格局、富有担当。我们的政策还是必须跟得上。教育部现在正在深入研究进行各个层次的教育考核评价标准的研究制定与完善，要配套相应政策。中央决定重点教育项目的资金要向"金课"项目倾斜，加大对"金课"的扶持力度，促使改革真正惠及学校及学生。

5. 社会实践"金课"

"互联网+"大学生创新创业教育大赛推出了两堂课——两堂中国最大的课。一堂课叫作"青年红色筑梦之旅"，是有温度的国情思政大课。目前已有70余万人同上这门课，14万支团队走进中国边远的山村，走进革命老区、贫困地区，上了一堂生动的国情课，传承红色基因，接受思想洗礼，了解国情民情，助力乡村振兴和精准扶贫。大学生热情高涨，似星火燎原。这种课不仅入眼入耳，还入脑入心，成为滴灌式的课，被孙春兰副总理誉为解决中国大学生国情教育的关键一招、创新一招。另一堂课是中国"互联网+"大学生创新创业大赛，一年有265万人同上这门课，产生64万个项目，成为全球最大最好的双创路演平台，被国内外媒体誉为"无与伦比、惊艳非凡、继往开来"的盛会，被称为中国最大的有激情的创新创业课。这两门课都属于"金课"。

2018年在厦门大学举办的第四届中国"互联网+"大学生创新创业大赛，以"勇立时代潮头敢闯会创 扎根中国大地书写人生华章"为主题，有广度、有深度、有高度、有温度，创新创业教育与专业教育深度融合，对接"一带一路"、创新驱动、乡村振兴等国家战略。孙春兰副总理出席大赛闭幕式并讲话。她还表示："以后我要年年来参加这个大赛。你们这个课让我感到很受教育，很震撼。"我们办了一次惊艳非凡的大赛，推出了两堂大课，一个解决的是接班人的问题，就是思政的问题，另一个解决的是建设者的问题，就是创新创业的问题。2017年习近平总书记专门写了回信，2018年又专门请中央办公厅对参加大赛、参加红色之旅的大学生给予亲切的问候。中国"互联网+"大学创新创业大赛，已经成为深化创新创业教育改革的载体，成为促进学生全面发展的重要平台和推动产学研用结合的关键纽带。我们还在探索创新创业大赛要与德育相结合，打造德育大平台。要与专业教育相结合，打造智育大平台。还要把敢闯会创、百折不挠的创业精神，与追求更高更快的体育精神相结合，打造体育大平台。我们的美育，除了风花雪月之美、小情小调之美，还要有欣赏诗书文化之美，更要有人生创造的大美壮美，比如大学生该有的狼性和血性、家国情怀和团队精神，创新创业的大赛要把小美和大美结合起来，打造美育大平台，美美与共。创新创业还是一件很艰苦的事，是一种高级的劳动形式，要和劳育相结合，打造劳动教育大平台。总之，社会实践的"金课"要使学生在大学学习生活中，有惊艳非凡的体验，有海阔天空的未来。

第八节　重构教师队伍，提升教师教学能力

"十四五"时期，构建高质量教育体系、建设一流大学群体，关键是要培养一支高素质的教师队伍。要引导广大教师坚持教书育人的初心使命，立德修身，严谨治学，做学生为学、为事、为人的示范。高校要加强学科专业、科研设施建设，为教师施展才华、实现抱负创造条件，完善教师评价制度，破除"五唯"，突出质量导向、同行评价，减轻教师不必要的负担，把时间还给教师，保障教师待遇，让他们心无旁骛开展教学研究。高校书记、校长要按照政治家、教育家的标准，在扎根中国大地办学中创新教育理念和思路，带领学校依据社会需求、历史积淀、自身优势等因素，选准方向、聚焦主业，实现特色发展、内涵发展、高质量发展。

对于一些地方本科院校来说，向着应用技术型的转型升级发展，是我国本科教育史上的一项系统的、整体的工程，它所涉及的范围较广、周期较长，其中的重要内容是对师资队伍的建设，这对老师和学校提出了新的挑战和要求。

（一）教师：教学理念与知识的自我重构

树立"以学生为主"的教育理念。教师队伍的重构，首先是教师教育理念的重构和转变。以学生为本是教育的最基本要义，也是教育的实质，这就要求教师们重新回归课堂，而不仅仅是将教学作为谋生的手段。但随着社会生存和就业压力的加大，以及院校的大规模扩招，大规模非教育专业人员涌入地方新建院校，这些人的初衷是将教育作为谋生手段，抛弃了传统的教育以培养学生为根本目标的教育理念，偏离了教育最初的本质，使得教育离其永恒的主题越来越远，导致了地方院校教学效率的低下。因此，处在转型期的地方本科院校教师必须转变这一观念，重新

找回以学生为本的教学理念，尊重和重视每个人个性的发展和潜力的发挥。

关注自己知识体系的持续更新。随着科技的飞速发展，知识陈旧和过时的速度也越来越快，尤其是近年来信息技术革命的到来，新的知识以前所未有的速度不断出现，这对教书育人的教师无疑是个挑战。在地方本科院校转型背景下，越来越强调培养学生具有社会发展需要的技能，并注重学生各方面综合素质养成，教师应该注重自我修养的提升，在掌握前沿科学知识、更新教育思想、理念的同时，要时刻注意新知识、热点信息的获取。不断更新知识结构，追踪社会发展需要，并积极探索将新的知识结合现代先进的教学方式传授给学生。这样既能吸引学生兴趣，也能最大限度避免学生毕业即失业的窘境，不断促进院校更迅速地转型和发展。

（二）院校：管理理念、培养与评价体系的优化

（1）转变理念，调整优化现有师资队伍结构。应用型大学建设，教师队伍是关键。教师队伍素质直接影响着地方各类本科院校的办学能力与潜力。地方本科院校必须按学校办学定位、根据学生的实际进行培养，并且要加强自身的师资力量队伍。做好整体建设规划，完善专业教师的课程与教学技能培训体系，建成一支数量充足、结构合理，并且具备宽厚的相关专业基础知识和扎实的相关行业理论知识，具有较强的相关专业实用能力、相关教学技能、相关社会服务工作能力等综合素质的师资队伍，为应用型人才培养提供有效的支持。

（2）校企协作，打造"双师型"教师队伍。转型的本科院校要具备正确的学术价值观和学术水平，敢于创新，在师资队伍中要配备一定量的高学位和高职称的教师，并且要符合转型发展的规律。此外，学校要加强与企业合作，鼓励教师服务社会和企业，并派遣老师进入企业学习和实践。最后要引进优秀的企业家进入学校教学，提高学生的综合能力以及师资队伍能力。

（3）优化制度设计，健全教师评价机制。合理的制度体系是保证教师队伍建设的重要前提。教育制度出了问题，会出现教师队伍的问题，并且会慢慢积累造成严重的后果。因此，各本科高校在转型期间要勇于创新，健全体制机制，完善教师评价制度，并且要将转型的要求体现在实际的管理操作中，只有这样才能够不断改善自我，助推学校成功转型。

电子科技大学中山学院在教师管理体制改革方面进行了有益的探索。一是构建"分类施策、业绩导向"的职称评聘机制。学校的职称申报条件坚持德才兼备、服

务学校发展、促进教师能力提高的指导思想。评审条件中，设立"高水平科研成果""高水平教研教改成果""高水平社会服务成果"三个选择通道。按照有关规定，组织校内外专家组建高级职称评审评委会，确保校外评委比例，保证评审公平性。学院是广东省"放管服"后率先顺利完成职称评审各项工作的 5 所高校之一。二是建立高层次人才岗位分级机制。为进一步增强高级职称教师活力，加强学科带头人培养，促进教师做真科研真学术，出台《高级专业技术职称岗位设置和聘任管理办法（试行）》，聘任条件突出申报人员近年的科研工作业绩和教学效果。三是实行教师聘期考核机制。制定实施《电子科技大学中山学院专任教师聘期考核管理规定》，将教师岗位分为教学科研并重型、教学为主型、科研为主型三大类型，分类考核；突出师德考核，将遵守法律法规和思想政治表现纳入考核的先决条件；将聘期考核和年度考核结合起来，教师聘期内年度考核须达到称职及以上。通过考核做到能上能下，能进能出。

第九节　强化创新驱动发展，大力推进创新创业教育

自主创业是解决院校毕业生就业的一个重要途径，各国都普遍鼓励和支持自主创业（日本除外）。美国是鼓励创业的典型代表，其资本市场相对成熟，风险投资的资金也相对充足；首先，美国的创业门槛非常低，可以零资金注册公司。其次，美国的文化传统是倡导个人至上、财富第一，社会创业氛围比较浓。最后，美国大学方面关于创业的教育也比较发达，有 20 多年的历史，有专门的创业型院校。对于英国政府来说，在鼓励毕业生进行创业方面，主要有三个亮点：一方面是放松市场管制、加大市场准入力度；另一方面是创业的行政成本不断降低、税收和风险方面的成本也不断降低。对于德国政府来说，对毕业生自主创业的补助金做出明确的规定。对于印度政府来说，关于毕业生的自主创业资金提供的十分到位。到目前为止，美国硅谷创业人中有 35% 是印度留学生，印度企业家创建了将近 40% 的公司。韩国在两次金融危机之后，无论是政府、社会、院校还是毕业生自己都对创业的认识和支持大大增强。韩国大学里的"创业支援中心"大多都提供"一条龙"式的服务。

一、积极探索创新创业教育模式

创新和创业成为近年来的热门高频词汇，频繁出现在中央文件中。李克强总理于 2014 年在夏季达沃斯论坛上首次将创新和创业放到一起，并提出了"大众创业、万众创新"的口号。促进"双创"的提出，不仅充分调动了广大劳动者的积极性，还成功入围经济类 2018 年度的十大流行语。从唯物史观角度看，"双创"着重强调的是一个个普通人的贡献。人民群众作为历史的创造者，在任何时候，都会推动生产力的解放以及社会的发展，归根结底要靠无数个人民群众、靠无数个默默耕耘的个体。推进"双创"，不仅是扩大就业、富民之道最为根本的举措，更是激发整个社会创新潜质和创业活力的途径。

提起中国的创新创业城市必定会提到北上广深，而提到地区则必定会提到中关村。中关村作为中国最能与美国硅谷相抗衡，在创新创业领域最为活跃的区域，在 2018 年公布的德勤《中美独角兽研究报告》中所提到的世界前 252 家独角兽企业，美国占到 42.1%，也就是 106 家，中国占到 38.9%，也就是 98 家，印度 10 家。在前 10 名中，中国企业共有 5 家，即蚂蚁金服、小米、美团大众点评、陆金所、滴滴出行。其中，仅仅一个中关村就汇聚了 70 多家独角兽企业，也包含两万多家具备高新科技的企业。联想、新浪、方正、百度、搜狐、美团点评、今日头条、小米、滴滴，这些都是在中关村里面成长起来的。原因有三：一是政府搭建了高新技术区平台，给予政策支持；二是本地汇聚了大量的院校及科研院所，为企业源源不断地输送新鲜血液；三是形成了浓厚的创新创业氛围。高新技术产业存在高投入、高风险，高创新性及高时效性、高收益性等特点，决定了高新技术产业中市场配置资源的难度，从而使其在发展过程中不可避免地存在市场机制失灵的状况，政府必须介入高新技术产业发展。

国务院于 2016 年 5 月和 2017 年 6 月公布了两批双创示范基地，所批示的双创师范基地主要包括三大部分，院校和科研院所示范基地、区域示范基地和企业示范基地。第一批一共包含 28 个，第二批一共包含 92 个。其根本目的就在于通过将一大批高水平的双创示范基地建立起来，实现对一大批双创支撑平台的扶持工作，以突破现存的阻碍双创发展的种种政策障碍，进一步形成一大批可用来复制、可用来推广的双创方面的独具特色的模式和典型经验。政府出台的好政策，是科技创新的基础，创造一个发展的大环境。着眼为创新主体提供全方位服务，积极提供政策支撑。

二、将"双创"教育与专业教育深度融合

电子科技大学中山学院连续 10 年每年拨款 100 万元用作大学生学科竞赛的专项经费、连续 5 年每年拿出 80 万用作大学生创新创业教育专项经费，让学生在学科竞赛和创新创业训练中学习。现有 18 项校级品牌竞赛项目，每年学生参与人数约 7000 人次，约占在校生人数的 36%。近三年获省级及以上奖项 260 余项。每年 11 月为"双创活动月"，近三年举办各类双创讲座、训练营、创业校友经验分享、创新创业师生校外交流学习等活动上百场。66 个开放性实验班，年度总人数为 34416 人，16 支师生团队进驻学校"创新工坊"，6 个全校性创新实验班。2019 年"互联网 +"大赛校级参赛项目达 900 个，营造了良好的以赛促学的氛围。通过竞赛、实践锻炼，大大激发了学生的学习动力和专业志趣，学生主动性空前高涨。2018 年学校通过复评再次成为广东省 10 所大学生创新创业教育示范学校（2018—2021）之一。2019 年，学校《应用导向，多元聚合的创新创业教育体系的探索与实践》获省教学成果奖一等奖。

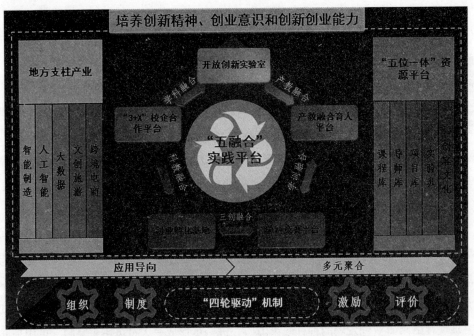

图 6-1 "应用导向，多元协同"创新创业教育体系

2020 年疫情防控期间，借助现代化信息交流工具，搭建了"莲峰双创"圈，组

建起 5700 多人的双创交流互动平台，有力保证了线上教学的进行，增强了创新创业氛围。其中《创新创业实践》课程以培养创新思维、提高创新能力为目标，通过小组协作、演讲 PK 等环节，锻炼学生团队协作、语言表达等综合素质。2020 年春到 2021 年春，共约 14500 人参与该课程学习，通过该课程提炼出 3000 多个项目参加"互联网＋"大赛。2019 年 12 月，该校电信学院师生开展的射频前端器件测试技术研究的系列成果亮相广东省院校科技成果转化系列活动，入围广东省院校高质量科技成果库，并登上学习强国平台。基于该系统，结合森林行业需求，衍生的森林火险预警方案，荣获 2020 年第六届中国国际"互联网＋"大学生创新创业大赛校金奖以及 2020 年大学生创新创业训练计划项目国家级立项。

第十节　综合施策精准服务，促进毕业生高质量就业

随着中国特色社会主义进入"新时代"，我国明确把就业放在民生建设的首要地位。国家在就业方面的总抓手侧重于就业数量的提高，并取得了显著成效。然而我国经济正处于关键转折期，必须把创新驱动发展作为未来发展的重要战略，解决就业问题不仅要关注就业数量，实现充分就业，还要关注就业质量，实现高质量就业。高校毕业生作为就业的主力军，通过施策综合、精准的服务，以促进毕业生的高质量就业显得尤为重要。一是落实党的十九大精神和战略部署的重要体现。党的十九大报告明确提出，"要坚持就业优先战略和积极就业政策，实现更高质量和更充分就业"。"提高就业质量"这一新目标的提出顺应了人民日益增长的美好生活需要，反映了我国当前经济转型升级对就业工作的新要求，对于保障和改善民生、实现经济社会协调可持续发展，具有十分重要的意义。开展就业质量评估和监测正是促进这一目标实现的基础，是落实党的十九大重要战略部署的体现。二是促进就业质量提高和改善民生的基础。就业是民生之本。当前，就业总量矛盾依然存在，促进劳动者充分就业仍然面临着较大的现实压力。但近年来，结构性矛盾上升为就业的主要矛盾。在强调充分就业的同时，就业质量也提上议事日程。根据党的十九大的要求，只有注重"质"与"量"齐头并进、协同发展，才能"实现更高质量和更充分就业"，才能切实有效地保障民生和改善民生。三是促进区域经济和社会发展

的必要措施。实现更高质量和更充分的就业既是经济社会发展的基础，又是经济社会发展的结果。开展就业质量评估与监测，将有助于相关职能部门从就业促进，推动就业结构转变，有助于检验经济和社会发展的结果，对经济和社会发展的战略和措施提供反馈，进而有效促进经济和社会的发展。

一、建立就业预警机制

（一）建立就业率统计国家标准

就业率 =（已就业毕业生人数 / 毕业生总数）× 100%。已就业毕业生人数包括了签订就业协议、领到报到证或者直接和单位签订劳动合同或得到用人单位出具的接收函的毕业生，定向、委培生，自主择业、自主创业、自由职业者，还有专升本、读研、攻读第二学位或出国留学的毕业生，以及参加选调生、西部志愿者计划、参军入伍等一系列国家、地方项目的毕业生。实际上，在一些重点院校，大学生毕业后深造或出国被计为就业者是一个较为庞大的群体，这类毕业生不能算入失业率，也不宜算入就业率。在国际上，是否把继续升学计入就业率有着不同的做法。如英国就把通过学习获取高一级教育机会计入就业率统计。灵活就业和自主创业的，也不应简单视为失业或者就业。

我国现行院校毕业生就业率统计的口径和方法中存在的问题有四：一是院校自报就业率的统计方式缺乏公信力；二是统计口径范围过宽，升学、出国、参加科研项目都算作就业；三是就业率作为考核院校的关键指标，迫使院校产生逆向选择；四是统计时间选择不合理，6 月底和 12 月底为统计时间，而对外公布一般都是 6 月底统计的数据，这会给院校和学生都施加了压力。所以，要采取以下措施：（1）改进院校毕业生就业率的统计口径。根据劳动经济学定义，就业人群不包括在校生，不应把读研的学生包括在内；（2）建立多层次的统计主体。根据国外相关经验，形成"政府主导、院校协助、社会组织积极参与"的多层次就业率统计体系。还应增加民间专业机构等来调查统计就业状况，从而使所得数据更具公信力；（3）统计时间应当是一个动态的过程。发达国家往往跟踪学生毕业后三个月、六个月、九个月、十二个月、十八个月、两年、三年的情况进行统计。这个数字是一个动态的、持续的结果，也许更能够真实反映劳动力市场变化的情况。

（二）建立人才需求预测体系

如今不管发达国家还是发展中国家，由教育部门、各个学校使劲着急就业的情况并不多，因为国外更多是大市场的概念。政府不是去考核院校的就业率，而是加强社会人才需求的预测，为社会和院校提供导向。人才的培养有一定周期，预测更加需要。一方面，应从毕业生的总数为开端严格进行记录。应该联合教育部、社会保障部、公安部、人事部等多个职能部门建立一个庞大的数据库系统，汇总所有的数据对毕业生的信息进行联网登记、查询、追踪。从学生的生源开始，记录学生的学籍信息，包括图像、学校、专业、学号、性别、身份证号等。另一方面，通过学校、学生、用人单位、部队等各种端口登记录取毕业生的信息。也应该硬性规定用人单位上网登记录入人员情况，保证用人的真实性，计算好接收数量。国家要下大力气宣传、教育，引导学生去劳动社会保障部门登记失业信息，让学生从意识上熟悉失业登记和正视失业问题，形成真实可靠的失业率数据，用以与就业率数据相互印证。最后，形成人才需求预警、人才供给预警、专业趋势预警、就业趋势预警等系统。

二、建立应对突发事件的就业应急机制

突发公共事件是指造成或者可能造成严重社会危害，需要采取应急处置措施予以应对的自然灾害、事故灾难、公共卫生事件和社会安全事件。突发事件的构成要素：突然爆发、难以预料、必然原因、严重后果、需紧急处理。对我国就业产生重大影响的突发公共事件有：2003 年的"非典"、2019 年新冠疫情重创旅游、零售、餐饮业，住宿餐饮、交通运输、居民服务、卫生等 4 大行业薪酬锐减，全国就业大幅度萎缩。1998 年和 2008 年全球性金融危机对我国的就业产生了重大影响，使毕业生就业雪上加霜。应对突发事件对本国就业的冲击，各国政府分别采取了许多措施，一些共同的措施包括财政投入、信贷扩张、税收减免、社会保险费减免、工资补贴、培训补贴、失业援助津贴、专门的就业服务、减免创业人员的税费和开办公共工程创造公益性岗位等。而且许多国家都建立了就业应急机制，对我国建立应对突发事件的就业应急机制具有借鉴作用。

（一）建立失业预警系统，制定和实施失业紧急预案

在突发事件发生以后，一部分地区、行业会受到剧烈冲击，毕业生失业也会骤

然加重。对此，政府应当明确提出预警，启动紧急工作预案，以稳定就业和防止失业进一步加剧。一旦超过警戒线，要在规定的时间内向有关部门报告，发出预警警报，这只是第一步。同时，应制定一整套应对失业紧急状况的预案，必要的时候可以迅速启动，以提高应对危机的效率，包括稳定企业工作岗位，实施公共工程，援助困难人群，开发公益性岗位，优化创业环境等，特别是在受影响较大的行业和地区要有针对性地实施应对失业的紧急政策措施，加大政府宏观调控的支持力度，以帮助这些行业和地区渡过难关。

（二）政府积极引导干预，保持就业稳定

一般的国际经验表明，政府在非常时期往往会承担重要责任，以引导和适当干预企业的裁员行为，保留工作岗位，减少失业，比如美国的"罗斯福新政"。政府的引导和干预措施主要包括四个方面：一是应要求正常生产的企业尽量不要裁员，并鼓励其积极承担社会责任，尽量在合同到期后能延续一定时间；二是对处于半停产状态的企业，应指导其与工会、职代会协商，并采取一定的措施，如减税，帮助企业实现减薪不减员，渡过难关；三是对在非常时期停产但仍然不裁减职工的企业，应给予鼓励。这就需要政府通过资金支持，发放给职工一定的工资补贴、生活费补助或者职业培训补贴，积极帮助企业组织生产自救和职业技能培训，为恢复生产做好准备；四是对坚持不裁员的企业，实行社会保险方面的优惠措施。如果企业受到冲击后确实无法按时足额缴纳社会保险费，建议对其实施延缓缴纳政策，而且缓缴期间不收滞纳金，也不影响职工享受各项社会保险待遇。

（三）对毕业生就业困难群体实施紧急援助

一是对就业困难的毕业生和残疾毕业生，要纳入当地就业援助计划，通过开发基层社会管理、公共服务等公益性岗位予以安置，并落实好相关补贴政策。要更加关注女大学生就业机会平等问题，提供有针对性的就业服务，营造公平就业的环境。要做好聚居在大城市的长期失业和低收入院校毕业生的就业工作，采取有力措施，开展各项服务，保障其合法权益。二是在重大项目组织实施过程中对院校困难毕业生给予适当倾斜。在一些大型工程建设方面，政府应当设定一定的指标安排，给予优惠政策和相应的财政补贴，特别是在政府投资去向方面也应当有所考虑，像鼓励一些企业雇用残疾人的做法那样，鼓励企业吸收一部分专业对口的就业困难

大学生。三是落实有关政策并共同做好专项就业帮扶活动。对困难家庭的院校毕业生给予适当的求职补贴。各级机关考录公务员、事业单位招聘工作人员时免收困难家庭院校毕业生的报名费和体检费。同时，要积极开展诸如"毕业生阳光就业行动""大学生创业就业行动""残疾人毕业生就业援助计划"等专项就业帮扶活动。

三、建立促进就业的长效机制

我国的就业问题具有特殊性，这与我国经济体制改革处于转型时期具有同一性，转轨就业、青年就业和农村转移就业"三碰头"的局面决定了就业问题的复杂性与长期性。因此，建立促进就业的长效机制势在必行。

（一）就业促进立法是建立就业长效机制的前提

立法是世界各国促进就业最普遍、最重要的手段。有的国家对促进就业进行专门立法规定，如1969年的《德国就业促进法》、1996年的《俄罗斯居民就业法》、1993年的《秘鲁就业促进法》和1993年韩国的《基本就业政策法》等；法国则把促进就业的内容纳入综合性的劳动法典之中；分别纳入不同的专项立法中的国家有美国的《综合就业与培训法》（1980年）、英国的《就业机构法》（1973年）等。我国就业促进的立法比较晚，相关的内容主要包含在《中华人民共和国宪法》（第42条）、《中华人民共和国劳动法》（第二章）、《劳动合同法》和《就业促进法》中。2008年1月1日，《劳动合同法》和《就业促进法》两部规范和促进就业的法律生效实施。《就业促进法》里明确了六个方面：一是明确政府要把就业工作放在经济社会发展的突出位置；二是政府要通过制定和实施一系列积极的就业政策来促进就业；三是《就业促进法》规定政府要为劳动者提供公平就业的环境；四是要为劳动者提供很好的就业服务，特别是强调公共就业服务；五是政府应该为老百姓提高自身的职业素质、职业技能、就业能力、创业能力提供条件；六是政府要承担最后的责任，就是要给确实困难的就业群体、人员提供就业援助，解决他们的就业问题。《劳动合同法》根据现阶段我国劳动关系的实际情况，针对劳动合同签订率低、劳动合同短期化、劳动用工不规范等问题，对劳动合同的订立、履行、变更、解除和争执等问题做了规定，为完善劳动合同制度，明确用人单位和职工双方的权利义务，保护劳动者的合法权益，构建并发展和谐稳定的劳动关系提供了法律保障。从目前情况来看，劳动合同法实施以后出现了"两增一降"的情况。"两增"，一个是劳动合同的签订率上升，一个是各种社会保险缴纳的情况上升。"一降"是指劳动合同短期化的情况有所降低。

（二）政策体系是建立促进就业长效机制的基本组件

（1）统筹协调产业政策与就业政策，促进就业结构优化。积极发挥规划和产业政策的导向作用，促进行业健康发展。鼓励发展劳动密集型产业和第三产业；要鼓励、扶持中小企业、非公有制企业经济发展；要积极发展国际经济合作，多方式、多渠道创造就业岗位。（2）实行有利于促进就业的财政保障政策。加大资金投入，改善就业环境，扩大就业。县级以上人民政府应当根据就业状况和就业工作目标，在财政预算中安排就业专项资金用于促进就业工作。就业专项资金用于职业介绍、职业培训、公益性岗位、职业技能鉴定、特定就业政策和社会保险等的补贴，小额贷款担保基金和微利项目的小额担保贷款贴息，以及扶持公共就业服务等。（3）实行有利于促进就业的税收优惠政策。对符合法定条件的企业和人员依法给予税收优惠。（4）实行有利于促进就业的金融支持政策。主要是要增加中小企业的融资渠道；加大对中小企业的信贷支持，并对自主创业的毕业生给予小额信贷等扶持。（5）实行有利于促进就业的对外贸易政策。适时采取税收减免等措施。（6）实行促进就业的城乡、区域和群体统筹就业政策。（7）实行有针对性、实效性的教育培训政策。（8）实行有利于困难群体的就业援助政策。（9）实行有利于保障和促进劳动者就业的社会保障政策。（10）实行失业保险促进就业政策。国际上考察失业保险一般有三个功能，预防失业、促进就业和保障生活。中国以往在保障生活方面做了一部分，在促进就业方面只有两项补贴可以做，一是培训，二是介绍工作，发挥的作用也不够。对于防止失业这一块没有做，在实践中，我们的观点是，应该尽快地修改现在的失业保险条例，重点完善和优化中国失业保险制度当中的三大功能，把采取的措施变成长效机制。

总结与展望

党的十八大以来，习近平总书记在领导全党和全国人民开创中国特色社会主义新时代的伟大实践中，始终将我国教育工作建设放到突出的战略位置，系统回答了一系列方向性、全局性、战略性重大问题，深刻阐述了一系列新理念新思想新战略，形成了系统科学完整的教育思想。习近平总书记曾经多次明确指出，教育是国之大计、党之大计，影响甚至决定着社会主义建设者和接班人的培养，影响甚至决定着党和国家的长治久安，影响甚至决定着民族复兴和国家崛起。教育的根本任务就是培养人，打赢提高人才培养质量攻坚战，要全面推进、重点突破，办成几件石破天惊、轰轰烈烈的大事，打开工作局面。本科生是高素质专门人才培养的最大群体，本科教育阶段正处于培养学生的内心世界观、人生观、价值观初步完全形成的重要关键时期，本科教育是提高院校人才培养质量的最重要的基础。办好一所我国的院校，办出一所世界最高级别的国际一流大学，人才培养教育是本，本科教育是根。本科不牢，地动山摇。

2018 年，全国教育大会是一次对新时代中国教育改革发展具有里程碑意义的大会，是一次可以写入历史、进入人心、改变生活、开创未来的大会，开启了加快教育现代化、建设教育强国的新征程。习近平总书记的重要讲话，通篇围绕着"培养德智体美劳全面发展的社会主义建设者和接班人"这一根本任务，深刻回答了"培养什么人、怎样培养人、为谁培养人"一系列根本性问题。本科教育居于人才培养的核心地位、教育教学的基础地位、新时代教育发展的前沿地位。加快实现教育现代化，加快构建高水平人才培养体系，对全面振兴本科教育提出了更为艰巨、更为紧迫的要求。

高质量高等教育体系是高质量教育体系的重要内容，地方院校是科技创新和人才培养的结合点，在建设创新型国家和实现区域发展中承担着重要的使命，肩负着不可替代的历史责任。

第一，坚持和而不同，实现院校分类定位、分类发展。高等学校的定位，某种意义上讲，是学校在高等教育体系中所处位置的体现，也是院校价值的体现。当前，我国从高等教育大国转变为高等教育强国，"世界一流大学""世界一流学科"建设的使命主要在创新和引领；地方老牌本科院校，其使命既在于支撑和服务，即

"如何将科学的新理论变成新的技术，如何使新的技术与产业的调整与升级、与战略性新兴产业的发展结合起来"；新建本科院校的使命在于提质与融合。地方院校发展定位要实现"和而不同"。"和"是指一致性、共同性的要求，体现在：坚持党的领导，坚持社会主义办学方向，坚持"立德树人"根本任务，尊重高等教育办学规律和人才培养一般要求。"不同"就是在学校特色学科布局、人才培养规格和目标、人才培养过程与教学模式改革、师资队伍建设、科学研究特色和社会服务转型、学校内治理体系等方面，应根据自身实际和区域经济社会发展需要，确立明晰而多元化的办学定位，体现自身追求卓越、自强不息的强大生命力。

第二，坚持育人为本，形成体现办学特色的学科专业体系。地方院校要依照自身的传统优势学科资源，形成体现办学特色的核心学科群和对接社会需求的专业群。一要做好增量规划，构建新兴专业学科。遵循学科发展规律，在关键共性技术、前沿引领技术、现代工科技术等国家和地方产业需求方面积极探索设置前沿和紧缺学科和冷门学科。二要做好存量调整，加快传统学科专业的升级改造。借鉴利用大数据、"互联网+"等现代信息技术手段和定量、实证研究方法，实现现有部分文科的改造与革新。比如，新闻传播学可以将传统新闻学与新媒体、艺术学的结合，培养具有"全媒体"技能的新型传媒人才。三要做好学科整合，建设以问题为导向的学科研究方向。有些社会问题处于科学、技术和社会的交叉地带，需要依靠多学科互相渗透、协同攻关。对于东北亚、海洋区域等问题研究，除了传统分学科研究以外，结合"一带一路"倡议，从外国语言文学、国际关系、地域政治、军事和经济等角度开展综合性研究，形成具有普遍意义的新知识体系和学科体系。

第三，注重师德为先，建设德能兼具的高素质教师队伍。教师队伍是地方院校实现高质量建设的关键。美国著名高等教育学者伯顿·克拉克在《高等教育新论——多学科的研究》中指出："要使院校的地位得到升迁和变革，无论国家采取什么行动，最终都要由著名教授和出类拔萃的年轻教师争取研究经费、争取优秀本科生和研究生等的市场力量来决定。"进入新时代，教师的角色更显多元，任务更加繁杂，然而其核心使命是立德树人。地方院校应该围绕立德树人的根本任务，建立完善教师师德师风建设长效机制，实行教师师德考核负面清单制度，建设一支高素质专业化创新型教师队伍。在教师类别上，需要学术型、教学型、技能型等人才；在教师层次上，需要有顶尖学科领军人才、青年学术英才、年轻新生教师力量；在教师编制管理上，需要有海外专家、国内"不求所有、但求所用"学者、"协同创新"团队、企业行业专业人员，依托学校人文社会科学重点研究基地等，汇聚多层次、多类型人才，让科学家同时成为教育家，让行业精英参与共同育人。

第四，坚持党的全面领导，完善地方院校内部治理结构。院校是独立的法人主体，具有特定功能和特定组织属性，享有法律赋予的权利能力、行为能力和责任能力。必须全力推进大学章程落实，建立学校自主发展和自我约束机制，推进地方院校治理体系和治理能力现代化，努力形成有利于创新人才成长的育人环境。其一，坚决执行党委领导下的校长负责制。关键是加强以民主集中制为核心的制度体系建设，健全党委会、校长办公会议事规则和程序，完善党委权力、校长职权范围、运行机制和制约监督体系，保障各项工作的科学决策、民主决策、依法决策。其二，建立以学术委员会为核心的学术管理制度。地方院校很多教授担任学校或者部门的行政职务，掌握着一定的行政权力，必须按照教育部《高等学校学术委员会规程》的规定，确保普通教授在学术事务和学校管理中的话语权，建立以学术委员会为核心，教学指导、学风建设等专门委员会和学院教授委员会组成的学术事务管理体制，实现学术权力与行政权力的平衡，确保学术决策管理机构健全和运行规范。其三，积极探索成立理事会制度。地方院校应该积极加强与区域内各种组织的交往与联系，在服务地方经济社会发展中获得资源，实现学校自身的发展。理事会制度为学校搭建了广阔的交流合作平台，这也是当前地方院校深化内涵建设、实现高质量发展的现实选择。其四，推进民主监督机制建设。充分尊重听取教职工代表大会、学生代表大会的"讨论权""讨论审议权""审议通过权"等，吸收其参与决策并接受其监督，有效避免决策的偏颇和利益的失衡，筑牢自下而上的改革基础。

党的十九届五中全会审议通过了《中共中央关于制定国民经济和社会发展第十四个五年规划和二〇三五年远景目标的建议》，明确了我国"十四五"期间和2035年经济社会发展的远景目标，第一次明确提出"建设高质量教育体系"，为我国制定教育领域中长期规划提供了基本遵循，对于加快推进教育现代化、建设教育强国、办好人民满意的教育具有重大指导意义。

地方院校是我国高等教育体系的重要生力军，也是实现《中国教育现代化2035》远景蓝图的重要力量，更是促进其所在城市实现转型升级、创新驱动发展的重要平台和有力引擎。随着我国高等教育大众化的深度演进，院校的趋同性发展和经济社会发展对于高等教育的多样性需求之间的矛盾也日益凸显，转型发展已经成为中央、地方、各类院校的一个根本共识。地方院校要想实现改革和发展，必须始终坚持走一条内涵式发展的道路，加快提高其办学治校的水平和专业技术人才的培养工作，在建设高质量高等教育体系中积极作为。

参考文献

[1] 张莎.国外高等教育经费筹措方式对我国的启示 [J].教育财会研究.2014，25
（3）:60-64.

[2] 郭米.中美高等教育经费筹措与配置的比较及启示 [J].中国电子教育.2016，
（1）:68-71.

[3] 牛妍妍.我国高等教育经费筹措的现状、问题及对策 [J].科学经济前沿.2016，
（35）:16-17.

[4] 刘红梅.高教经费筹措研究综述 [J].淮南师范学院学报.2015，30（14）:89-92.

[5] 李守成，赵军.中美高等教育经费来源比较分析及其启示 [J].商业经济.2011，
（3）:75-97.

[6] 陈红玉.浅议日本高等教育经费的筹措及对我国的启示 [J].高等教育发展
研究.2013，30（3）:59-61.

[7] 尹来武，张大庆.我国高等教育投入存在的问题及对策 [J].吉林化工学院
学报.2010，27（6）:6-8.

[8] 杨平波，朱雅斯.英国高等教育经费筹措方式及启示 [J].财会月刊.2016，（36）.

[9] 易红郡，缪学超.英国高等教育市场化趋向：经费筹措视角 [J].清华大学教育
研究.2012，33（3）:89-97.

[10] 粟湘福.美英两国高等教育投资体制分析及对我国的启示 [J].职业技术教育（教
学版）.2006，27（17）:101-104.

[11] 杨素萍，朱勇见.日本私立大学教育经费的筹措和使用 [J].中国高等教育.2017.

[12] 徐玲，张东鸣.英国院校教师专业发展对我国教师发展的启示 [J].高等农业
教育，2013（12）:125-127.

[13] 别敦荣，易梦春.高等教育普及化发展标准、进程预测与路径选择 [J].教育
研究，2021，42（2）:63-79.

[14] 杨文杰，张珏.以教育现代化支撑与驱动国家现代化——兼论我国教育现代化
的发展愿景 [J].教育发展研究，2021，41（3）:1-11.

[15] 张娜."纺织之光"2019 年度中国纺织工业联合会纺织高等教育教学成果奖巡
礼（四）政产学研用深度融合创新的专业学位研究生培养新昌模式改革 [J].纺

织导报，2021（2）:93.

[16] 宣勇，伍宸.论高等教育发展的"中国之治"[J].高等教育研究，2021，42（2）:1-13.

[17] 王馨悦，李维民.政府在民办高等教育发展中的角色定位[J].浙江树人大学学报（人文社会科学），2021，21（1）:31-35.

[18] 张男星，孙继红，王春春，等.我国在线高等教育发展的国际比较及推进策略[J].中国高教研究，2021（1）:48-55.

[19] 中国高等教育学会新的教师教育分会成立大会暨首届中国教师教育改革与创新发展研讨会在北京召开[J].中国高教研究，2021（1）:112.

[20] 张继东，王颖.改革开放以来我国高等教育成就及对"双一流"建设路径的启示[J].天津大学学报（社会科学版），2021，23（1）:50-57.

[21] 段世飞，叶赋桂.新阶段、新理念、新格局教育发展战略学术研讨会综述[J].清华大学教育研究，2020，41（6）:143-148.

[22] 王颖，刁丽颖，苗海霞.科研机构研究生教育管理模式演变剖析——以中国科学院所属研究所为例[J].研究生教育研究，2020（6）:1-6.

[23] 徐高明，吴惠.中国高等教育大众化进程及特征[J].高教发展与评估，2020，36（6）:1-14，117.

[24] 马俊锋.发展中国特色高等教育面临的挑战与管理对策[J].山西财经大学学报，2020，42（S2）:49-52.

[25] 安心，熊芯，李月娥.70年来我国高等教育的发展历程与特点[J].当代教育与文化，2020，12（6）:75-80.

[26] 钟秉林."十四五"期间我国高等教育发展的基础与关键[J].河北师范大学学报（教育科学版），2021，23（1）:1-8.

[27] 周建松，陈正江.中国特色高等职业教育发展道路：演进、内涵与经验[J].中国职业技术教育，2020（30）:73-77.

[28] 周川.内蒙古高等教育新时代面临的挑战与对策[J].黑龙江民族丛刊，2020（5）:144-148.

[29] 纳春英，马斗成，宫振胜.疫情后院校文科教育发展思考与建议——兼谈文科审辨式思维与创新培养问题[J].山东高等教育，2020，8（5）:56-59，67.

[30] 潘懋元教授从教85周年暨新时代中国高等教育改革与发展高峰论坛在厦门举行

[J]. 中国高教研究，2020（9）:2.

[31] 白冰. 改革开放以来中国高等教育的跨越式发展及其战略意义 [J]. 中外企业文化，2020（9）:161-162.

[32] 贺祖斌. 论高等教育高质量发展的十大要点 [J]. 院校教育管理，2020, 14（5）:42-48, 124.

[33] 潘懋元. 新时代中国高等教育改革与发展：今天、明天与后天 [J]. 高等教育研究，2020, 41（9）:1-3.

[34] 陈廷柱，蔡亮. 高等教育如何传承和发展试点改革的中国经验 [J]. 大学教育科学，2020（3）:22-30.

[35] 朱季康. 我国教育供给侧结构性改革的目标、内容与路径 [J]. 教育评论，2020（2）:25-30.

[36] 李娜，苏刚刚，姚源. 中国高等教育改革发展 70 年：历史传承与创新发展——中国高等教育学会高等教育学专业委员会 2019 年学术年会综述 [J]. 高等教育研究，2019, 40（12）:107-109.

[37] 王磊，李慧颖，黄小灵. 新中国成立 70 年民办高等教育的发展历程、历史经验与保障机制 [J]. 浙江树人大学学报（人文社会科学），2019, 19（6）:30-35.

[38] 胡寿平. 中国高等教育七十年：规模、质量、创新及前景 [J]. 复旦教育论坛，2019, 17（5）:5-8, 20.

[39] 顾盛楠. 中国高等教育改革 20 年的回顾与反思（1995—2015）[D]. 重庆大学，2017.

[40] 陈婷. 马克思主义中国化进程中的高等教育改革研究（1949—1956）[D]. 广西民族大学，2011.

[41] 程建伟. 邓小平教育理论对中国高等教育改革的启示 [D]. 安徽农业大学，2010.

[42] 张彤. 中国高等教育改革与可持续发展 [D]. 厦门大学，2001.

[43] 石中英，许路阳. 综合性大学教育学科建设的思考与实践——石中英教授专访 [J]. 重庆高教研究.

[44] 雷卫平. "双一流"建设与一流大学文化的思考 [J]. 三峡大学学报（人文社会科学版）.

[45] 张海峰. "双一流"背景下的一流实验室建设研究 [J]. 实验技术与管理，2017, 34（12）:6-10.

[46] 曲如晓，刘霞. "一带一路"背景下中国与西亚贸易竞争性与互补性分析 [J]. 国

际经济合作, 2017, (4):60-66.

[47] 马陆亭. 一流学科建设的逻辑思考 [J]. 高等工程教育研究, 2017, (1):62-68.

[48] 徐健晖. "双一流"建设背景下院校图书馆学科服务创新研究 [J]. 大学图书情报学刊, 2017, 35 (2):55-58.

[49] 马廷奇. "双一流"建设与大学发展 [J]. 国家教育行政学院学报, 2016, (9):9-14.

[50] 潘静. "双一流"建设的内涵与行动框架 [J]. 江苏高教, 2016, (5):24-27.

[51] 周光礼. "双一流"建设的三重突破:体制、管理与技术 [J]. 大学教育科学, 2016, (4):4-14, 122.

[52] 周光礼. "双一流"建设中的学术突破——论大学学科、专业、课程一体化建设 [J]. 教育研究, 2016, 37 (5):72-76.

[53] 钟秉林, 方芳. 一流本科教育是"双一流"建设的重要内涵 [J]. 中国大学教学, 2016, (4):4-8, 16.

[54] 任友群. "双一流"战略下高等教育国际化的未来发展 [J]. 中国高等教育, 2016, (5):15-17.

[55] 王洪才. "双一流"建设的重心在学科 [J]. 重庆高教研究, 2016, 4 (1):7-11.

[56] 周光礼, 武建鑫. 什么是世界一流学科 [J]. 中国高教研究, 2016, (1):65-73.

[57] 教育部国务院学位委员会国家语委关于宣布失效一批规范性文件的通知. 教育部.2016-06-07[引用日期 2020-03-18]

[58] 已失效的规范性文件目录. 教育部.2016-08-02[引用日期 2020-03-18]

[59] 教育部官宣:985/211 已成为历史. 环球网 [引用日期 2019-12-09]

[60] 关于 985、211 名单的咨询. 教育部.2019-11-28[引用日期 2020-03-18]

[61] 教育部财政部关于继续实施"985 工程"建设项目的意见. 中华人民共和国教育部 [引用日期 2016-01-13]

[62] "985 工程"简介. 中华人民共和国教育部 [引用日期 2016-01-13]

[63] 关于印发《"985 工程"建设管理办法》的通知. 中华人民共和国教育部 [引用日期 2016-01-13]

[64] "985 工程"十年建设成效. 中华人民共和国教育部 [引用日期 2016-01-14]

[65] "985 工程"学校名单. 中华人民共和国教育部 [引用日期 2016-01-13]

[66] 教育部回应传闻不存在废除"211 工程""985 工程"的情况. 中华人民共和国教育部 [引用日期 2016-01-13]

[67] Guo Meirui, Duan Rongjuan, Cui Yan, Bishawas Pradip Kumar. BOOSTING THE CONSTRUCTION OF "DOUBLE FIRST-CLASS" UNIVERSITY WITH LANGUAGE PAVING THE ROAD[A]. Organizing Committee of Northeast Asia International Symposium on Linguistics, Literature and Teaching.Proceedings of the 2020 Northeast Asia International Symposium on Linguistics, Literature and Teaching（2020 NALLTS）[C].Organizing Committee of Northeast Asia International Symposium on Linguistics, Literature and Teaching: 沈阳东师瑞普教育科技有限公司，2020:7.

[68] Ping Zhou, Ya Chen. Research on Marketing Strategies of Library Discipline Service Under the Background of "Double First-Class" University Project[A]. Science and Engineering Research Center.Proceedings of 2020 International Conference on Advanced Education, Management and Social Science（AEMSS 2020）[C].Science and Engineering Research Center:Science and Engineering Research Center，2020:5.

[69] 谌晓芹，张放平.地方院校应用转型的政策过程评价及优化策略[J].武陵学刊，2020，45（3）:129-133.

[70] 张振宇.以制度供给侧改革引领地方院校向应用型转型[J].教育探索，2016（10）:40-43.

[71] 杨郁，孙媛媛.地方普通院校应用技术型转型的治理困境[J].商，2015（30）:296.

[72] 胥刚.省属地方院校向应用技术类型院校转型的制约因素及克服[J].学术探索，2015（4）:144-147.

[73] 龙惜雨.我国地方本科院校向应用技术型院校转型的困境与对策研究[D].西南大学，2015.

[74] 丁俊苗.地方本科院校转型发展的五个基本问题及顾虑[J].巢湖学院学报，2015，17（1）:18-22.

[75] 朱建新.地方院校向应用型大学转型的制度性困境、成因与机制构建[J].高等工程教育研究，2018（5）:117-122.

[76] 吴业春.地方应用型大学建设：定位、定向与定力[J].国家教育行政学院学报，2020（10）:11-16.

[77] 田雷.地方院校向应用技术型院校转型的困境与出路[J].教育与职业，2017

（10）:50-53.

[78] 陈星.应用型院校产教融合动力研究 [D].西南大学，2017.

[79] 冯旭芳，张桂春."转型"试点院校"双师双能型"教师队伍建设探究 [J].高等
    工程教育研究，2017（1）:140-144.

[80] 张应强，蒋华林.关于地方本科院校转型发展若干问题的思考 [J].现代大学
    教育，2014（6）:1-8，112.

[81] 陈永斌.地方本科院校转型发展之困境与策略[J].中国高教研究，2014（11）:38-
    42.

[82] 邢赛鹏，陶梅生.应用技术型本科院校师资队伍体系构建研究——基于"产教
    融合和校企合作"的视角 [J].职教论坛，2014（29）:4-8.

[83] 董立平.地方院校转型发展与建设应用技术大学[J].教育研究，2014，35（8）:67-
    74.

[84] 陈锋.关于部分普通本科院校转型发展的若干问题思考 [J].中国高等教育，2014
    （12）:16-20.

[85] 曲殿彬，赵玉石.地方本科院校转型发展的问题与应对 [J].中国高等教育，2014
    （12）:25-28.

[86] Peter Maassen, Bjørn Stensaker. From organised anarchy to de - coupled
    bureaucracy: The transformation of university organisation[J]. Higher Education
    Quarterly, 2019, 73（4）.

[87] Huihua Liu. Reflections on Teaching Role Transformation of University Teachers in
    the New Period[A]. International Science and Culture Center for Academic Contacts
    （Russia）、Russian State Specialized Academy of Arts（Russia）、Shandong
    Women's University（China）、Zhengzhou Yingchun Conference Planning Co.
    Ltd.（China）、Henan University Minsheng College（China）.Proceedings of the
    2nd International Conference on Culture, Education and Economic Development
    of Modern Society（ICCESE 2018）（Advances in Social Science, Education and
    Humanities Research，VOL.205）[C].International Science and Culture Center for
    Academic Contacts（Russia）、Russian State Specialized Academy of Arts（Russia）、
    Shandong Women's University（China）、Zhengzhou Yingchun Conference Planning
    Co. Ltd.（China）、Henan University Minsheng College（China）:International

Science and Culture for Academic Contacts，2018：3.

[88] Levent SONGUR，Abdullah TURAN. THE EFFECT OF SOCIO-ECONOMIC TRANSFORMATION OF UNIVERSITIES AND THE OPINIONS OF PEOPLE IN ŞEREFLIKOÇHISAR ABOUT THE UNIVERSITY[J]. Akademik Bakış Uluslararası Hakemli Sosyal Bilimler Dergisi，2016（58）．

[89] Akiyoshi Yonezawa，Yukiko Shimmi. Transformation of university governance through internationalization: challenges for top universities and government policies in Japan[J]. Higher Education，2015，70（2）．

[90] 别敦荣. 战略规划与院校的转型发展 [J]. 现代教育管理，2015（1）:1-9.

[91] 鲁武霞. 应用型本科院校"转型"：发展困境与生态定位 [J]. 大学教育科学，2017（3）:30-36.

[92] 王海. 院校创新能力培养目标下的教育教学管理 [J]. 湖北开放职业学院学报，2021，34（1）:3-4.

[93] 王慧卉. 应用技术型大学生工匠精神培养及其精神内核分析 [J]. 教育现代化，2017，4（2）:104-106.

[94] 王坤. 论地方本科院校转型对教师专业发展的影响 [J]. 教师教育研究，2016，28（4）:26-31.

[95] Малышева ТА Инновационное развитие России: кадры решают все[EB/OL]. http://u-penza ruimni/content files 12011 Malisheva pdf

[96] Карминская ТД Кадры-стратегический ресурс Университета[EB/OL]- htp wwwold. ugrasu. ru /international 1 projects 1 news/ ?id= 111 /2011 -- 0'

[97] Создана Ассоциация ведущих университетов России [EB/OL]. http :/rml org/ news/245892286

[98] Национальные исследовательские университеты[EB/ OLI http: /lmon. gov. ru/pro/niu/

[99] Назарова и Б Кадровые стратегии российскиж вуз0в пидеров: планыи реализвция[M]- Москва, 2011 10

[100] 王昌君. 人力资源开发与创新型经济竞争力 [J]. 求索，2011（4）:87-88, 74.

[101] Назарова. и Б Кадровые стратегии российскиж университетов [4]. Высшее образование в России. 2012,（3）: 109.

后 记

联合国教科文组织指出："在当今，从教师的体系中的作用来看，教师与教研人员的职责趋于一致。"本书是由电子科技大学中山学院的沈慧老师和内蒙古财经大学的安锦教授共同完成的，是两人合作的结晶，也是地方高校发展的实践经验总结。党的十九大报告指出，建设教育强国是中华民族伟大复兴的基础工程，要全面贯彻党的教育方针，落实立德树人根本任务，加快一流大学和一流学科建设，实现高等教育内涵式发展。伴随着中国特色社会主义进入新时代，中国特色社会主义高等教育也进入了新时代，这是我国高等教育发展新的历史方位。在这个新的历史起点上，我们必须坚定中国特色社会主义自信，深刻理解和全面把握新时代中国特色社会主义高等教育的要义，矢志不移推进教育改革，扎实办好新时代中国高校，加快建设高等教育强国，为中华民族伟大复兴做出应有贡献。

本书由沈慧老师制定编写大纲并撰写完成了20.2万字的书稿内容，张旭完成了5.1万字的书稿内容。安锦教授提出具体写作要求并参与共同完成。本书是沈慧老师主持的2019广东省哲学社会科学规划课题"地方高校转型发展中的专业设置与调整研究"（项目编号：GXJK171）、2021年电子科技大学中山学院校级高等教育教学改革研究课题"地方高校一流本科专业建设策略研究——基于广东20所高校的实证分析"（项目编号：JY202103）的研究成果之一，同时也是学校转型示范校建设、"冲补强"特色提升计划实施成果总结之一。本书也是安锦教授主持的2021年内蒙古财经大学校级教育教学研究课题"财经院校'新文科'建设路径与案例设计研究"（项目编号：JXZC2102）的研究成果。本书的策划、写作、装帧设计都经过了反复论证与多套方案的修改，文字校对也都反复审阅，力求精准。感谢中国商务出版社编辑刘文捷、刘豪的宝贵意见。

沈慧老师和安锦教授在各自学校教务处、二级学院长期从事教学管理工作，为本书的写作积累了大量的相关理论知识和实践经验。本书的写作从前期资料收集到最终定稿历时三年多，40多万字的资料整理收集，工作量很大。参与本书资料收集的专家、学者、学生有很多，学校的教务、科研、人事等部门的同志也付出了艰辛的劳动，在此一并表示衷心感谢。其中，韩雨莲整理资料 5 万字，刘佳宁整理资料 5.2 万字，马宝林、张子玉、任文、杨壁宁、刘晓佳、王正宇等也参与了资料的收集。

本书的编写过程中吸收了众多相关专家学者的研究成果，对书中引用或未加印证的所有作者表示深深的谢意。由于我们组织策划和学识水平有限，写作内容和写作风格方面也难免有所纰漏甚至错误，恳请广大读者批评指正。

编　者

2021 年 5 月 20 日